나를 관찰하고 경영하라!
내가 나 자신의 매니저다!
실천이 답이다!

나, (이름/서명) _____ 는

나답게, _____ 에서 더~

나의 내일에, _____ 을 더하다.

당신의 라이프 스타일 Life-Style은
[직업기초CS], 부록을 통해
〈자기관찰노트. 감사칭찬노트. 미래전략노트. 긍정훈련노트〉
쓰기 습관이 당신의 소중한 도구가 되어

인생의 전Before, 후After로
분명한 갈림길이 될 것이다!

감사 & 긍정 & 행복의 삶이 전개되길 희망하며

- 행복을 준비하는 나의 습관 -

직업기초 CS

Customer Satisfaction

자기개발능력	의사소통능력	대인관계능력	고객서비스능력
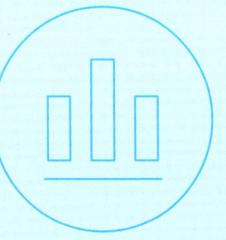			

형설출판사
www.hyungseul.co.kr

안원실 기획

<직업기초 CS>의 능력을 향상시키자

인생은 생방송이다. 지금 세상 중심에서 내 삶의 주인공으로 살아가고 있는가?

청춘들이여, 나의 미래를 언제까지 영혼 없는 남의 인생처럼 여기저기 기웃거리고 베끼다가 말 것인가? 한 번뿐인 내 인생, 이대로 주저앉을 수는 없지 않은가?

신체적·사회적 나이는 어쩌다 어른이 되었지만. 무엇what, 왜why, 어떻게how 해야 할지가 막막하고 불확실한 청춘들의 미래를 대학 강의실에서, 도서관에서, 때론 상담실에서 만나 인생 선배로서, 부모로서 때론 친구로서 고민을 들으며 함께 나눈 시간이 20여 년이 되었다.

그동안 쏟아온 에너지에 모처럼의 용기 한 스푼을 보태어 책으로 엮어 보았다.

우리의 상상을 초월하여 급변하고 있는 4차 산업혁명시대에 소중한 인생을 어떻게 경영·관리할 것인가? 여기서 3개 스위치<what-why-how>로 시동 걸고 4개 능력을 향상시키길 제안한다.

음성인식과 터치 하나로 의사소통이 가능한 지금, 인간은 과연 무엇을 어떻게 소통하며 살아내야 할지 고민하지 않을 수가 없다. 피할 수가 없는 시대적 요구인 것이다.

매사 인간의 뇌와 기계가 연결되어 사람과 로봇이 경쟁하고 있는 현실 속에서, 인간이 인공지능과 로봇에게 소외되고 말 것인가, 함께 살아갈 것인가, 주도적인 인간의 역할을 고민해야 하는 시점이 도래했다.

그러나 인간의 우월한 유전자가 똑똑한 역할을 하리라 믿는다.

기계의 힘에 의존하고 있는 사회 속에서도 인간이기에 이타심을 발휘할 줄 아는 바른 인성과 공감능력을 통한 감성 커뮤니케이션의 힘은 분명 인간의 능력이다.

직장에서 성공하는 해법은 서비스 사회에서 직장매너를 알고 의사소통을 통한 관계에서 팀워크teamwork와 콜래보레이션colaboration을 이루어 내는 것이야말로 시너지 효과를 창출하고 과거보다 더욱 도약할 수 있다고 확신한다. 여기서 핵심은 바로 올바른 인성이 빠진 교양과 소통 부재의 매너는 성공할 수 없으며 품격 있는 삶을 기대할 수 없다는 점이다.

또 소통하며 상호 배려하는 매너와 마음은 인간만의 강점이며 가장 강력한 무기이고 진정한 실력이다.

나만의 현실적인 인생지도를 그리기 위해 3개 스위치 <what-why-how>의 합리적인 사고방식으로 <직업기초 CS>를 실천하도록 하자. 나 자신이 매니저가 되어 뚜렷한 목표what를 설정하고 왜why에 대한 나만의 답이 필요하며, 그 목표를 향한 어떻게how 방법론을 찾는 것이 합리적인 인생 고수의 길이다.

1. 자기개발능력　　　　'나'　　　▶ 자기관리와 실천하기
2. 의사소통능력　　　　'나와 너'　▶ 다름 속에 소통하기
3. 대인관계능력　　　　'우리 함께'　▶ 관계 속에 도약하기
4. 고객서비스능력　　　'나의 존재 가치'　▶ 직장인 매너 키우기

모쪼록 3개 스위치로 4개 능력을 향상시켜 행복한 내 인생을 설계하고 경영해 가는데 도움이 되기를 희망하며, 또 실전에서 가동하는 일은 바로 여러분의 몫이라는 점을 명심하고 적극적인 자세로 꾸준히 뚜벅뚜벅 실천하기 바란다.

마지막으로 <직업기초 CS> 책을 통해 자신을 성찰하고 보다 성숙해지는 인생의 전환점이 되기를 욕심 한 스푼을 듬뿍 담아 응원한다.

<what-why-how> 시동을 걸며, 안원실

제1장 자기개발능력<'나'에 집중> / 9

1. 자기분석 / 9
2. 자기관리 / 14
3. 이미지메이킹 / 28
4. 첫인상·표정·자세 / 34

제2장 의사소통능력<'나'와 '너'에 집중> / 39

1. 의사소통능력의 이해 / 41
2. 의사소통의 형태 / 42
3. 말하기 스킬 / 44
4. 프레젠테이션 스킬 / 47
5. 설득과 협상 전략 / 49
6. 경청스킬과 공감능력 / 52
7. 직장에서의 경청·공감능력 / 59
8. 의사전달 / 62

제3장 대인관계능력<'우리 함께'에 집중> / 71

1. 대인관계능력의 이해 / 73
2. 팀워크 / 75
3. 멤버십, 팔로우십 / 77
4. 리더십 / 78
5. 동기부여 / 81
6. 코칭과 임파워먼트 능력 / 85
7. 커뮤니케이션 효과 / 88

8. 대인관계 커뮤니케이션 스킬 / 89
9. 감성 커뮤니케이션 / 89

제4장 고객서비스능력<'나의 존재가치'에 집중> / 92

1. 고객분류 및 고객심리 / 92
2. 고객만족과 고객관리 / 101
3. 고객서비스 매너 / 108
4. 직장생활 / 117
5. 직장매너&실습 / 123
6. 직장인 매너 / 130
7. 의전 실무 / 134

상식코너
1. 컨벤션 및 회의 형태 / 136
2. MICE 산업 / 138
3. 경제마케팅 / 140
4. 소비경향의 변화 / 141

부록
나 알기(자기관찰 노트) / 146
나 인정하기(감사칭찬 노트) / 162
VJ&DL 전략(미래전략 노트) / 170
ACT 전략(긍정훈련 노트) / 182

◎ SMAT 문제 / 216
◎ SMAT 모듈A 요약본 / 235

제1장 ✦ 자기개발능력 – '나'에 집중

| 미션수행 | ☐ 나 알기(부록 - 자기관찰노트) | ☐ 나 인정하기(부록 - 감사칭찬노트) |

1. 자기분석

(1) 메타인지능력

> **tip**
>
> '메타인지'능력이란 '내가 내 자신을 아는 것' 즉 인지하는 능력이다.
> 내가 지금 어떤 감정을 느끼고 있는지 스스로 깨달을 수 있으며, 내가 지금 알고 있는 것과 모르는 것을 인지하는 능력이다. 이것은 인간만이 갖고 있는 뇌 속의 전전두엽의 역할인데, 바로 '메타인지', '내가 나를 바라볼 수 있는 힘'이다.

🔍 **자기분석을 하기에 앞서 우선되어야 할 것.**

내가 무엇을 알고, 무엇을 모르고 있는지에 대해 Mental map이 형성되어 그 주제를 이해하고 활용할 방법을 알아야 한다.
자기 자신을 알아차리는 메타인지능력을 점검한 후, 자기관리에 들어가야겠다.

🔍 **내가 원하는 것을 알아야 행복에 도달할 수 있다.**

누구에게나 꿈이 이루어지기까지는 고단한 여정이 대기하고 있다. 슬기롭게 견디고 극복하려면 엄청난 에너지가 필요한데 간절함, 갈급함이 있다면 빅뱅 에너지가 되어 가슴 속에서 뭔가 꿈틀거릴 것이다. 나는 무엇을 왜 갈구하는지, 나를 알아가는 과정에 집중하고 어떻게 갈증을 해소시켜야 할지, 찾아나서야 한다.
배고픔, 부족함은 간절함으로 가는 소중한 자산의 역할을 한다.

🔍 **내가 좋아하는 일 중에서 소중한 의미를 찾아내서 실천하자.**

너무 크게만 생각하지 말고 일상에서 흔하고 소소한 상식이 자아실현을 위한 행복 찾기의 첫 단추가 되어 쌓아간다면, 결국 행복한 인생이 될 것이라고 믿는다.

why 왜 해야 할까?

(2) R = VD (Vivid생생하게 Dream꿈꾸면 = Realization 이루어진다)

생생하게 꿈꾸는 능력은, 말하기로 표현하고 글쓰기와 그림으로 시각화하면 현실이 된다.

① **목표의 시각화(기록 관리, 가시화 Visualization)**

예) 하버드 경영대학원 MBA 인터뷰

질문	'졸업 후, 무엇을 할 것인가?'	졸업 10년 후, 다시 인터뷰
3%	뚜렷한 목표와 계획을 기록하고 관리했음.	나머지 97% 그룹보다 10배 수입
13%	목표는 있지만, 종이에 직접 기록하지는 않았음.	84% 그룹보다 2배 수입
84%	일단 즐기겠다는 것 외에는 별다른 계획이 없었음.	…

② **VD의 습관화 (마법의 주문)**
- 사진 찍어 갖고 다녀라! (꿈의 청사진 기법, 카톡 올리기)
- 당당하게 소리내어 말하라! (말하는대로 이루어진다)
- 글로 표현하라! (드림 리스트 작성, 실천하고 기록)

🔍 긍정적 사고(Positive Thinking)로 자기를 수용하고, 자기 주도적인 삶을 위하여 스스로 통제할 줄 아는 사람, 즉 자기와의 싸움인 것. 내 상태를 제대로 파악하고 실현 가능한 목표를 설정해서 자기경영을 해나가야겠다. 실천관리의 첫 번째는 기록의 힘을 강조하고 싶다. 기록할 때는, SMART 기법으로 작성하도록 하자.

(3) SMART기법으로 기록하기

구 분	자기경영	자기평가
Specific	목표설정(구체적인 계획)	
Measurable	측정가능(수치화, 객관화)	
Action-oriented	실천가능(행동중심지향)	
Realistic	실현가능(현실 성취감)	
Time-limited	시간제한(한정된 시간)	

※ 자기평가를 객관적이고 엄격하게 몰입 정도를 기록하자(good/soso/Bad)

🔍 Plan-Do-Check-Action(실천하기)

* '내 인생인데 적당히 하기 싫어, 죽을 힘을 다해 노력을 해봐야 억울하지 않을 것'
* '모든 답은 내 안에 있다' 끝까지 무식하게 하는 것. 노력이란 버티는 것
  버티기 위해 어떤 노력을 어떻게 해 보았는가?
  스스로 나 자신의 인생지도를 그리자!

> **tip**
>
> 📌 무한긍정 플러스의 마음에 행동, 실천력을 보태자!
>
> 어떤 경우든 무한긍정으로 '다 잘~될 거야'만 외치는 낙관 편향(Optimism Bias)은 곤란하다. 명확한 근거 없이 무조건 낙관하는 성향을 낙관편향이라고 한다.
>
> 스스로에게 '괜찮을 거야' 위로하며 동기부여하고 행복해질 수 있는 점은 분명 장점이다. 그러나 낙관편향의 단점은, 실제보다 긍정적인 방향으로 진행될 것이라는 막연한 기대감만 주어 늑장 대응의 원인이 되기 쉽기 때문에 비현실적이며 오히려 문제를 크게 키우는 원인 제공이 될 수 있다. 삶을 긍정적으로 보는 시각이 나빠서가 아니라, 비현실적으로 긍정적인 성과만을 기대하기 때문이다. 목표에 따른 노력과 자원 투입은 하지 않고, 그저 비현실적으로 긍정적인 성과만을 막연히 바란다는 뜻이다.
>
> '이제부터 공부하기로 결심했으니 나, 성적이 좋아질 거야'하면서 실제로는 공부를 하지 않으면 문제가 되는 것이다. 즉, 막연히 무턱대고 청춘들에게 낙관적으로 생각하라는 것은 문제를 오히려 더 심각하게 만들 수 있다. 자신의 능력을 과대평가보다는 정확히 파악하고 상황을 객관적으로 판단해서 현실적인 준비를 해야 진정 좋은 성과를 얻을 수 있다.
>
> 아픔 없이는 얻을 수 없다(No Pain, No Gain)는 현실을 받아들여 목표 설정하고 혹독한 체질개선을 통해서 기회 잡을 것을 당부한다.

 무엇이 나만의 목표인가?

* No! '제 목표는 행복하게 열심히 사는 것입니다'

  '열심히'란 인생목표는 성실해 보이지만, 마음관리 측면에서는 낙제섬이다.
  도달할 수 없는 추상적인 목표이기 때문이다.
  행복, 건강 등의 목표도 측정이 불가능한 추상적인 목표라 바람직하지 않다.
  학과수석·최고경영자 등 서열이 들어간 목표는 끝없이 올라가려는 욕구와 맞물려 있어 잠시 만족감을 주지만, 금세 불안감을 키워버린다.

* Yes! 도달할 수 있으면서도 상징성 있는 목표가 좋다.

> **tip**
> - 1%의 원리(1 Percent principle) -톰 오날-
> - 인생을 바꾸고 싶으면 습관을 바꿔야한다.
> - 1%의 습관을 바꿔나가면 인생에 커다란 차이를 가져온다.

<작은실천 3.3.3 법칙> -생활습관병-
딱 3일만 해보자! 3주만~ 3개월만~ 훌쩍 3년~이 지났다!

how 어떻게 자기분석을 할까?

* 우선, 생각 훈련을 하고 중도 포기를 생각하지 않는 체력을 단련시켜서, 남의 인생을 베끼는 것이 아니라 나만의 인생지도를 흰 도화지에 큰 그림을 그리자.

(1) 나를 찾아가는 3단계 여행
- 1단계 – 나를 관찰하라(장단점, 강점)
- 2단계 – 이미지화, 시각화하라(생각의 도형/꿈의 청사진 기법)
- 3단계 – 검증, 객관화하라(질문 경영의 놀라운 힘/답 찾기)

(2) In Put과 Out Put의 이해

① In Put(입력) 훈련
- 책 읽기 : 위인 자서전, 간접적인 다양한 경험, 감상문 쓰기.
- 생각, 관찰 : 자아성찰, 목표 설정, 학습, 취미생활, 메모, 일기쓰기.
- 롤모델 찾기 : 목표 지름길은 멘토를 모방하면서 시작(워너비 wannabe)
- 교육(배움) : 교육(배움) + 개성 Individuality, personality = 창조. 성공의 지름길
  ※ 배움이란 배워가는 과정(모방) 중에 새로운 것을 보태서 채워가는 것이다.
    (패스트팔로우 Fast follower 를 넘어서 퍼스트무버 Forst mover 로 전환하는 힘!)

> **tip**
> - 종이책과 신문 읽기는 깊은 생각(DeepThinking), 즉 창의적인 상상력으로 연결되어 '나'를 찾고 내 '삶'을 디자인하는데 많은 도움이 되지만 SNS, 스마트폰에만 집착하면 자칫 파편적이고 얇은 생각(ShallowThinking)에 그치기 쉽다(자기경영 선배의 말).
> - 생각. 배움. 표출. 표현의 체력을 단련하는 힘은, 지속적으로 습관화해야 한다.

- 생각이 이미지(그림, 도형)로 표출되어야 설득력이 있다.
- 생각(뇌)을 바꾸는 것은, 말과 글로 다짐하고 약속하는 것이 지름길이다.
- 힘들 때, 기쁠 때, 내가 지금 어떤 감정을 느끼고 있는지 적어보는 작업을 하며 메타인지 훈련을 통해 부정적인 감정에서 빠져나와 통찰의 순간을 느껴본다

② Out Put(출력) 훈련
- 말하기 : 발언(합리적·논리적), 회의 및 공적 선언(생각·의견 표현)
- 글쓰기 : 논술, 감상문, 신문 기사, 문서 작성, 그림 그리기
- 현실수용 : 어려움을 극복할 수 있는 긍정성과 진취적인 자세로 노력.
- 목표달성 : 목표, 꿈의 청사진대로 진행 중.

tip

- 소망하는 나의 미래의 모습을 적어보고 그린다.
- 감사할 일, 칭찬할 일 등을 찾아서 적어본다.
- '쉬지 말고 기록하라. 기억은 흐려지고 생각은 사라진다'
  '무조건 써라, 머리를 믿지 말고 손을 믿어라' -다산 정약용-
- 우리의 기억력은 한계가 있기 때문에 잊어버리는 경우가 다반사이다.
  유태인들이 부자가 될 수 있었던 이유는 메모하는 습관에서 나왔다고 한다. 항상 메모 습관이 몸에 밴 유태인들은 약속을 잊지 않고 잘 지키니까 신뢰가 두터워지고 성실함이 몸에 배어 성공하는 지름길이 되었다.
- 신언서판(身言書判) : 인재등용 시 신언서판(용모, 말솜씨, 글재주, 판단력)으로 평가했다.
- 생활습관 바꾸기-세 가지를 실천하자!
  - 아침 일찍 일어나기(하루의 할 일을 일찍 해결하면 하루가 길어진다)
  - 자기 자신이 그날 달성해야 될 부분을 몇 개의 영역으로 나눠서 약속하는 습관
  - 자신의 꿈을 시각화하는 그런 자료(앨범)를 늘 갖고 다니면서 보는 습관

(3) 라이프 스타일 바꾸기
- 삶을 디자인하는 습관 : 책, 신문 등을 읽고 뭔가 떠오르는 아이디어 등을 메모하거나 그리는 습관이 바로 주도적인 내 삶을 디자인 하는 것이다.
- 부모, 가족과 오감을 열어 소통하기 : 문자 보내기, 말로 표현하기(작은 표현에서 시작!)
  '사랑해요', '고마워요'(표현하지 않으면 의미가 없다. 습관들이기)
- 대인관계 폭을 넓히기 : 친구, 선·후배, 손윗사람에게 먼저 다가가 인사하기
- 나와 비교하기 : 어제의 나와 오늘의 나를 비교하며 남과의 비교를 멈추면 행복해진다.

2. 자기관리

| 미션수행 | ☐ VJ & DL(부록 - 미래전략노트) | ☐ ACT(부록 - 긍정훈련노트) |

* 자기경영 관리는 건강관리를 비롯하여 시간관리, 관계관리, 금전관리, 목표를 설정하고 실천하기 등 서로 유기적인 관계이다. 한 가지 관리만 잘한다고 해서 성공하는 것이 아니라 각 부분이 서로 밀접하게 관련을 가지고 떼어 낼 수 없이 서로 연결되어 나 자신을 구성하는 것이다.
* 복잡한 일을 심플하게 정리하고, 최대한 줄여서 단순화시켜야 능률이 생긴다.
  하고 싶은 일이 많아 이것저것 기웃거려봤자 모든 일이 어중간해질 뿐이고 결국 제대로 뭐 하나 해낼 수 없게 된다. 모든 일에는 우선순위가 있다. 중요한 일부터 선택하고 집중해서 차근차근 처리해 나가는 습관이 필요하다.
* 매일 계획만 짜는 겁쟁이가 되지 말고, 실천하고 성취를 하자.

(1) 목표관리

* **자기경영 인생 선배의 말, 말, 말!**
  - 왜 인생목표가 중요할까? 인생목표 설정 연습을 하자.
  - 인생목표가 있으면 행복하다. 현재 내 인생목표는 어디쯤 와 있을까?
  - 인생목표 하드웨어에 직장매너 및 서비스매너, 인성(끈기, 동기부여), 대인관계 등 소프트웨어를 입히면 성공하는 인생이 된다.
  - 인생목표를 이루어 주는 힘은 사기 통제, 용기, 열정, 낙관성 등에 있다.
  - 자신의 원하는 모습을 현실화시키는 능력은, 자기와의 싸움에서 이긴 것(극기)이다.

① **생애 전반에 대한 목표**
  - 생의 전반적인 목표를 설정하기 위해서는 먼저 자신의 가치관을 이해해야 한다.
  - 목표를 설정하고 성취하기 위해서 무엇을 가치 있게 여기는지 자신의 가치관을 살핀다.
  - 그동안 자신의 목표가 무엇이며 얼마나 달성되었는지, 또한 방해요인은 무엇인지를 엄격하게 평가한다.
  - 전반적인 삶의 목표를 검토하고 대학 재학 중에 단기·중기의 목표를 정한다.
  - 단기적으로 도달하고자 하는 목표를 이번 학기 중에 구체적으로 설정한다.

② 단기 목표 설정하기
- 목표를 세분화한다.
- 주기적으로 목표를 점검한다.
- 첫 3주를 위한 구체적인 목표를 우선적으로 세운다.
- 자신을 위한 노력의 대가를 준비한다.
- 최종 결과에 목표를 두고 노력한다

③ 총괄적인 목표(나의 목표 작성하기)
- 내가 원하는 삶은 (   ) 가치관을 가지고 사는 것이다.

④ 전반적인 삶의 목표를 정한다.
- 나의 삶에서 최고의 목표는 (   )이다.
- 나는 향후 10년 동안은 (   )을 한다.
- 나는 대학 졸업 때까지 (   )을 한다.
- 나는 이번 학기에는 (   )을 한다.

※ 나의 하루, 나의 일주일, 나의 한달, 나의 일년, 나의 10년을 계획하고 실행에 옮기는 것이 바로 자기경영이고 행복을 준비하는 나의 습관이다.

- 하드웨어/지식, 기술을 습득하여 능력을 키우고 성장한다.
- 소프트웨어/의사소통을 통해 성과(결과물)를 내는 습관 NLP, OutCome
- 휴먼웨어/경청과 공감능력을 통해 대인관계를 향상시킨다.

⑤ 구체적인 목표 설정하기
- 진로, 취업
- 대인관계 향상 및 직장매너를 위한 교양수업을 의미있는 시간이 되도록 하겠다.
- 진로에 필요한 자격증을 1년 내에 취득하고, 방학 중에는 아르바이트를 통해 사회생활을 체험하며 힘든 가운데 '진정한 나'를 찾아가는 유익한 시간이 되도록 하겠다.
- '저는 생활 아이디어를 인테리어 디자인으로 표현하여 실생활에 도움 되는 일을 해서 성공하고 싶어요'
- 저는 미적 감각과 손재주가 뛰어난 편이라 뷰티 아트에 관련한 업종에서 종사하면, 저의 강점과 좋아하는 일이 일치되어 행복하게 일할 수 있을 것 같아요'
- '저는 기계를 직접 다루는 일에 소질과 관심이 많아 졸업 후, 직장생활에서 잘 습득하고 중장년이 되었을 때에는 저만의 일터 공간을 갖고 독립해서 실속있고 보람도 찾을 수 있는 CEO가 되는 것이 목표입니다'

- 목돈마련, 결혼생활
    - '저는 10년간 주택자금으로 목돈을 마련하겠어요. 특히 정원이 내다보이는 행복한 식당에서 가족과 대화하며 식사하고 싶어요'
    - '저는 가족과 주말이면 와인 day 실시하겠어요. 대화를 통해 격려, 칭찬의 시간으로 행복한 시간을 갖겠어요'
    - '한 달에 한번 정도는 가족과 가까운 곳이라도 함께 여행 실시! 하겠어요. 피로를 날려버리고 재충전의 시간으로 만들어가겠어요'
    - '저는 언제고 저만의 서재(공간)를 갖고 싶어요'
- 인생가치관, 좌우명
    - '작지만 나만의 공간에서 하고 싶은 일을 하며 남을 돕는 일에도 앞장서는 사람이 되어 사회에서 꼭 필요한 사람이 되겠다'
    - '삶의 의미와 소중함을 엔딩 노트(자서전)를 쓰며 일생을 돌아보고 후손에게 나의 가치관을 남기고 싶어요. 열심히 살아야겠지요'

* 어떻게 할까?
- 행복지도를 시각화하라. (그림과 글로 작성 – 계획·기획·꿈의 청사진).
- 목표를 글로 적으면, 그것이 바로 인생지도가 된다.
- 목표를 말로 하면, 자신의 꿈을 이루고 인생달인이 된다.

> **tip**
>
> 📌 낭장 꿈이 없다고 절망하지 말라.
> 자신의 일을 열심히 하다보면 그 속에서 꿈이 생기고 자라난다.
> 단순한 일이라도 열심히 하면, 사회가 그 일만 하게 놔두지 않는다.
>
> 📌 유스트레스Eustress를 즐겨라.
> 스스로 절제하며 적당히 긴장하며 일을 즐긴다면, 발전과 능률을 가져오게 된다.
>
> 📌 피할 수 없다면 차라리 즐겨라.
> 기왕 하게 되었거나 내가 해야 하는 일이라면, 즐기면서 해야 효율적이고 능률이 오른다.

(2) 시간관리

what

① '시간은 돈이다' 그러나 '돈으로 살 수 없는 것'이 시간이며, 누구에게나 평등하게 주어진 자산이다.
② 시간은 유한하며, 한 번 사용하면 되돌릴 수 없다.
③ 똑같이 주어진 시간을 어떻게 활용하는가에 따라 나중에는 많은 차이가 생긴다.
④ 하루 24시간은 누구에게나 똑같이 주어진다.
   * 바쁜 사람일수록 시간을 효율적으로 쪼개서 사용하여 많은 업무를 해내고, 다양하게 활용하는 지혜가 생긴다.
   * 효율적인 시간관리란 급한 일과 중요한 일의 우선순위를 올바르게 판단하는 능력을 갖추는 것이 중요하다. 자신의 가치와 유한한 시간의 중요성을 계산한다면, '급한 일보다 중요한 일을 먼저 하는 당신이 되길……'

tip

🔖 하루에는 하루의 일생이 있다.

— 하루 86,400초의 선물 —

한 번도 살아보지 않은 오늘을 새롭게 살자.
아침에 눈 떴을 때, 새로 태어난 느낌으로 감사하자.
밤에 잠들기 전엔, 자아성찰과 남을 위한 기도의 시간을 갖자.
내일을 기다리는 설레는 마음으로 꿈을 꾸자.

청춘들이여! 청춘의 시간을 물 쓰듯 쓰고,
나를 기다려주지 않는 청춘이 흐른 후
'시간이 아깝다'고 후회해도 소용없는 일!
하루하루의 시간 경영을 소중하게 해보자.
10년 후, 그대의 모습이 어떻게 그려지는가?

— 자기경영 선배 —

why

⑤ **1만 시간의 법칙** : 매일 하루 3시간(1주일 20시간)×10년＝1만 시간(성공의 재발견 법칙)

* **발레니나 강수진의 발** : 최고는 진짜 그냥 되는 게 아니라는 교훈

* **조지 버나드쇼(영국작가)의 묘비명** : "우물쭈물 하다가 내 이럴 줄 알았다"
  우물쭈물하며 시간 보내는 것이 다반사이니 머뭇거리지 말고 즉시 실천하고 행동으로 옮기라는 뜻이며, 묘비명을 미리 생각하면 후회보다는 앞으로의 삶을 가치있게 살아가리라.

* '아무런 연습 없이 태어나서 아무런 훈련 없이 죽는 인생, 두 번은 없다.'
  '지금 이 순간, 시간과 노력'을, 내 삶을 위해 최선을 다하자.

> tip

- "시간을 지배하면 인생이 달라진다."
  - 무엇이 시간을 낭비하게 하는가?
    시간도둑, 스마트폰과 인터넷에 휘둘리지 말자.
  - 열심히만 하지 말고 효과적으로 공부하는가?
    수업에 들어갈 때는 의문'?'을, 나올 때는 깨달음 '!'을, '인테러뱅?!'하자.
- 우선순위(중요한 일vs급한 일)를 정하여 행동(골든타임)
- 약속시간 엄수(신뢰도 높아짐)
- 자투리 시간을 잘 활용(시너지 효과)
- 집중과 휴식을 자연스럽게 반복(활기차고 효율적으로 살아가게 해주는 힘)
- 미루는 습관 줄이고 바로바로 정리(이득으로 체감)
- 시간도 공간처럼 정리 정돈(효율적)
- 일처리 속도가 빨라짐(신속 처리)
- 일을 시작했으면 반드시 끝맺음(성취)
- 문서업무의 체계화(메뉴얼)
- 단·중·장기 목표설정과 구체적인 계획표대로 행동(실천타임)
- 미리 준비(관계 챙기기 - 기념일, 휴가, 여행, 복장 등)

(3) 건강관리

* 사람이 성공하려면 1순위가 건강을 유지하고 건강하게 보여야 한다.
  100세 시대를 살아가는 현대인의 건강은 가장 중요하고 필수적인 조건이다.
  규칙적인 습관, 절주, 금연, 운동 등으로 체력을 보강하자.

* 몸과 마음의 컨트롤센터인 뇌도 휴대폰처럼 충전을 위한 쉼이 필수적이다.
  재충전하기 위해서라면, 자신만을 위한 취미 활동하기를 추천한다.

* 뇌 안에 충전공장이 잘 작동할 때, 긍정 에너지로 창조적 사고로 전환한다.

* 마음이 회복되어 일할 때, 공감 소통 능력과 활력을 불어 넣을 수 있다.

- 뇌 시계 -

사람의 뇌에는 시계가 있다.
몸과 마음과 뇌 건강에 매우 중요한 시계다.
늦게 자거나 밤샘을 하면 점점 늦어지는 시계다.
늦게 가는 시계를 '아침의 태양'이 고친다.
아침 햇볕을 쪼이면 밥맛도 좋아져서 아침을 거르지 않게 되며,
뇌와 몸에 에너지를 주입한다. 그러면 그날 하루가 마음은 편안해지고
몸도 뇌도 건강하고 활기차게 된다.
자, 밤에는 푹 숙면을 취하고,
'아침의 태양'을 쪼이고, 아침밥을 먹고
대활약하는 당신을 응원한다

how

* 일상 속에서 사소한 실천부터 시작한다.

① 규칙적인 운동과 올바른 습관 실천하기
  • 엘리베이터 이용하지 않고 계단 빠르게 오른다.

- 버스 두 정류장 전에 내려서 걷는다.
- 바른 자세로 앉고 걷는다.
- 절주, 금연한다

② **식습관의 절제하기**
- 소식한다(소박하게 부족한 듯 먹기).
- 충분한 물을 마신다(하루 2리터).
- 야식을 피한다.

③ **나 자신만을 위한 바이오 타임 갖기**
- 호흡을 천천히 하며 심신의 여유를 찾는다.
- 간식으로 신선한 과일 주스, 견과류 등을 섭취한다.
- 자신을 위한 향초를 켜고 책을 읽는다.
- 나를 특별하게 대우하기 위해 마사지를 한다.
- 좋아하는 음악을 들으며 정리정돈한다.

④ **숙면을 위한 습관들이기**
- 규칙적인 취침시간을 지키도록 한다(가급적 일찍 잔다).
- 게임과 스마트폰 사용을 절제한다. 내일 일정에 방해를 초래한다.
- 내일 아침의 바쁜 시간을 위하여 미리 정리(옷, 가방 등)하고 잠든다.
- 오늘 하루를 자아성찰하고 편안한 마음으로 숙면한다.

tip

▎행복 호르몬 3가지

기분은 무엇에 의해 결정될까? 우리 뇌에서 일어나는 생화학적 반응에 의해 기분이 달라지게 되는데, 그 때 가장 중요한 역할을 하는 것이 바로 수시로 분비되는 뇌 호르몬이다. 행복을 관장하는 3가지의 뇌 호르몬을 살펴보고 실천해서 행복해지는 훈련을 하자.
- 엔돌핀… 웃고 즐거울 때(웃음치료 긍정효과)
- 세로토닌… 낮에 따뜻한 햇볕 쪼일 때(멜라토닌 활성화로 숙면에 도움)
  숲 속을 산책할 때(마음이 평온하고 안정됨)
- 도파민… 새로운 책을 읽거나 새로운 사람을 만나거나 새로운 공부에 도전할 때(의욕을 불러일으킴. 호기심·성취감·만족감)

(4) 관계관리

① **인간관계** : 부모, 자녀, 친구, 동료, 선배, 후배, 상사, 부부
- 균형 있는 관계조절을 해야 매사가 순조롭다. 아름다운 조화 속에서 진정한 인간관계를 쌓도록 노력해야 한다.
- 진정한 인간관계는 신뢰를 바탕으로 나의 기본을 업데이트해서 좀 더 성장하고 변화하는 나의 모습과 비전을 보여줄 수 있어야 한다. 그래야 신뢰하는 진정한 관계가 유지된다.
- 인맥(人脈)이란 '학문·출신·경향·친소 등의 관계로 한 갈래로 얽힌 인간관계'로서 '태어나서 죽을 때까지 맺는 여러 인간관계가 올바로 형성, 유지되도록 관리하는 것이다'

② **인맥지수 N.Q(Network Quotient)** : 신뢰하는 인맥지수를 높이려면, 우선적인 요소로써 나의 기본과 비전, 매너 등을 갖추어야 한다.

③ **관계의 중요성**
- 내 삶과 이웃의 삶에 관심 많아진다.
- 에너지를 쏟을 사람과 아닌 사람을 분별하는 판단력이 생긴다.
- 남의 눈치를 보지 않고, 당당하게 중요한 결정을 잘한다.
- 타인에게 휘둘리지 않고 적절한 거절도 할 줄 안다.
- 타인의 잘못이나 상황에 너그러워진다.

④ **좋은 관계 조절법**
- 폐를 끼치지 않는다.
- 있는 그대로의 나를 수용, 인정하고 존중한다(자존감 향상).
- 자신을 있는 그대로, 조건 없이 사랑한다.
- 소속감 및 자긍심을 갖는다.
- 나쁜 습관이나 중독에서 벗어난다.
- 남과 비교하지 말아야 인간관계가 편안해지고 용기가 생긴다.

> **tip**

📙 호저의 거리

성공적인 인간관계를 만들기 위해서 많은 사람과 친분 관계를 맺는 것 못지않게 중요한 포인트가 있다. 바로 '적당한 거리를 유지하기'다. 물리적, 심리적인 거리가 규격화되어 있지 않고 사람마다 개인차가 있다는 것이 문제이다. 인간관계의 '적당한 거리'에 대한 답을 얻으려면, 자연생태계의 '호저'라는 동물에게서 찾을 수 있다. 마치 고슴도치처럼 몸에 날카로운 가시가 돋아 있는데, 추운 어느 겨울 날, 호저 새끼들이 너무 추워서 호저가족은 서로에게 다가가 보지만, 다가갈수록 가시에 찔려 피를 흘리고 마는 현상이 일어난다. 이에 호저 가족은 다가섰다 물러 섰다를 몇 번이고 반복했지만, 서로에게 상처를 주지 않고 몸을 따뜻하게 해 줄 수 있는 거리를 찾아내지 못해 결국 얼어 죽었다는 슬픈 얘기다.

– 쇼펜하우어의 '호저의 딜레마' –

사회적 동물인 인간은 사람과 사람 사이에서 사랑하고 위로받고 상처받는 존재이다. 그렇다면 '호저의 딜레마' 위험에 노출되어 있다. 서로 관계 속에서 상대방에게 상처를 주지 않는 '적당한 거리'를 찾고 유지하는 것이 성공적인 인간관계의 길이 아닐까?

(5) 금전관리

| 미션수행 | ☐ 일의 개념 | ☐ 돈의 가치와 필요성 |

* **미래에 대한 아무 계획도 없이 현재 수입을 그날그날 써 버리는 싱글족이 많다.**

욜로(YOLO)맨 '현재를 충실히 살자 You Only Live Once'라는 뜻이 '한번 뿐인 인생을 즐기며 살자'로 변질되어 소비를 해 버린다면, 혼자 살 때는 모르다가 100세 시대에 잘 살아내려면 누군가 마음을 나누고 의지할 상대가 있어야 행복한 삶을 이룰 수 있다. 바로 결혼은 삶의 행복을 위해 중요한 가치라고 할 수 있다. 따라서 금전관리를 어떻게 해야 할지를 알아보도록 하자.

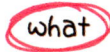

① 행복한 부자학
 - 부자의 요소
  - 체력+에너지(필수 요소)
  - '나도 부자가 될 수 있다'는 믿음과 신념이 있어야 한다.
  - 돈 버는 과정이 즐거워야 한다.
  - 돈의 흐름이 안정적(월급)이어야 한다.
  - 돈을 누구와 나눌 수 있는지? 함께 할 수 있는 사람이 있어야 한다.
 - 선(先) 저축(적금, 비상자금 준비), 후(後) 일상생활(소득 수준에 맞는 소비)
  - 합리적인 소비 습관을 만드는(공간 정리/충동구매, 중복구매 통제) '비우기'를 실천하자.
  - 불필요한 채움을 비우며 살자(비움없이 더해만 가는 생활은 행복하지 않음).
  - 품격 있는 삶을 위해 최소한의 물건으로 단순한 인테리어와 정리의 힘을 키우자.
  - 돈의 함정에 빠지지 말아야 한다.
  - 돈은 행복의 필요조건일 뿐, 충분조건이 될 수 없다.
  - 지출에 대한 우선순위를 명확하게 결정한다. (지출습관 개선)

> tip

🔖 체계적이고 시스템적 접근

대부분 미니멀라이프, 즉 불필요한 소비는 줄이고 저축은 늘리겠다고 생각하지만 생각처럼 잘 안된다. 월급대비 소비가 실패로 끝날 때가 많다. 이런 일들이 반복되면 소득이 낮아서 어쩔 수 없는 일이라는 자기변명만 늘어놓게 되고 결과적으로 재무적 무력감에 빠져버린다.

막연한 의지로만 소비를 줄이려고 하기보단 체계적이고 시스템적 접근이 필요하다.

(1) 계획하는 자아와 행동하는 자아(사람의 정보처리 프로세스, 신경경제학 분야)

신경경제학 명령	정보처리	의사결정
계획하는 자아	분석적, 통계적	노력을 필요로 하는 특징
행동하는 자아	감정적, 연상적	신속, 자동적 시스템, 유혹에 쉽게 노출

자아가 내리는 명령에 의해 주어진 정보를 처리하고 의사결정을 내려 행동한다.

- 예) 아침에 일찍 일어나야겠다고 생각할 때 알람을 맞추는 것은 계획하는 자아, 끄고 다시 자는 것은 행동하는 자아의 영향이라고 한다.
  - ∴ 그래서 알람을 끄고 다시 자는 것을 막기 위해 알람을 가급적 침대에서 먼 곳에 두는 방법을 활용할 수 있다. 행동하는 자아의 영향을 덜 받게 환경을 통제함으로써 늦잠 습관을 벗어나는 노력이다.

(2) 계획하는 자아로 똑똑한 소비를 하자.

소비를 함에 있어서도 생각이나 계획만으로 소비가 쉽게 줄어들지 않는다.

행동하는 자아의 즉각적이고 감정적인 정보처리 시스템의 영향을 줄이기 위한 자기만의 장치가 필요하다. 그것은 돈 쓰기에 불편한 환경을 만들기이다.

편리한 소비구조와 광고 마케팅 유혹을 정면으로 마주하고 있는 현실에서는 당연히 행동하는 자아의 충동소비를 통제하기 쉽지 않다. 특히 지갑 속에 여러 장의 신용카드를 소지하고 있다면 우리는 늘 행동하는 자아의 어리석은 소비로 인해 후회와 외상구조에서 자유롭기 힘들다.

∴ 따라서 지출통제를 위해 신용카드나 마이너스 통장을 없애는 것이 기본!

불편한 소비구조를 만들어 놓으면 처음에는 여러 시행착오와 심리적 지항도 만만치 않다. 그러니 현금사용이나 혹은 체크카드에 예산을 반영해 소비하는 불편한 소비구조는 조금씩 행동하는 자아의 즉각적인 정보처리 시스템 안에 녹아든다. 그 결과 자신의 소득과 지출의 구조를 늘 인지하고 있다는 데서 오는 만족감을 경험하게 되며, 신용카드로 충동적인 소비를 할 때는 편리하지만 심리적으로는 늘 불안했던 것과 비교된다.

∴ 이처럼 계획하는 자아에 의해 통제를 반복하다 보면 어느새 계획적이고 분석적이며 통제적인 일상에 익숙해져서 정보처리 프로세스는 자동화되어 즉각적인 시스템이 될 것이다.

> **tip**

🎙 일과 돈

(1) 평생 직장이 아닌 평생 직업을 준비하자!

우선, 평생 내가 하는 일상적인 일에도 의미를 부여하라.
판에 박힌 일상적인 일이 꼭 지루한 것만은 아니다.
일을 어떻게 다루는가? 일을 창조적으로 만드는가?
나에게 허용된 휴식시간보다 더 가볍게 일을 즐기는가?
진부한 일을 해야 하는 것을 유감으로 생각하는가?
이 모든 것은 언제나 내 책임이다.
내 일에 의미가 있느냐 없느냐는 그 일 자체가 아니라,
내가 그 일에 어떤 의미를 부여하느냐에 달려있기 때문이다.
내 주위에 건강한 작업 환경이 형성되면 내 일은 치유의 힘을 얻게 된다.
내 일이 타인에게도 영향을 주며 내 삶에 기쁨을 선사할 수 있다.
일을 하면서 불만과 환멸을 경험하는 사람은 가정에서도 마찬가지이지만,
일이 즐거운 사람은 가정에서도 기쁨을 만든다.
'일'은 삶에 속한다.
즐겁게 일하는 사람은 정신적인 일이든 육체적인 일이든 그 결과에 기쁨과 만족을 느낀다. 그러나 업적을 이루기 위하여 자기 자신을 혹사하고 과중한 업무에 시달리는 것, 스트레스가 되어 성장으로 이어지지 않는다. 이렇듯 인생을 지배하는 '일'은 오히려 자신에게 이롭지 않다. 자신을 상하게 하기 때문이다.

(2) 돈이 세계를 지배한다?!

돈을 가진 자는 권력자나 영향력 있는 사람에 속한다.
자신이 원하는 모든 것을 할 수 있고, 남에게 권력도 행사할 수 있다고 믿기 때문에 이것이 돈의 위력이라고 일반적으로 알고 있는데, 과연 그럴까?
돈이란 생활의 윤활유로서 일상생활에서 교환수단으로 사용하기로 한 공동체 내의 약속이다. 그러므로 돈은 물건 그 자체가 아니고 약속에 의한 것이므로 공동체 밖에서는 아무런 가치가 없다. 종잇조각에 불과할 뿐이다. 돈 그 자체로는 아무런 힘이 없다.
하지만 '돈'이라는 잣대로 능력과 권력을 부여한다.
이러한 돈을 어떻게 다루고 쓰느냐가 중요한 가치를 발휘할 수 있다.
'돈'은 높은 담을 쌓아 아무도 훔쳐가지 못하노록 하는 것처럼 고립되어서는 안 된다. 돈은 나눠야 한다. 그래야 새로운 관계를 만들어 낸다.
담을 높게 쌓은 부자는 돈으로 가면을 더욱 단단하게 만들지만, 돈을 나누는 사람들은 자신의 가면을 벗고 다른 사람들과 관계를 맺는다.

② 목돈 만들기 프로젝트
　＊ 목표설정이 중요하다(푼돈을 종잣돈으로 만들기).
　　• 졸업하기 전, 외국 연수 다녀오기 계획
　　• 1년 안에 부모님 해외여행 보내드리기 계획
　　• 3년 안에 결혼자금 마련 계획
　　• 5년 안에 주택자금 마련 계획
　　• 20년 후에 노후대비 1억원 모으기 계획

③ 부자전략 프로젝트
　＊ 1단계 – 월급이 부자만든다!(월급쟁이 부자 공식)
　　• 월급쟁이 부자공식 5원칙
　　　① 월급부터 제대로 관리하자. (감사/통장관리)
　　　② 돈 새는 것을 파악하라. (택시, 커피, 담배, 음주)
　　　③ 하루라도 빨리 시작하자. (현재의 과시를 위해 미래를 희생하는 어리석은 행동을 해서는 안된다. 인생은 길고, 돈 쓸 일은 많고, 돈 벌 시간은 짧다)
　　　④ 돈을 모으는 목적에 집중하라. (왜? 돈을 모으는가, 궁극적인 목적/가족의 소중함과 건강, 행복추구)
　　　⑤ 작은 목표부터 실천하고 성취하자. (눈앞의 작은 실천을 하게 되면 언젠가는 큰 목표에 다다를 수 있다)
　＊ 2단계 – 통장 세 개 갖기(월급통장 = 지출통장, 저축통장, 비상금통장)
　　• 통장을 나눠 계획 있는 저축(월급 50%)과 지출을 절약해서 비상금 만들기
　　• 프로젝트 등을 목표로 저축하면 성취감을 느낄 수 있다.
　　• '3년 후 유럽여행', '5년 후 내 집 마련 종잣돈', '노후대비 연금 상품 가입' 등
　　• 3단계 – 단순한 미니멀 라이프의 비밀
　　• 불필요한 물건 끊기, 생각 정리하기, 사치스런 마음에서 떠나기.

④ 나는 매달 12번의 월급을 받는다!
　　• 시간과 수입의 10% 투자로 흔들림 없는 미래를 탄탄하게 완성
　　• 같은 월급으로 다른 결과를 만든 월급쟁이 부자들의 비밀
　　　뚜렷한 자기주관. 방향성 빨리 잡고 추진. 고집스러움. 절제(딱 거기까지!)

> **tip**

- 부자가 되는 정리의 힘이란, 정리만 했을 뿐인데 돈, 시간, 의욕이 생긴다.
- 비품을 다 소모할 때 까지 기다렸다 구입하는 습관(절약)을 체질화한다.

> 돈 모으기와 다이어트는 닮은꼴!
> 식사제한하며 살을 빼듯이
> 먼저 불필요한 낭비를 줄이자!
> 중요한 점은 돈과 다이어트 모두
> 하루아침에 해결하려 하지 말고
> 습관화해야 한다는 사실을 명심하자!
> -돈의 교양-

> **tip**

- 기브 앤 테이크 -애덤그랜트 AdamGrant-
  거시적 측면도 중요하지만, 미시적 측면에서 자신의 주변사람과의 관계를 어떻게 대해야 할지를 고민하고 '이기적 이타주의자'가 되기를 권유한다.
  1. 테이커Taker : 자신이 준 것보다 더 많이 받기를 바라는 사람. 자신이 노력한 것 보다 더 큰 이익이 돌아올 경우에만 전략적으로 타인을 돕는 사람.
  2. 매처Matcher : 손해와 이익의 균형을 이루려고 하는 사람. 공평함을 원칙으로 삼으며 남을 도울 때, 상부상조 원리를 내세워 자기이익을 보호한다. 받은 만큼 되돌려 주는 부류.
  3. 기버Giver : 받은 것보다 더 많이 주기를 좋아하며 타인의 관점에서 자신이 상대방에게 무엇을 줄 수 있는지를 살피는 사람. 인간관계를 총동원하여 돕고자 애쓴다.

***그렇다면 1.2.3 중에 누가 가장 사회에서 성공할 확률이 높을까?
그리고 누가 가장 실패할 확률이 높을까?
흥미롭게도 그 둘 다 '기버'였다.
팀워크와 서비스 정신을 필요로 하기 때문에 동료의 도움과 선후배의 사랑을 받고, 상사에게 신임을 받기 때문이다. 기버의 성공 비결은 바로 거기에 있다. 어느 일을 하든지 현대 사회에서는 홀로 성공을 거둘 수 있는 확률이 줄어들고 있다. 어느 조직이든 팀으로 일을 하고 사업을 하기 위해서는 믿을 수 있는 투자자와 파트너가 필요히디.
지금은 소셜 혁명 중이다. 누군가에게 도움을 주었을 때 되돌아오는 그 도움의 피드백 속도가 점점 빨라지고 있다. 이런 환경 속에서 언뜻 보면 피해만 입는 것처럼 보이는 기버들이 마지막에는 성공 사다리의 꼭대기에 당당히 서 있는 것이다.
물론 테이거과 매처도 성공한다. 하지만 기버의 성공과는 다르다. 기버의 성공은 요란하다.
그동안 베풀었던 공로가 되돌아오기 시작하면 시너지가 생기면서 폭발적으로 성공의 길이 열리며 기버 자신뿐만 아니라 주변의 모든 사람들에게 급격히 전파된다.
신뢰는 재테크와 같다. 기버는 평소에 계속해서 신뢰를 저축한다.

3. 이미지메이킹

| 미션수행 | ☐ 롤 모델 찾기   ☐ 나의 사회적이미지 그리기 |

자기 자신을 스스로 평가했을 때, 내면에 서비스마인드와 배려하는 자질을 갖고 있다고 해도 그것이 외면으로 드러나야만 타인에게 인식될 수 있다.

바람직한 이미지 연출은 자기 분석을 통해 'WHAT무엇'을 'WHY왜' 필요한지에서 출발하여 인생의 목표에 맞추어 실현가능한 연출방법을 'HOW어떻게' Grade-Up할지를 모색해야 한다.

what

* 내가 전달하고자 하는 이미지를 선택하고, 그것을 적절히 연출하는 법을 알아야 하는 시대에 살고 있다. 나 스스로 선택한 자신에게 가장 적합한 배역을 훌륭하게 연기하는 배우가 되어야 하지 않을까?

* '이미지 메이킹'이란 거짓 포장이 아니라 공들여 나를 빚는 것. 즉 만들어 가는 것이다. 특히 인간관계 속에서 '사회적 이미지의 중요성'을 성찰하여 자신이 속한 사회적 지위에 맞게 내적, 외적 이미지를 만들어 가야 할 것이다.

(1) 이미지 3분류
- 외적 이미지 : 표면적으로 드러나는 이미지(용모, 복장, 얼굴 표정, 신체 등)
- 내적 이미지 : 정서·심리 등 정신적인 특성이 형성됨(심성, 생각, 감정, 지식 등)
- 사회적 이미지 : 자신이 속한 특정한 사회 속에서 상호 교류 관계 속에서 환경과 문화가 반영되는 이미지로서 매너·에티켓·자세·행동·사회적 지위 등을 통해 형성된 이미지(직무=이미지)이며 타인이 인지하여 기억하는 상이다.

(2) 이미지 관리 4단계
- 1단계 이미지 점검하기 : 자신을 객관적으로 평가, 엄격하게 파악
- 2단계 콘셉트 정하기 : 자신이 희망하는 이미지를 연구하고 정한다.
- 3단계 좋은 이미지 만들기 : 좋은 이미지를 위해 장점은 강화, 단점은 보완.
- 4단계 이미지의 내면화 : 일시적인 이미지가 아니라 진실된 이미지로 표면화하도록 좋은 습관과 지속적인 노력으로 개선하고 체득해야 함

■ '나의 이미지'를 객관적 자가진단

나의 모습을 셀프 촬영하여 꼼꼼히 분석하고 엄격하게 평가하여, 이제껏 본인도 모르고 있었던 습관을 찾아내는 것이 중요하다.

'1분 스피치' 동영상 촬영해서 Self Image Check를 하자.

구분	항 목	자가 진단(플러스 & 마이너스)	평가
표정	나의 표정은 어떠한가? (무표정, 밝은표정) 시선처리를 자연스럽게 하는가?		
인사	인사동작과 인사말은 적절했는가?		
자세	나의 자세는 어떠한가? 나의 걸음걸이는 어떠한가? 나의 태도에서 진정성이 느껴지는가?		
용모	외출할 때 나의 옷차림은? 나의 화장법은? 나의 헤어스타일은?		
대화	습관적으로 특히 잘 쓰는 단어가 있는가? 목소리, 발음, 말투, 속도는 적절하였는가? 경어를 항상 바르게 사용하는가? 발표 시, 청중을 의식하는가? 스피치 전달 시, 습관적인 제스처는? (손동작, 발동작, 몸짓 등)		

■ Role model 선정하고, 전략적 이미지 수립

나의 목표가 설정되었다면, 내가 희망하는 이미지가 무엇인지? 그 이미지를 평소 어떤 훈련과 연습으로 더욱 향상시킬 수 있을지? 롤 모델을 찾아 전략을 세워보자.

◆ 내기 하고 싶은 일은 무엇인가?

◆ 내가 하고 싶은 일, 그 직업을 가진 사람들의 이미지는?

◆ 현재 그 이미지를 나와 비교, 분석해 보라(공통점과 차이점을 확인하라).

◆ 내가 보완해야 할 이미지는? (어떤 이미지로의 전환을 원하는가?)

◆ 나에게 맞는 전략적 이미지는 무엇인가?

■ '나의 이미지 메이킹'

T.P.O(Time, Place, Occasion)에 따라 옷차림과 자세, 말투, 표정 등을 개선하고 바람직하게 만들어가는 것이 이미지메이킹이라고 할 수 있다. 모쪼록 매력적인 나를 만들자.

항목	나의 희망 이미지	나의 이미지 향상방안 (구체적)
표정		
인사		
자세		
용모		
대화		

(1) 이미지메이킹의 효과
- 외모를 개선시켜 내면의 자신감을 이끌어낸다는 논리로 외적 이미지를 강화해서 긍정적인 내적 이미지를 끌어내는 시너지 효과를 기대할 수 있다.
- 열등감 극복으로 자존감 향상, 자신감 제고, 대인관계 능력을 향상시킨다.

(2) 이미지메이킹의 필요성
- 참 자아를 발견 : 나답게 개성과 독특함을 있는 그대로 수용해서 정체성 확립
- 객관적 자아상 확보 : 주관적인 자아와 객관적인 자아의 인식 차이를 축소, 제거
- 이상적 자아상 추구 : 현실적인 자아 상태에서 최상의 이상적인 이미지로 끌어올려야 한다. 이미지메이킹은 경쟁사회에서 자기성취를 위해서 자신의 특성과 강점을 신분과 역할에 맞도록 브랜드화 하여 더불어 살아가는 사회 구조 속에서 바람직한 삶의 질을 향상시키는데 기여한다.

(1) 이미지메이킹 방법
- 자신을 관찰하기 : 성공적인 이미지메이킹을 위해서는 정확한 통찰이 선행이 되고 자기 이미지의 객관화가 필요하다.
- 진실된 자신을 만들기 : 있는 그대로의 모습으로 솔직 진실하게 만들어 간다.
- 모방 전략(롤 모델 선정) : 내가 바라는 모습의 인물을 모델링하는 것이 지름길이다. 중요한 것은 모방에서 그치지 않고 자신의 개성, 독특함individual을 더해 나만의 새로운 이미지를 만들어 가는데 집중해야 한다.
- 목표 설정하고 방향의 구체화

(2) 이미지메이킹 6단계
- 1단계 : 너 자신을 알라(Know yourself) 장점은 강화하고 단점은 보완한다.
  나는 누구인가? 주변사람에게 물어보기(조해리의 4개창 : 내가 나를, 남이 나를……)
- 2단계 : 롤 모델을 선정하라(Model yourself) 목표수립 지름길/멘토를 모방하는 과정을 통해 자신만의 개성을 알아차리고 특성을 살린다.
- 3단계 : 자신을 계발하라(Develop yourself) 장점을 더욱 가치있게 만들어 강점으로 표출

- 4단계 : 자신을 포장하라(Package yourself) 용모 뿐 아니라 언어구사력 교양 등의 내면적인 것을 포장해야 하는데 단시간으로는 어려움이 있어 지속적인 노력이 요구된다.
- 5단계 : 자신을 팔아라(Maket yourself) 자신의 능력을 상품화하고 자신의 능력과 가치를 명품으로 브랜드화해서 프로의식을 갖고 단련해야 한다.
- 6단계 : 자신에게 진실하라(Be yourself) 지속적으로 좋은 관계를 유지하려면 진실된 마음으로 대하여 신뢰관계를 형성해야 한다.

― 한국생산성본부 주관, 「SMAT 모듈 A」, 박문각, 2017 참조 ―

> **tip**

🔖 '있는 그대로의 나' 콘셉트
지금 '있는 모습 그대로의 나'에서 출발해서 나만의 개성, 독특함을 더한다면, 진실된 나만의 콘셉트를 찾아 상대방의 마음을 사로잡을 수 있으며 자신감이 생긴다.
- 첫번째는 자기수용하고 나를 있는 그대로 받아들일 때, 자기애(愛)에 대한 긍정성이 생기고 행복하게 만드는 삶의 기적이 일어난다.
- 두 번째는 자신의 매력을 과소평가하지 말라. 매력은 타고난 것이 아니라 만들어 가는 것이다.
- 세 번째는 이미지 모델을 설정하고 목표에 맞게 이미지 메이킹을 하라.
- 그리고 진정한 자기를 발견하라.

🔖 문질빈빈(文質彬彬)
- 문 - 꾸밈. 화장. 후천성
- 질 - 바탕. 민낯. 선천성
- 빈빈 - 상호보안 작용해서 조화를 이루면 더욱 빛을 발함

🔖 文(문)은 무늬라는 뜻으로 도화지에 색깔을 입힘이고, 質(질)은 본바탕이란 뜻으로 색깔이 입혀지지 않은 도화지를 말한다. 彬彬(빈빈)은 윤기가 나면서 조화로운 모양을 뜻한다. 즉, 꾸밈과 본질은 어우러져야 한다.

🔖 내가 티고난 바탕에 조화로운 포장(복장. 헤어. 화장 등)을 잘 해서 더욱 빛나는 '나'를 찾자!

🔖 '나' 명품브랜딩 훈련
① 자존감 표현
밝은 모습과 미소 유지하며 '내 이름 불러주고 당당하게 말하기'
나를 또렷하게 밝히는 습관은 자존감으로 이어진다.
'나는 내가 정말 좋다' ― 자존감 박수 ―
② 나의 정체성 Identity 찾기
- 스스로에게 질문 던지고 답하기 : '난 누구인가?'
- 나만의 색깔과 향 입히기 : '내가 좋아하는 것은? (음식, 색, 취미 등)'
- 내가 잘 하는 것은? (요리. 그림. 컴퓨터)'

③ 사회적 이미지 구축
사회적 이미지는 사람들에게 알리고 싶은 진정한 자신의 모습과 내가 속한 사회가 요구하는 나의 이미지를 좁혀가는 과정인데 타인에게도 인정받도록 이미지를 객관화하고 관리한다.

> '음식은 좋아하는 것을 먹고, 옷은 다른 사람을 의식하고 입어라'
> - 벤자민 프랭클린 -

④ 명품으로 브랜드화
'콘텐츠는 경쟁력이다', '따로 또 함께' 안에서 살아남는 길은 나만의 콘텐츠가 필요하다.
나만의 유니크한 색깔에 경쾌한 리듬을 만들어내는 콘텐츠를 항상 연구한다.
타인(고객)과 마음의 협업을 통해 꽃으로 피어나는 콜래보레이션을 기대한다.

> 전문직업인의 기본(실력)에 충실하고
> 성실 근면한 자세로 목표를 향해서
> 효율적인 시간관리와 금전관리로
> 정말 소중하고 필요한 것들로만 채우며
> 불필요한 것에 단호히 No! 딱 거기까지!
> 라고 말할 수 있는 용기와 절제된 생활은
> 심신이 건강한 나를 명품으로 만들어준다.
> - 자기경영 선배 -

* 메이크업(make-up)의 특성

- 화장은 사회심리학적인 관점에서 보면 비언어 의사전달 수단의 하나다. 현대에 와서 메이크업의 의미는 인간 신체의 일부분에 색상을 부여함으로써 얻는 외형적 아름다움의 추구 행위뿐만 아니라 미의식 속에 자아를 하나의 개성으로 표현 하는 이미지 업을 포함한다. 메이크업은 본인의 이미지를 보다 아름답게 표현하는 것으로 내추럴한 것에서 판타스틱한 것까지 그 테마가 다양하다. 화장을 포함한 몸치장 전반을 하여 한층 생기 있고 돋보이는데 그 목적이 있다.
- 화장을 통해 나의 이미지를 업(up)시키지 않고, 나의 이미지를 없애거나 깎아 내려서는 안 된다. 타인에게 혐오감을 주어서도 안 된다. 즉 자신의 장점을 부각시키고 단점을 커버하는 것을 말하며, 정도를 넘는 화장은 오히려 보는 이로 하여금 부담스럽고 신뢰감을 잃게 한다(make-down).
- 자신의 매력을 강조하고 밝고 건강한 자연스러운 메이크업, 입고 있는 옷에 어울리는 메이크업을 고려하여 상대방으로 하여금 마음 편하고 따뜻함이 느껴지는 온화한 메이크업을 하는 것이 중요하다.

4. 첫인상 · 표정 · 자세

* **모든 만남의 시작에 있어 가장 중요한 것은 첫 인상이다.**

  좋은 첫 인상 만들기의 중요 포인트는 웃음(미소)이다.
  밝은 표정과 웃음은 건강증진, 감정이입, 마인드 컨트롤, 신바람, 실적향상, 호감형성에 효과가 있기 때문에 중요하며 점차 인상을 바꾸어간다. 일상생활에서 긍정적이고 자신감 있는 사람으로 비춰지고 삶을 풍요롭게 해 준다.

* **이미지형성과 관련 효과**
  - 초두효과 : 첫인상은 기억에 많은 영향을 주기 때문에 첫인상이 나쁘면 노력해도 좋은 이미지로 바꾸기 어렵다는 것을 설명하는 효과
  - 후광효과 : (광배효과) 한 가지 장점이나 매력 때문에 다른 특성들도 좋게 평가되는 것
  - 최근효과 : (↔초두효과) 마지막(최근)에 받은 이미지가 인상 판단에 중요한 역할을 함
  - 부정성효과 : 부정적인 특징이 긍정적인 특징보다 인상 형성에 더 강력하게 작용하는 것
  - 맥락효과 : 첫 이미지가 이후 형성되는 이미지의 판단 기준이 되어 전반적인 맥락을 제공한다(주관적).
  - 호감득실이론 : 자신을 처음부터 좋아해주던 사람보다 자신을 싫어하다가 좋아하는 사람을 더 좋아하게 되고, 자신을 처음부터 싫어하던 사람보다 자신을 좋아하다가 싫어하는 사람을 더 싫어하게 된다는 이론
  - 빈발효과 : 반복해서 제시되는 행동이나 태도가 첫인상과는 달리 진지하고 솔직하게 되면 점차 좋은 인상으로 바뀌는 현상

(1) 첫인상 First Impression

다른 사람에게 비추어지는 자신의 첫 이미지가 첫인상이다.
좋은 첫인상을 만들기 위해 호감 주는 표정과 활기찬 자세, 상대방을 존중하고 배려하는 모습을 보이기 위해 상황에 맞는 용모와 복장을 연출하며 최선을 다한다면 상대방에게 긍정적인 에너지를 전달하게 된다.

① **시각적 요소**(55%)
- 인생에는 지켜야 할 몸의 법칙이 있다.
  (좋은 눈빛, 서있는 자세, 앉은 자세, 걷는 자세, 미소, 표정)
- 눈 맞춤EyeContect : 관심, 적대감
- 몸짓(제스처) : 손 발, 머리, 팔짱, 몸 기울기(상대방 쪽으로 약간 기울임/호감의 정도)

② **청각적 요소**(38%)
- 목소리는 신뢰감을 주는데 매우 중요한 역할을 한다.
- 말투 하나 바꿨을 뿐인데 인생이 바뀐다?
- 과연 목소리의 어조와 당당한 말투 하나로 상대방의 Yes를 이끌어 낼 수 있을까?
- 목소리Voice : 음성의 크기, 속도, 강약, 고저, 억양, 리듬, 웃음소리 등(좋은 발성, 올바른 발음, 당당한 말투)

③ **언어적 요소**(말의 내용)
시각적인 외모는 2초 만에, 말하는 소리까지는 7초 만에 첫인상이 결정된다.
(첫인상 7초 법칙 – 신속성, 일회성, 일방성, 연관성)

① **이미지관리 방법**
  * 인상은 어떻게 바꾸나? 관상학에서는 인상을 바꿀 수 있나?
    - 이미지 관리와 심상이 중요하다(인상을 바꿀 수 있다).
    - 심상을 바꾸지 않으면 인상을 바꾸는 나머지 방법이 소용없다.
    - 용모(헤어, 의상, 안경 등 컬러 매칭)를 코디를 잘하면 느낌이 달라지므로 퍼스널컬러를 찾는 것도 중요하다.
  * 현대사회에서 이슈가 되고 있는 성형은, 심리적으로 콤플렉스인 외모를 살짝 하나만 개선해서 전보다 내면의 자신감이 생기고 건강한 생활이 가능하다면 고려해 볼 여지가 있을 듯도 하지만, 역시 나만의 퍼스널 아이덴티티(주체성)를 높여 대인관계를 자신감 있게 하는 것이 포인트이다.
  * 심상을 좋게 하는 방법
    - 자기 전, 5분~10분가량 반성, 정리하는 습관(스스로를 들여다본다 – 자아성찰/숙면하기

위한 사과, 반성하는 습관)
- 아침 운동, 남을 위한 다짐과 나의 진실, 최선을 다하는 다짐을 한다.
- 상대방과의 교감(미소, 인사, 대화, 칭찬)을 습관적으로 일상화되어 있다.

* **메라비언 효과**

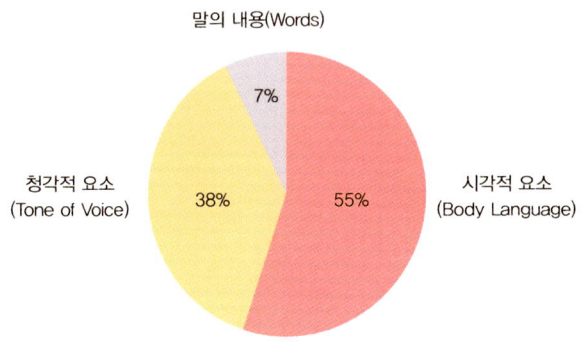

② **목소리 결점을 극복하는 방법**
- 작은 목소리, 콧소리 등은 소극적인 인상을 주어 부정적인 이미지로 나타난다.
- 음주와 흡연을 피하고 목에 무리를 주지 않도록 관리한다.
- 목에 좋은 따뜻한 차나 물을 자주 마신다.
- 복식호흡을 반복 조절하여 말을 끝까지 정확하게 말할 수 있도록 연습한다.
- 밤에 야식을 피하고 숙면을 취한다.

> **tip**
>
> 📌 **복식호흡**
> 숨을 깊게 충분히 들이쉬고 내쉬는 호흡법, 흉식호흡에 비해 횡경막이 더욱 아래로 내려가 가슴속 공간이 더 넓어지고 폐는 산소를 더 많이 채우게 되는 호흡법
>
> 📌 **발음연습**
> - 발음 전 입술을 상하좌우로 움직인다.
> - 발음할 때 가능한 한 입을 크게 벌린다.
> - 한 번은 강하게, 한 번은 약하게 반복하여 발음한다.
> - 처음에는 천천히 정확하게 발음하고, 연습하면서 점차 속도를 빠르게 한다.
>
> 📌 **언어적 요소(말의 내용 7%)**
> - 논리적, 합리적인 말로 표현하기
> - 질문기법으로 적극적인 관심표현하기

(2) 표정

표정은 마음과 정신의 표현이다. 얼굴 표정으로 내면의 감정 상태를 표출되기 때문에 언어를 사용한 의사소통보다도 빠르게 표현되는 표정·미소·눈빛은 세계 공통언어라고 해도 무리가 없을 것이다.

① 밝은 표정의 중요성
- 인상보다 더 중요한 것은 밝은 표정이다.
- 자신과 상대방을 즐겁게 해준다.
- 상대를 편안하게 해준다.
- 호감가는 느낌을 전달해 준다.

② 얼굴 표정의 중요성
- 얼굴 의미 : 얼(마음 Mind, 성격 Character, 정신 Sprit, 영혼 Soul)을 담는 그릇, 틀, 골상인 뼈[골(骨) > 굴]로 형성된 것. 즉, 외모의 첫 번째로 여기는 얼굴은 우리 사람의 마음이 표출되는 중요한 곳.

> **tip**
>
> 🔖 얼굴은 심성의 변화를 가장 빠르게 표현하는 곳으로써 얼굴표정의 습관 형성은 인격수양에 있어 중요한 부분이다. 그런데 얼굴만 보고 판단하는 외모지상주의(루키즘)와 관상학을 넘어서 중요한 최고의 상이 뭔가 하면 바로 '심상'인 것이다. 그 사람의 마음 상태(심상)가 그 사람의 어떤 관상보다도 상위를 차지한다는 사실이다. 그 중에 가장 좋은 효과가 나타나는 것이 웃음(미소)이다.
> 🔖 '웃음은 마음의 치료제다'
> 어떠한 어려운 상황 속에서도 미소를 잃지 않는다면 해피 바이러스가 전달되고 반드시 해결된다.
> 🔖 40대가 되면 자신만의 고유 브랜드를 만들어 내야 한다.
> 🔖 '40대 이후 얼굴은 자신이 책임져야 한다' -링컨-
> 🔖 [사례] 장사가 잘 되는 식당…주인과 종업원의 표정이 밝다.
> [질문] 표정이 밝기 때문에 장사가 잘될까? 장사가 잘되기 때문에 표정이 밝을까?

> **tip**
>
> 🔖 표정은 내면의 어떠한 의미가 얼굴로 표출되는 것, 우리의 감정이 가장 극명하게 반영되는 부분이며 얼굴 표정으로 인해 심리상태, 건강상태 등이 판단 가능함
> 🔖 안면환류가설 : 얼굴의 표정이 바뀌면 그 사람의 감정도 실제로 바뀐다고 함
> 🔖 내 팔자를 바꿔 줄 정도로 위력 있는 미소
> ('우리는 미소를 만들어갑니다' 미소로 일궈낸 프랑스의 호텔전문경영그룹 아코르).

- [어린 왕자] 생떽쥐베리의 [미소]라는 단편은 절망적 죽음의 위기에서 '단 한번의 미소'로 살아남을 수 있었다.
- 최고의 방법인 웃음(미소)의 효과로 내 삶을 아름답고 멋지게 긍정적 에너지를 듬뿍 담은 환한 웃음을 우리모두 함께 어깨 펴고 밝은 표정으로 스마일~와이키키~위스키~ 막걸리~ 김치~([이] 모음으로 마무리)
- 미소 입모양 연출(펜 테크닉 스마일) 연습하기
  독일 심리학자 프리츠 스트랙의 실험을 응용한 것인데 '펜 테크닉'이란 웃는 근육을 만드는 테크닉이라 할 수 있다. 펜을 이로 물고 억지웃음을 짓는 것만으로도 기대 이상의 웃음효과를 가져 올 수 있다는 사실(펜 대신 손가락을 이용해도 OK. 사람 많은 장소에서는 오해의 소지가 있으니 삼가하는 T.P.O.센스를!)

(3) 자세

'말은 고객의 귀에 호소한다면, 자세 및 제스처는 고객의 눈에 호소한다.'

① 호감을 주는 자세
- 상대방을 부드러운 시선으로 똑바로 응시하라(눈, 미간, 콧등)
- 대화할 때 몸을 약간 상대방 쪽(앞)으로 기울여라.
- 눈 맞추는 것을 잊지 마라.
- 절대 팔짱을 끼지 마라.
- 상대방의 동작을 따라하라.

② 바른 자세
- 걸을 때 : 가슴은 펴고 등은 곧게 펴고 어깨는 힘을 뺀다.
  시선은 앞을 향해 턱은 가볍게 당기고 자신감 있고 활기차게 걷는다.
- 안내할 때 : 삼점법이란, 방향 안내 동작을 할 때 시선은 먼저 상대방의 눈을 보고, 가리키는 방향을 손과 함께 본 후, 다시 상대방의 눈을 보는 방법을 말한다(상대의 눈→ 지시방향→ 상대의 눈).
  또한 오른쪽 방향은 오른손으로, 왼쪽 방향은 왼손으로 안내한다.

제2장 의사소통능력-'나 와 너'에 집중

| 미션수행 | ☐ 엘리베이터 스피치(60초) | ☐ 프레젠테이션 발표(3분) |

■ 사전 체크리스트

다음은 모든 직업인에게 일반적으로 요구되는 의사소통능력 수준을 스스로 알아볼 수 있는 체크리스트이다. 본인의 평소 행동을 잘 생각해 보고, 행동과 일치하는 것에 체크해 보시오.

문항	그렇지 않은 편이다.	보통인 편이다.	그런 편이다.
1. 나는 의사소통능력의 종류를 설명할 수 있다.	1	2	3
2. 나는 의사소통의 중요성을 설명할 수 있다.	1	2	3
3. 나는 의사소통의 저해요인에 대하여 설명할 수 있다.	1	2	3
4. 나는 효과적인 의사소통 개발 방법을 설명할 수 있다.	1	2	3
5. 나는 문서이해의 개념 및 특성에 대하여 설명할 수 있다.	1	2	3
6. 나는 문서이해의 중요성에 대하여 설명할 수 있다.	1	2	3
7. 나는 문서이해의 구체적인 절차와 원리를 설명할 수 있다.	1	2	3
8. 나는 문서를 통한 정보 획득 및 종합 방법을 설명할 수 있다.	1	2	3
9. 나는 체계적인 문서작성의 개념 및 중요성을 설명할 수 있다.	1	2	3
10. 나는 목적과 상황에 맞는 문서의 종류와 유형을 설명할 수 있다.	1	2	3
11. 나는 문서작성의 구체적인 절차와 원리를 설명할 수 있다.	1	2	3
12. 나는 문서작성에서 효과적인 시각적 표현과 연출방법을 안다.	1	2	3
13. 나는 경청의 개념 및 중요성을 설명할 수 있다.	1	2	3
14. 나는 경청을 통해 상대방 의견의 핵심내용을 파악할 수 있다.	1	2	3
15. 나는 올바른 경청을 방해하는 요인들과 고쳐야 할 습관을 알고 있다.	1	2	3
16. 나는 대상과 상황에 따른 경청법을 설명할 수 있다.	1	2	3
17. 나는 정확한 의사표현의 중요성을 설명할 수 있다.	1	2	3
18. 나는 원활한 의사표현의 방해요인을 알고, 관리할 수 있다.	1	2	3
19. 나는 논리적이고 설득력 있는 의사표현의 기본요소 및 특성을 안다.	1	2	3
20. 나는 기초외국어능력의 개념 및 중요성과 필요성을 설명할 수 있다.	1	2	3
21. 나는 비언어적 기초외국어 의사표현에 대해 설명할 수 있다.	1	2	3
22. 나는 기초외국어능력 향상을 위한 교육방법을 설명할 수 있다.	1	2	3

■ 평가 방법

체크리스트의 문항별로 자신이 체크한 결과를 아래 표를 이용하여 해당하는 개수를 적어보자.

문항	수준	개수	학습모듈
1~4번	그렇지 않은 편이다.	( )개	의사소통능력
	그저 그렇다.	( )개	
	그런 편이다.	( )개	
5~8번	그렇지 않은 편이다.	( )개	문서이해능력
	그저 그렇다.	( )개	
	그런 편이다.	( )개	
9~12번	그렇지 않은 편이다.	( )개	문서작성능력
	그저 그렇다.	( )개	
	그런 편이다.	( )개	
13~16번	그렇지 않은 편이다.	( )개	경청능력
	그저 그렇다.	( )개	
	그런 편이다.	( )개	
17~19번	그렇지 않은 편이다.	( )개	의사표현능력
	그저 그렇다.	( )개	
	그런 편이다.	( )개	
20~22번	그렇지 않은 편이다.	( )개	기초외국어능력
	그저 그렇다.	( )개	
	그런 편이다.	( )개	

■ 현재 자신의 의사소통능력 중 좋은 점과 개선이 필요한 점에 대해 나름대로 기술해 주십시오.

좋은점	개선점

1. 의사소통 능력의 이해

(1) 의사소통 이해

- 의사소통 환경변화에 따라 사회생활에서 소통의 필요성이 증가되었다. 상대방을 파트너로 인정하고 존중하는 자세와 상대방에 대한 배려를 전제로 한 품격(品格)있는 대화를 하는 것이 가장 중요하며 말은 사람의 인격을 표현한다.
- 디지털 시대일수록 얼굴을 마주보며 면대면face to face 대화시간을 늘리고, 손 편지와 같은 예전의 아날로그 소통방식을 활용하는 것이 필요하다.
- 실시간 의사소통이 증가함에 따라 즉각적인 피드백의 중요성이 커지고 있다.
- 스마트폰의 중독현상이 확산됨에 따라 자기와의 대화시간을 갖거나 책을 읽는 것이 요구된다.

(2) 의사소통의 정의

- 의사소통이라고 번역되는 커뮤니케이션의 어원은 '공통의common' 또는 '공유share'라는 뜻의 라틴어 '커뮤니스communis'에서 유래, 커뮤니케이션communication의 'co-'는 접두어로서 'with, together' 즉, '함께, 같이'의 의미로 '상호 공유하며 공통점을 갖는다'는 뜻이다.
- 의사소통은 사람들 사이에서 언어, 비언어 등의 소통 수단을 통하여 자신들이 가지고 있는 제각기 다른 생각의 차이를 좁혀주며, 감정, 사실, 정보, 의견을 전달하고 소통을 통해 피드백을 받으면서 첫인상 및 선입견을 축소시키거나 수정 또는 제거해 줄 수 있는 상호작용하는 과정이다.
- 자신의 생각과 느낌을 효과적으로 표현하는 곳과 타인의 생각과 느낌, 사고를 이해하려는 의사소통의 노력은 사회생활에서 핵심적인 요소로 대두되고 있다.
- 원활한 의사소통을 위해서는 논리와 감성, 머리와 가슴(마음)이 동시에 요구된다.
- 의사소통의 목적은 '상호 이해'이다. '이해하다'를 영어로 표현하면 'understand'이다. 이는 'under + stand'로 나누어 볼 수 있는데, '거꾸로 선다'는 것은 '입장을 바꾸어 생각한다'는 의미로 해석할 수 있다. 상대방의 입장이 되어 한번 더 생각해보는 지혜가 필요하다.
- 소통의 오작동 시대에 소통하는데 우선되어야 할 요소는, 상대방의 마음과 생각에 귀기울이는 경청을 기본자세로 열려있는 대화가 중요하다.

(3) 의사소통 향상을 위한 실천방법

- 읽기 : 독서를 통해 지식과 인식의 지평을 넓혀가는 읽기reading 능력이 필요하다.
- 글쓰기 : 어떤 현상과 사실에 대한 자신의 생각과 느낌, 의견을 간단명료하게 글로써 표현하는 글쓰기writing 능력이 필요하다. (한 페이지one page로 작성 보고하는 연습을 통해 개발)

- 말하기 : 자신의 생각과 느낌, 의견을 간단명료하게 표현하는 말하기speaking 능력이 필요하다.(발표하는 연습을 통해 개발)
- 듣기 : 상대방의 생각과 느낌, 의견을 경청하고 공감, 이해하는 듣기listening 능력이 필요하다. 듣기는 효과적인 소통을 위한 가장 중요한 습관이지만 현실적으로 실천하기가 가장 어렵고 잘 안 되는 행동으로서 말하고 싶은 욕구를 제어하는 인내와 끈기가 필요한 능력이다.
- 보기 : 이미지 자료의 자유로운 송신·수신으로 새로운 의사소통의 기능(SNS, 문자, 사진, 이모티콘)을 통해 자신의 생각, 감정을 표현할 수 있다.

(4) 의사소통 대상유형
- 자기와의 대화 : 바쁜 일상 속에서 멈추어 자신과의 내면 대화를 통해 삶을 반성하고 성찰하는 습관, 즉 자기와의 대화self talk 또한 중요하다
- 타인과의 대화 : 남과 비교하지 않고, 남을 비난하지 않으며, 환경과 상황에 대해 불평불만을 하지 않으려는 비비불(比·非·不)의 원칙을 명심한다.

2. 의사소통의 형태

(1) 언어적 의사소통
구두(말) 소통 vs 문서(글) 소통

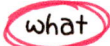

* **언어적 의사소통은 구두에 의한 소통과 문서에 의한 소통으로 나눌 수 있다.**

① 구두(말)로 하는 의사소통은 소통의 질이 높고 전달력이 빠르고 피드백도 빠른 반면에 대상이 제한되며 여러 사람을 거칠 경우 메시지가 왜곡되기 쉽다. 또 한 번에 많은 양을 전달하기 어려우며 억양, 음조 등에 따라 의미가 달라지며 각각 다르게 받아들이기 쉽다.

tip
- 한 예로 상대방에게 적극적으로 관심을 표현하는 방법으로 〈질문하기〉가 효율적이다.
- 먼저 개방적 질문을 통해 상대방의 다양한 생각을 다양한 반응으로 상호 이해의 정도를 높일 수 있는 반면에 폐쇄적 질문은 '예' '아니오'로 단답형 대답이나 제한된 응답을 듣게 되지만, 자세한 정보를 얻을 수 있는 장점이 있다.

- "왜요? 왜 그랬어요?" 추궁하듯이 부정적, 강압적인 질문부터 하는 것이 아니라 "당신 생각은 어떠세요? 말해주시겠어요? 기운이 없어 보이는군요. 무슨 일이 있어요?"
  - 예) (개방적)회의 분위기는 어떠셨어요? (반응 후, 폐쇄적) 안건은 통과되었나요?
    (개방적)시험은 어땠니? (반응 후, 폐쇄적) 시험이 꽤 어려웠구나~
    질문할 때에는 먼저 개방적 질문을 해서 상대방의 반응을 확인한 다음, 구체적인 정보를 얻기 위해 나중에 폐쇄적 질문을 하는 것이 바람직하다.

② 문서(글)에 의한 의사소통은 무엇보다 정확성과 보존성이 높으며 한 번에 많은 양의 전달이 가능하지만 신속한 피드백이 어렵고 표현의 한계와 상대방에게 전달 유무 확인이 어렵다. 문서의 유출 및 비밀 누설의 가능성이 우려되기도 한다.

> **tip**
>
> - 문서 작성법
>   5W2H : 문서작성 과정에서 누락되는 실수를 방지하기 위한 기법
>   5W - 언제(When) 어디서(Where) 누가(Who) 무엇을(What) 왜(Why)
>   2H - 어떻게(How) 얼마나(Howmany · Howmuch)
> - 효과적인 문서 작성 -국가직무능력 홈페이지(http://www.ncs.go.kr)에서 발췌-
>   - 내용 이해 : 전달할 내용과 핵심을 명확하게 파악
>   - 목표 설정 : 전달할 목표를 정확하게 설정
>   - 구성 : 효과적인 구성과 형식을 결정
>   - 자료수집 : 목표를 뒷받침해 줄 자료를 수집
>   - 핵심 전달 : 부문별 핵심을 하위 목차로 요약
>   - 대상 파악 : 대상에 대한 이해와 분석을 철저
>   - 보충 설명 : 질문을 예상하고 구체적인 답변을 준비

(2) 비언어적 커뮤니케이션(Non Verbal Communication)

① 몸짓이나 시각 또는 공간을 상징으로 하여 의사를 표현하는 커뮤니케이션 방법
  '말은 속일 수 있어도 얼굴 표정은 속이지 못 한다'

② 열 마디 말보다 따뜻한 눈빛과 응원하는 마음, 토닥여주는 위로의 손끝이 더 영향력(신뢰성)이 크다는 뜻이다.
  - 커뮤니케이션의 93%가 비언어적 채널로 구성 : 상대방의 인상이나 호감을 결정하는 요소로 언어적 7%, 비언어적 93%(시각 55%, 청각 38%)의 비중을 차지하고 있다.
  - 의미전달에 많은 영향 : 인간의 복잡하고 미묘한 감정 등을 표현하기에는 언어적 의사소통만으로는 어렵다.
  - 신뢰성이 높은 의사전달 수단 : 무의식적으로 드러나는 비언어적 커뮤니케이션이야말로 오히려 정확성과 신뢰성이 높은 전달력을 가지고 있다.
  - 의사소통할 때 용모 자세 태도와 억양 말투 등에 비해 말하는 내용은 고작 7%에 못 미친다는 이론은 즉, 언어적(말, 글) 요소보다는 비언어적(시각, 청각) 요소가 소통에 있어서 큰 비중을 두고 있음을 말한다.

③ 비언어적 커뮤니케이션의 유형
  - 신체언어 Body-language : 몸짓, 손짓, 표정 등에 의한 비언어적 표현으로 얼굴 표정, 눈의 접촉, 고개 끄덕이기, 자세 등이 포함.
  - 의사언어 Voice-Image : 공식적 언어가 아닌 인간이 발생시키는 갖가지 소리로 다양한 메시지를 판단하는 데 영향을 준다(말투, 말의 속도, 발음, 소리의 높낮이, 음량).
  - 신체적 이미지 Body-Image : 용모, 신체적 매력, 복장, 두발
  - 공간적 행위 Body-Zone
    - 친밀한 거리(Intimate Distance) = 0~45cm, 연인·가족·친구
    - 개인적 거리(Personal Distance) = 45~80cm, 직장동료
    - 사회적 거리(Social Distance) = 80~1.2m, 비즈니스
    - 대중적 거리(Public Distance) = 1.2~3.7m, 강사·청중·연설
  - 호저의 거리 = 적정거리/고슴도치의 딜레마

3. 말하기 스킬

* **지금은 스피치 시대다. '말'의 시대다. 우리는 끊임없이 말을 한다.**
  - 어떤 사람은 첫 인상이 좋았어도 말을 했을 때, 용두사미의 경우를 볼 수 있고 어떤 사람은 인상이 좋지 않아도 대화를 하면서 호감으로 바뀌는 사람이 있다.
    이것이 '말의 힘이다'
  - 비호감을 호감으로 만들고, 말 하나로 많은 연봉을 받고, 말 하나로 대통령이 될 수 있는 그야말로 '말의 시대'를 살고 있다.

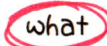

현대 사회는 말하기가 개인의 경쟁력을 평가하는 잣대로서 매력적인 사람으로 간주하고 있다. '상대의 심리를 지배하는 말', '상대의 마음을 훔치는 말', '상대를 행동하게 만드는 말'로 누군가에게 영향력을 미치는 말하기 스킬을 훈련하자.

(1) 긍정적인 표현

- **긍정마무리 표현** : 예 "이곳에서 담배를 피워서는 안 됩니다."(×)
  → "건물 바깥에 흡연실이 마련되어 있습니다."(○)
- **청유형 표현(부탁)** : 예 "조금만 기다려 주세요."(×) → "조금만 기다려 주시겠습니까?"(○)
- **개방적 표현** : 예 "오늘 하루 즐거우셨습니까?"(×) → "오늘 하루 어떠셨나요?"(○)
- **완곡한 표현** : 예 "그렇게 하는 것보다 이렇게 하면 어떨까?", "모릅니다"(×) → "제가 알아봐 드리겠습니다."(○)

(2) 쿠션(Cushion) 언어의 사용

상대방에게 부탁을 해야 할 경우 상대의 기분이 나빠지는 것을 최소화하는 표현
  예 미안합니다만, 죄송합니다만, 실례합니다만, 바쁘시겠지만, 번거로우시겠지만

(3) I - 메시지 사용

  예 "넌 왜 그러니?"(×) → "네가 그렇게 하니까 내가 어떻게 해야 할지 망설여지네."(○)
  "자네 왜 매일 지각인가?"(×) → "자네가 지각할 때마다 나는 걱정이 앞선다네."(○)

(4) 질문기법

- 과거질문→미래질문
  예 "왜 문제가 발생했나요?"(×) → "어떻게 하면 해결할 수 있을까요?"(○)

- 부정질문 → 긍정질문
    - 예) "뭐가 확실하지 않은거죠?"(×) → "확실한 점은 무엇입니까?"(○)
- 폐쇄형질문 → 개방형질문
    - 예) "오늘 잘 보내셨나요?"(×) → "오늘 어떻게 보내셨나요?"(○)

(5) 맞장구 화법

상대방에게 관심의 표현으로 경청하고 반응해 주어 공감으로 끌어내는 화법
- 예) 과연 그렇군요, 그래서 어떻게 되었나요?, 눈 맞춤, 끄덕이기 등

(1) 구두(말)로 하는 의사소통 능력을 어떻게 하면 향상시킬 수 있을까?

- 일상생활 중에도 상대방과 대화할 때
<질문하기, 오감활용 대화, 생각 표현하기, 감정 나누기, 소망 이야기하기, 일기쓰기>등을 실전으로 말하기 훈련을 통해 연습하여 올바른 말하기 스킬을 향상시키자.

(2) 말하기 훈련

- 대화능력을 향상시키기 위해 논리력(목표, 결론이 명확), 표현력(설득력), 이해력(경청의 힘, 집중력), 대응력(반응, 분위기)이 필요할 것이다.
- 논리력을 키우기 위해 신문을 정독한다.
- 논리적으로 말하기 연습은 글로 써서 낭독한다(말하기 위해 쓰고 소리 내서 읽는다).
- 표현력을 위해 감성 메타 관찰노트를 쓴다.

tip

📌 회화기법(사람 마음을 붙잡는 회화술)
- 상대방의 이름을 정확히 부른다.
- 중요한 말은 짧고 심플하게 천천히
- 인사는 육성으로 해라.
- 말이 빠르면 손해를 본다.
- 이야기는 (자신의) 실패담을 통해 설득하라.
- 포인트는 반드시 맞장구를 친다.
- 문제 발생 시, 먼저 상대방 이야기를 신중하게 듣는다.
- 지식보다 지혜가 중요하다.
- 신문은 소재(자료)의 보물 창고
- 상대의 본심(속마음)을 듣는다. (안심하고) 돌아갈때의 한마디를 듣는다.

4. 프레젠테이션 스킬

- 프레젠테이션은 청중을 설득하기 위하여 사업의 목적이나 계획을 발표하는 것으로써 정보를 전달하고 설득하려는 목적이 강력한 도구로서 활용된다.

(1) 프레젠테이션의 3P
- 사람(People)
  - 누구에게 프레젠테이션 할지를 분석하는 것
  - 청중의 연령, 교육수준, 참가 이유, 규모 등 청중에 대한 전반적인 이해와 배경 지식을 확보해야 함
- 목적(Purpose)
  - 왜 프레젠테이션을 하는지 이유를 정리하는 것
  - 정보 전달 PT : 공신력과 관련성을 찾아서 상대방을 이해시키고 핵심을 강조하는 것
  - 설득 PT : 청중의 호감심리를 이용, 논리적으로 접근하여 신념과 태도변화를 촉구하는 것
- 장소(Place)
  - 진행 장소(회의실, 대강당)와 환경(슬라이드 크기, 위치, 밝기)을 분석하는 것

(2) KISS 화법(Keep It Simple 간단히 and Short 짧게)에는 'Less is more' '보다 적은 쪽이 보다 크다'라는 의미로 스피치의 분량, 데이터, 시간 등은 적고 짧은 쪽이 효과가 크다는 뜻이다. 즉, 스피치는 너무 길면 변명하는 듯한 인상을 주기 때문이며, 짧고 간결한 표현이 더 자신감을 느끼게 한다.

(3) FEA 방식(Fun 즐겁게, Easy 알기 쉽게, Affaction 애정·애착)
- Fun 발표자가 즐기는 것이 가장 이상적이다.
- Easy 어려운 것도 알기 쉽게 전달하는 발표자의 테크닉technique(시각화, 제스처, 화법 등)이 관건이다.
- Affaction 발표자는 자신의 프레젠테이션을 반복 연습을 하며 준비하는 과정에서 애정이 생기고 고마움까지 느낄 때 프레젠테이션에 대한 프로가 되는 것이다.

> **tip**
>
> 📌 프레젠테이션의 귀재, 스티브잡스의 프레젠테이션 설득력의 비밀은?
> 스토리텔링 구성→짧게, 그러나 명확한 주제, 핵심 노출→백 마디 말보다 강력한 메시지 한마디→슬라이드는 단순하게, 숫자는 증거→팩트를 임팩트있게→무대연출(복장, 제스처 등)→연습에 연습을 거듭했다.

(4) 프레젠테이션의 신(神)이 되려면?

- 발표용과 제출용, 2가지를 준비하라.
- 버려야 이긴다. 가벼워야 이긴다.
- 보기 좋게 말고, 보기 쉽게 만들어라.

(5) 설득력 있는 프레젠테이션

- 첫째 : 목적을 명확히 한다. → '무엇을 위해'
- 둘째 : 주제를 1행으로 써본다 → '무엇을 어떻게 할 것인가?'
- 셋째 : 프레젠테이션 대상에 대한 분석 → '누구에게 말하는 것인가?'
- 넷째 : 내용구성 → '3부 구성' : 서론, 본론, 결론에 의거한 구성의 방법
- 준비를 하고 리허설을 해본다.

(6) 효과적인 프레젠테이션 (슬라이드를 준비)

- 유용한 정보만 넣는다.
- 짧고 간단하게(도입이 중요)
- 주장을 뒷받침할 수 있는 수치로 나타내거나 증명 가능한 사실을 넣는다.
- 그래픽은 단순하게
- 중간 색조의 단색의 배경으로, 화려한 배경은 금물
- 글자는 읽기 쉽게(낭독이 아닌 말하기)
- 청중에 맞춘 내용

> **tip**
>
> 📌 효과적인 설득 방법
> - 이심전심(비언어적, 말보다 따뜻한 눈빛)
> - 감성자극(편지, 문자)
> - 은근과 끈기(시간, 반복, 기회)
> - 역지사지(상대 배려)
> - 촌철살인(짧은 한마디)
> - 차분한 논리(숫자, 자료데이터)

5. 설득과 협상 전략

(1) 설득의 과정 [주의 - 이해 - 납득 - 결정 - 실행]
- 첫째 주의단계는 설득자의 말에 상대방이 귀를 기울이는 단계이다.
- 둘째 이해단계는 설득자의 말이 어떤 의미인지 상대방이 이해하고 수긍하는 단계이다.
- 셋째 납득단계는 설득자의 말에 상대방이 수긍하고 판단을 내리는 단계이다.
- 넷째 결정단계는 의사를 결정하는 단계이다.
- 다섯째 실행단계는 상대방이 태도를 정하고 행동을 옮기는 단계로 설득의 결과에 해당한다.

(2) 설득력 있는 의사표현
- 본론 전에 가벼운 대화로 Yes를 유도하여 미리 설득 분위기를 조성하라.
- 침묵을 지키는 사람을 대화에 참여하게 하라.
- 상대방과 공감대를 형성하라.
- 설득 당한다는 느낌이 들지 않도록 상대방의 자발적인 의지를 자극하라.
- 권위 있는 사람의 말이나 작품을 인용하라.
- 객관적 명분을 제시하라.
- 대부분의 사람들과 같은 행동을 하고 싶은 동조 심리를 이용하여 설득하라.

(3) 설득력 있는 의사전달 화법
- 상대방의 기준과 근거를 무너뜨리기 위하여 객관적 근거를 제시한다.
- 숫자 등 구체적인 자료를 제시하여 상대방의 데이터를 변화시키려는 시도를 한다.
- 상대방이 마음의 문을 열도록 먼저 친밀한 대화를 시도한다.
- 상대방의 말에 공감하면서 적극적으로 경청한다.
- 욕망과 동기를 파악하고 자극한다.
- 다양한 대안을 평가하고 선택하도록 독려한다.
- 상대방의 확신을 형성하도록 도와주고 촉구한다.
- 긍정적 방향으로 행동을 변화하도록 동기와 의지를 강화한다.

✱ **논쟁. 아규멘테이션(Argumentation)**
진정한 '소통의 고수(高手)'란 생각이 같은 사람끼리 대화하기보다 다른 사람과도 대화를 잘하는 사람이다. 하지만 우리는 논쟁에 서툴다. TV 토론에서도 명확한 논점을 잡지 못한 채

난상토론만 벌이다가 상대 입장만 확인하고 끝나는 경우가 허다하다. '논쟁은 말싸움 아닌 갈등해소의 소통 과정'으로서 '토론과 설득, 말하고 듣는 법'을 익히고 상대의 의견을 경청하고 자신의 의견 및 반론을 논리적으로 설득할 수 있는 기술이 필요하다.

언쟁(말싸움)이 '인간성의 오류'에 빠지게 되면 더 이상 논쟁이 아니라 상대방의 인격을 공격하게 되고 당사자의 신뢰감을 무너뜨려 결국 논쟁을 지속할 수 없게 된다.

※ 品(품) = ㅁ + ㅁ + ㅁ (말 + 말 + 말)
  '말이 쌓이고 쌓여서 品(품)을 이룬다'
  '말 한마디에서도 품격을 느낄 수 있다'

(4) 설득 유형 4가지(SCAF)
- Speaker(표출형) = 의견과 희망을 말할 기회를 주고, 스스로 사실을 발견하도록 도와주는 질문을 한다.
- Carer(우호형) = 논리, 논쟁보다는 친절하고 여유있는 태도, 열린 마음, 개인적 견해와 감정을 논의한다.
- Achiever(성취형) = 주장, 도전성향, 공격적, 지배적, 승부욕, 라이벌의식, 이익에 민감 → 솔루션 제시, 직접 협상
- Finder(뷰석형) = 수치화된 데이터, 객관성 있는 자료를 근거로 증거 제시한다.
  → 서면 증거 제시, 설명

(5) 설득 관련 용어
- 협상 : 이견을 가진 사람들과 함께 명확하고 공정한 의사소통을 통해, 거래와 타협을 하고 상호 수용할 수 있는 결정에 도달하도록 조정하는 과정.
- 구전(Word of Mouth) 활동
  - 고객의 입에서 입으로 전달되어 퍼지는 활동(별도 비용이 소모되지 않음)
  - 자신과 관계가 있는 사람들에게 자발적으로 퍼뜨리는 활동
- 그레이프바인=포도넝쿨 : 비공식적 커뮤니케이션(풍문, 소문-부정적 의미로 사용되며, 반면에 입소문을 장점으로 이용하면 긍정적인 효과로 나타날 수 있다)
- 바트나(BATNA : Best Alternative To a Negotiated Agreemaent) : 협상자가 합의에 도달하지 못할(결렬되었을) 경우, 택할 수 있는 다른 좋은 대안

(6) 효과적인 주장을 위한 'AREA의 법칙'

짧은 시간에 임팩트 있게 먼저 결론을 말한다. (두괄식 : 말의 순서가 중요)
- 주장(Assertion) = 우선 주장의 핵심을 먼저 말함
- 이유(Reasoning) = 주장의 근거를 설명
- 증거(Evidence) = 주장의 근거에 관한 증거나 실례를 제시
- 주장(Assertion) = 다시 한번 주장을 되풀이

tip

🔖 오레오 맵 OREO Map : 논리정연하게 핵심을 빠르게 전달하고 자존감과 존재감을 발산할 수 있는 기법
- 의견(Opinion)   • 이유(Reasoning)   • 사례(Example)   • 의견(Opinion)

(7) 효과적으로 반론하는 방법

긍정으로 시작 → 반론 내용을 명확히 함 → 반대 이유를 설명 → 반론을 요약해서 말함

(8) 산울림법(고객 기본 응대 화법)

고객이 한 말을 반복하여 이해와 공감을 얻으며, 고객이 거절하는 말을 그대로 솔직하게 받아 주는 데 포인트가 있는 화법

(9) 아론슨(Aronson) 화법

부정적 내용을 먼저 말하고 끝날 때 긍정적 의미로 마감하는 것

(10) I - 메시지 전달법

대화의 주체가 '너'가 아닌 '내'가 되어 전달하는 표현법으로 상대방에게 나의 의사를 충분히 전달하면서도 상대방이 기분 나쁘지 않게 말하는 방법

tip

🔖 엘리베이터 스피치
엘리베이터를 타고 내리는 약 60초의 짧은 시간에 투자자의 마음을 사로잡을 수 있어야 함을 뜻하는 용어이다. 핵심은 짧다. 핵심을 파악해서 1분 내에 상대방에게 명확하게 전달해야 한다(60초/자기소개, 투자 유치, 업무보고 스피치).

(1) 엘리베이터 스피치 향상 방법

관심내용, 핵심내용을 우선 작성하고 상대방을 감동시키고 기억되어 행동으로 결과가 나오도록 문장을 다듬어서 반복하고 연습하는 길이 최선이다.

(2) 스피치를 할 기회가 있다면
- 열심히 자료를 챙기고 준비를 철저히 하자!
- 자신감은 말 주변에서 나오는 게 아니다. 준비에서 나온다!
- 필요하다면 원고를 작성하여 혼자서 스피치 연습을 해 보자!

(3) 침묵은 금이다. 웅변은? 은이다. 그러나 스피치Speech는 다이아몬드다!

tip

Speech는 꼭 말로만 소통이 되는 것은 아니다. 전설로 남은 오바마 대통령의 감동적인 명연설 '침묵스피치'를 소개하겠다. '침묵은 확실히 금'이다. 2015년 6월17일 미국 엠마뉴엘 A.M.E.교회에서 총기난사 사건이 일어나 오바마 대통령이 교회 장례식에서 추모사를 하는 과정에서 '10여초의 침묵' 후, 미국인의 영적인 찬송가 '어메이징 그레이스'(놀라운 은총이 있기를… 놀라운 은혜, 이 얼마나 감미로운가, 나 같은 비참한 사람을 구해주셨네)노래로 청중들을 사로잡았다. 반주도 없이, 잘 부르지도 못하는 노래 실력으로 부르기 시작하자 즉흥 연주와 6천여명의 추모객이 기립하여 합창하였다. 그리고는 희생자들의 이름을 일일이 부르며 명예를 높이는 동시에 슬픔에 잠긴 미국을 위로했다. 감동적인 순간이었다.
Speech는 감정에 솔직해야 이심전심 Speech가 된다. 눈물이 나면 울고, 목이 메면 침묵하면 된다는 것을 오바마에게서 배운다.

출처 《조관일, 내 방식 스피치, 지식노마드, 2017》

6. 경청스킬과 공감능력

* 원활한 의사소통이란, 일방적으로 상대방의 말을 듣지 않고 자신의 말만 하고 끝내버리면 효과적인 소통이라고 보기 힘들다. 의사소통의 기본이자 핵심이 경청인데, 듣고만 있는 것이 아니라 열심히 들어주고 공감하는 능력을 뜻한다.

(1) 경청 = 공감능력
- 경청은 고객의 말을 주의 깊게 잘 듣고, 공감하는 능력이다.
- 경청은 기술이 아니다. 태도이다.
- 경청은 절제며 겸손이다. -피터드러커-

(2) 효과적인 경청 방법
- 귀로 듣기(언어적 부분 : 소리로 듣지 말고 말의 내용을 듣기)
  상대방의 말하는 내용을 집중해서 듣고 정확히 이해하라.
- 눈으로 듣기(비언어적 부분 : 눈을 통해 표정, 자세 등의 중요한 메시지를 읽기)
  말하는 상대방에게 동화되도록 노력하며 듣기.
- 마음으로 듣기(공감적 부분 : 마음의 소리를 진실한 마음으로 듣기)
  말하는 상대방의 입장에서 공감과 관심을 보여주며 듣기.

(3) 경청의 개념과 중요성
- 聽(들을 청)은 귀로 듣고, 눈으로는 상대방을 보고, 상대의 말을 마음으로 받아들이고, 상대를 왕처럼 받들라는 뜻으로서 경청능력은 단지 상대방의 말만 주의 깊게 듣는 것뿐만 아니라 그가 지금 무엇을 표현하고 있는지, 그의 감정과 사고는 어떤 것인지를 이해하고 파악하면서 듣는 능력이다. 마음을 열고 경청하면 신뢰를 쌓을 수 있어 상대방은 안도감을 느끼고, 무의식적인 믿음을 갖게 된다.
- '성공하는 사람과 그렇지 못한 사람'의 대화 습관에는 뚜렷한 차이가 있다. 그 차이점이 '경청하는 습관'이라고 스티븐 코비의 『성공하는 사람의 7가지 습관』과 『성공하는 사람의 8번째 습관』이란 책에서 말한다. 의사소통은 내가(청자) 상대방(청자)에게 메시지를 전달하는 과정이 아니라 상대방과 공감하며 상호작용을 통해 메시지를 다루는 과정이다. 따라서 성공적인 의사소통을 위해서는 메시지를 상대방이 이해하기 쉽게 표현하는 것도 중요하지만, 상대방이 어떻게 받아들일 것인가에 대한 고려가 중요시되어야 한다.
- 상대방의 감정과 사고는 어떤 것인지를 이해하고 파악하여 마음까지도 공감하며 듣는 것이다. 좋은 경청자가 되기를 원한다면 화자에게 집중하여 경청할 수 있는 자기트레이닝이 필요하다. 대화과정에서 중요한 기본자세는 상대방의 문제에 대해서 자신의 생각이나 기분에 따라 반응하기에 앞서 상대방의 생각이나 기분에 초점을 두어 경청하려는 노력이 중요하며 상대방이 말하고자 하는 내용은 물론 그 내면에 깔린 동기나 생각에 귀를 기울여 듣고 이해한 바를 상대방에게 피드백하려는 노력이 중요하다.

(4) 효과적인 경청방법

우선 공감적 경청이 이루어지려면, 집중해서 열심히 듣고 분명하지 못한 점은 질문을 통해 확인하고 공감하며 듣는다.
① 준비한다…강의 주제나 용어에 친숙하기 위해 미리 읽어둔다.
② 주의를 집중한다…집중해서 적극적으로 들어야 한다. 화자의 말하는 속도와 말을 이해하는 속도 사이에 발생하는 간격을 메우는 방법을 알아둔다.
③ 예측한다…무엇을 말 할 것인가를 추측하려고 노력한다. 이러한 추측은 주의를 집중하여 듣는데 도움이 된다.
④ 나와 관련짓는다…상대방이 전달하려는 메시지가 무엇인지를 생각해 보고 자신의 삶, 목적, 경험 등과 관련시켜 본다. 관심이라는 측면에서 메시지를 이해하면 주의를 집중하는데 도움이 된다.
⑤ 질문한다…질문을 하려고 하면 경청하는데 적극적이 되고 집중력이 높아진다.
⑥ 요약한다…대화 도중에 대화의 내용을 요약하면 상대방이 전달하려는 메시지를 이해하고 생각과 정보를 예측하는데 도움이 된다.
⑦ 반응한다…청자가 반응을 보이면 화자는 더 많은 정보를 알려주려고 한다.

(5) 경청을 방해하는 요인

① **인지·정서적 방해요인**
- **자존심 세우기** : 자신이 부족한 점에 대한 상대방의 말을 들을 수 없게 된다. 자신이 잘못했다는 말을 받아들이지 않기 위해 거짓말을 하고, 고함을 지르고, 주제를 바꾸고, 변명 등을 하게 된다.
- **판단하기** : 부정적인 판단 때문에 상대방을 비판하기 위해 상대방의 말을 듣지 않는 것을 의미한다. 듣는다고 해도 상대방을 비판할 증거만 찾기 위해서 귀를 기울일 것이다.
- **걸러내기** : 듣기는 하지만 상대방의 메시지를 온전하게 듣는 것이 아닌 경우를 의미한다. 듣고 싶지 않은 것들을 막아버리는 것이다. 상대방의 감정을 인정하고 싶지 않다거나, 회피하고 싶다거나, 또는 무시하고 싶을 때 자기도 모르는 사이에 상대방이 아무 문제도 없다고 생각해버린다.
- **짐작하기** : 상대방의 말을 듣고 받아들이기보다 자신의 생각에 맞는 단서를 찾아 자신의 생각을 확인하는 것을 의미한다. 짐작하고 넘겨짚으려 하는 사람들은 상대방이 하는 말의 내용은 무시하고 자신의 생각이 옳다는 것만 확인한다.
- **다른 생각하기** : 상대방이 말을 할 때 자꾸 다른 생각을 해서 내용을 알지 못하거나 흥미를 느끼지 못하는 것이다.

② 행동적 방해요인
- 대답할 말 준비하기 : 자신이 다음에 할 말을 생각하는데 집중해서 상대방의 말을 잘 듣지 않는 것을 의미한다.
- 조언하기 : 상대방의 말이 끝나지도 않았는데 끼어들어 상대방에게 조언하는 것. 상대방은 제대로 말을 끝맺을 수 없게 되고 기분이 좋지 않게 되며 마음을 털어놓고 이야기하고 싶은 상대방의 소박한 바람이 좌절된다.
- 언쟁하기 : 상대방이 무슨 말을 하든 자신의 입장을 확고히 한 채 방어만 하는 것. 언쟁은 문제있는 관계의 전형적인 의사소통 형태이다. 상대방의 생각은 전혀 들을 생각이 없기 때문에 어떤 이야기도 듣지 않게 되고 자신의 생각만 논리대로 말하려고 한다.
- 슬쩍 넘어가기 : 주제를 바꾸거나 농담으로 넘기려는 것을 의미한다. 문제를 회피하려 하거나 상대방의 부정적인 감정을 회피하기 위해서 슬쩍 넘어가면 상대방의 진정한 의미를 놓치게 된다.
- 비위 맞추기 : 상대방을 위로하기 위해서 또는 비위를 맞추기 위해서 너무 빨리 동의하는 것을 의미한다. 의도는 좋지만 상대방이 걱정이나 불안을 말하자마자 "그래요, 당신 말이 맞아."라고 말하며 지지하고 동의하는 데 너무 치중함으로써 상대방에게 자신의 생각이나 감정을 충분히 표현할 시간을 갖지 못하게 된다.

(6) 경청의 올바른 자세와 개발방법
- 상대를 정면으로 우호적으로 마주하는 자세는 경청할 준비가 되었음을 알리는 자세이다.
- 개방적 자세(다리꼬거나 팔짱끼지 않은 자세)와 개방적인 질문하는 것은 상대방에게 마음을 열어놓고 있다는 표시이다.
- 상대방을 향하여 상체를 기울여 다가앉는 자세는 자신이 열심히 듣고 있다는 사실을 강조하는 것이다. (주의 기울이기)
- 우호적인 눈의 접촉을 통해 자신이 관심을 가지고 있다는 사실을 알리게 된다. 비교적 편안한 자세를 취하는 것은 편안한 마음을 상대방에게 경계심과 두려움을 완화하고 신뢰감을 증진하며 자기공개를 촉진하는 효과를 지니게 하는 것이다. (상대방의 경험을 인정하고 더 많은 정보 요청하기)
① 역지사지 – 상대방의 입장에서 생각하라.
② 상대방의 요구 이해 – 상대방이 무엇을 원하는지 간파하라.
③ 공감하기 – 아군이라는 인식을 심어주어라.
④ 눈 맞추기 – 눈은 마음의 창이다.
⑤ 고개 끄덕이기 – 수긍은 공감이다.

⑥ 관심과 흥미 보이기 – 사람은, 관심을 보이는 사람에게 관심을 가진다.
⑦ 공감하는 언어 표현하기 – "네", "그렇지요", "당연하지요"
⑧ 상대방의 말을 재 진술하기 – 앵무새가 되어라

(7) 공감적 이해

경청을 위해서는 우선적으로 공감적 이해가 필수적으로 요청된다. 공감적 이해란 상대방이 자신의 상황과 감정을 잘 이해하며 수용하고 있다는 느낌을 주게 된다. 즉, 공감하기는 '내 마음을 나와 같이 알아준다'는 느낌을 주게 되어 상대방에 대한 신뢰가 증대하고 자기공개가 촉진된다. 이렇듯 공감하기는 노력과 훈련에 의해서 증진될 수 있다.

① 첫째, 공감을 잘해주는 사람의 특성은 상대방의 말을 자신의 입장과 관점에서 듣기보다 상대방의 입장과 관점에서 이해하려는 노력을 한다는 점이다. 이런 점에서 자기중심적인 사람은 타인의 감정을 공감하기 어렵다.

② 둘째, 공감을 잘 하기 위해서는 상대방이 하는 말의 사실적 의미와 더불어 그 이면에 깔려 있는 정서적 의미를 포착하려는 노력이 필요하다. 상대방이 느끼고 있는 감정을 그가 처한 입장과 상황에서 느껴보려는 노력이 중요하다. 그래서 공감을 감정이입이라고 부르기도 한다.

③ 셋째, 이렇게 느낀 감정을 상대방에게 적절하게 전달해 주는 것이 필요하다. 특히, 상대방이 충분히 표현하지 못한 감정을 적절한 언어로 표현해 주는 것은 더욱 강력한 효과를 지닌다. 이런 경우 상대방은 자신이 충분히 이해받고 있다는 느낌을 받게 된다. 듣기를 잘 하는 사람은 맞장구를 잘 치는 사람이다. 적절하게 맞장구를 치면 말하는 사람의 의욕이 북돋아져 이야기에 더욱 열의가 생기게 된다.

즉, 공감적 이해란 상대방의 입장이 되어 그의 주관적인 세계를 이해하는 것을 말한다. 청자가 제 3의 귀를 가지고 상대방의 마음속에 있는 '소리 없는 소리' 또는 '마음의 소리를 듣는 것을 말한다. 우리가 상대방의 눈으로 사물을 보는 것과 같아 상대방이 지니고 있는 생각의 틀을 이용하여 그 사람의 생각과 감정을 이해하는 것이다.

청자가 상대방의 감정에 공감하고 있음을 나타낸다면 상대방은 그 자신이 이해받고 있는 느낌을 갖게 되어 청자를 보다 신뢰하게 되고 자신을 더욱 드러내 보이게 된다. 이러한 과정이 진행되면서 더욱 원만한 인간관계가 이루어지게 된다.

(8) 공감능력을 높이는 향상방법

① **피드백 제공하기**
- 상대방의 행동을 바람직한 방향으로 변화시키고자 하는 좋은 뜻에서 피드백을 제공한다.
- 특정 행동이 관찰되거나 성과 이슈가 발생했을 때마다 수시로 피드백을 한다.
- 상대방을 충분히 칭찬하고 인정해 준다.
- 상대방의 목표 대비 성과에 대하여 객관적이고 공정한 평가를 제공한다.
- 상대방이 기분 나쁘지 않은 방법으로 피드백을 제공한다.
- 상황을 파악하기 위하여 상대방의 이야기를 주의 깊게 듣는다.
- 피드백을 하기 전에 피드백의 목적과 얘기할 내용에 대해 충분히 생각한다.
- 회사생활에서 바람직한 행동을 강화시키기 위한 실질적 조언이나 정보를 제공한다.
- 상대방이 실행할 수 있는 현실적인 피드백을 제공한다.
- 피드백을 제공할 때 상대방의 관점과 입장을 고려한다.
- 상대방이 피드백에 대해 부정하거나 반발할 때는 관찰한 사실이나 객관적 자료를 토대로 이해시킨다.

② **대화 시, 감정 컨트롤**
- 대화할 때 나의 감정을 잘 컨트롤한다.
- 말을 하기보다는 상대방의 말을 주로 듣는 편이다.
- 대화할 때 질문을 많이 한다.
- "내 생각은~", "나의 의견은~"과 같은 표현을 자주 사용한다.
- 대화할 때 옆으로 새지 않는다.
- 상대방과 함께 데이터를 수집·분석하고 실행 계획을 만든다.

③ **적절한 맞장구(small talk)**
- 치켜 올리듯 가볍게 하는 맞장구 : 저런! 그렇습니까? 잘됐습니다. 그렇게 하십시오
- 동의하는 맞장구 : 과연! 정말 그렇겠군요. 알겠습니다.
- 정리하는 맞장구 : 아~ 말하자면 이런 것입니까?
- 재촉하는 맞장구 : 그래서 어떻게 되었습니까?

---

tip

📌 피드백 반응을 하는 3가지 규칙
피드백의 효과를 극대화시키려면 즉각적이고, 정직하고, 지지하는 자세여야 한다는 것이다.
① 첫째, 즉각적이라 함은 시간을 낭비하지 않는다는 것이다. 다시 말하기를 통해 상대방의 말을 이해했다고 생각하자마자 명료화하고, 바로 당신의 피드백을 주는 것이 좋다. 시간이 갈수록 영향력은 줄어든다.

② 둘째, 정직함은 당신이 느끼는 긴장한 반응뿐만 아니라, 조정하고자하는 마음, 또는 보이고 싶지 않은 부정적인 느낌까지 보여주어야 함을 의미한다. 예를 들어, 당신이 상대방에게 잘못했다고 생각하고 위협을 느낀다면 이러한 것까지 솔직하게 피드백을 할 수 있어야 한다.

③ 셋째, 지지함은 당신이 정직하다고 해서 부정적인 의견을 표현할 때 상대방의 자존심을 상하게 하거나 약점을 이용하거나 위협적인 표현방법을 택하기 보다 부드럽게 표현하는 방법을 발견할 필요가 있다. 이러한 쌍방적 의사소통은 말하는 사람에게 중요한 피드백이 되고, 듣는 사람 역시 좋은 듣기 기술을 연습하는 데 도움이 된다.

* **경청과 공감 훈련법**
- 귀로만 듣지 말고 표정, 눈빛, 몸으로 듣는다.
- 바르고 공손한 자세로 듣는다.
- 상대방이 알아차리도록 은근하면서 확실한 반응을 보인다.
- 말을 막으면서 끼어들지 말고, 의문이 있으면 끝난 뒤에 묻는다.
- 다른 의견을 말할 때는 정중하게 말한 사람의 양해를 구한다.
- 몸을 흔들거나 손이나 발로 장난치는 등의 불필요한 제스처를 자제한다.
- 대화 중 자리에 뜰 때는 양해를 구하고, 다른 사람에게 방해되지 않게 한다.
- 비즈니스 상 중요한 대화일 때는 간단한 메모를 한다.

tip

🚩 聽 '귀로는 듣고, 눈으로는 상대방을 보고, 상대방의 말을 마음으로 받아들이고, 상대방을 왕처럼 받들어라'란 뜻이다.

🚩 경청 1·2·3 기법
1번 말하고, 2번 들어주고, 3번 공감. 맞장구치는 기법(small talk)

🚩 BMW기법(Body자세. Mood분위기. Word말)
진정으로 듣기 원하는 것을 보여주어라.
- 질문하라.
- 인내심
- 산만해질 수 있는 요소를 제거
- 온몸으로 맞장구
- 메시지 내용 중 동의할 수 있는 부분을 찾아라.
- 전달하는 메시지의 요점에 관심

🔖 Hearing vs Listening
- 히어링(hearing)은 물리적 측면에서 그냥 들리는 단순한 음악 소리, 자동차 소리, 새 소리
- 리스닝(listening)은 소리의 의미적 측면에서 적극적으로 귀를 기울여서 어떤 소리를 인지하는 것, 즉 경청(傾聽)

🔖 나의 경쟁력은 말과 글, 그리고 경청과 공감 능력

7. 직장에서의 경청·공감능력

직장인들이 개인이나 조직 간에 원만하게 관계를 유지하고 업무 성과를 높이기 위해서는 적절하게 의사소통할 수 있는 능력이 필수적이다. 특히, 의사소통을 하기 위해서는 다른 사람의 말을 주의 깊게 들으며, 공감할 수 있는 능력을 갖추는 것이 우선시 되어야 할 것이다.

적극적 경청의 태도에는 상대가 무엇을 느끼고 있는가를 상대의 입장에서 받아들이는 공감적 이해가 중요하고, 자신이 가지고 있는 고정관념을 버리고 상대의 태도를 받아들이는 수용의 정신, 자신의 감정을 솔직하게 전하고 상대를 속이지 않는 성실한 태도가 필수적이다.

(1) 의사소통 활성화 방안

① **공동목표 제시**
② **핵심 메시지로 승부**
   - 핵심 메시지는 반복적으로 강조한다.
   - 구성원들이 왜곡된 소문을 통해 조직 내부의 소식을 듣기 전에 가능한 빨리 관련된 정보를 전달한다.
   - 나쁜 소식일수록 솔직하게 전달하는 것이 필요하다.
③ **긍정적·부정적 피드백의 활용**
   - 부정적인 피드백을 해야 할 때에는 "당신은 무능해"라는 평가적 발언이 아니라 사실에 기초한 의사 소통을 하는 것이 중요하다. 즉, 사람을 직접 비판해서니 공격하지 말고 문제 자체에 집중한다.
④ **경청 후 판단**
   - 다양한 소리를 경청하지 않은 것은 최대 실수이다.
   - 구성원의 다소 엉뚱한 제안이나 아이디어도 끝까지 경청하고 난 후 판단한다.
⑤ **칭찬과 격려**
   - 구성원들은 리더의 말뿐만 아니라 얼굴 표정, 감정 표현, 작은 행동의 변화에도 민감하게 반응한다. 칭찬과 격려로 긍정적 감성을 전염시키는 것이 중요하다.

(2) 의사소통 태도(말을 듣는 입장)
- 말 하는 것을 멈추어라
- 동시에 말하는 것을 삼가라
- 말하고 있는 사람에 공감하라
- 질문하라
- 가로막거나 중단시키지 마라
- 흥미를 보여라
- 무엇을 말하는지 집중하라
- 과정없이 결론으로 뛰어넘지 마라
- 당신의 감정을 관리하라
- 무엇을 말하지 않았는지 듣고 질문하라
- 대화를 통해 책임감을 나눠라

(3) 직장인 소통매너
① **회의 기술**
- 말은 적게 할수록 좋다.
- 준비 없는 발언은 하지 않는 것이 낫다.
- 집중해서 잘 들어야 한다.
- 회의에 참석하는 사람 모두 알 수 있게 말한다.
- 한심한 의견이라도 남을 비하하는 것은 잘못이다.

② **보고** : 직장에서 제일 많이 사용되는 기본적인 의사소통 유형이 보고이다. 직장에서의 업무 평가는 직급을 막론하고 직장인의 말과 글을 통해서 평가를 받는다. 보고는 대면보고와 비대면 보고가 있다.

③ **행사** : 예상지 못한 상황에서 행사 도중에 즉석에서 말할 경우나 행사 시나리오를 준비해서 진행자로서 말할 때 모두 미리 연습하는 것이 바람직하다.

④ **전화통화** : 전화통화 시 상대를 기분 좋게 하는 쿠션의 언어 활용, 부정형에서 긍정형으로 전환하기, 명령형을 청유형으로, 좀 더 정중한 표현, 상황에 맞게 응대하기의 스피치 기술을 활용하여 바른 전화통화를 하는 것이 좋다.

⑤ **인사말** : 공적인 업무 상황에 맞는 예의에 맞는 대화뿐 만 아니라 결혼식장, 장례식장 등 상황과 장소에 맞는 인사말을 해야 한다.

(4) 직장에서의 의사소통 유형

① **공식적 의사소통**
- 상향식(bottom-up) 의사소통은 상사로부터 지시받은 사항에 대하여 보고하거나 부하직원들이 가지고 있는 생각과 의견을 자발적으로 상사에게 전달하는 것
- 하향식(top-down) 의사소통은 상사의 생각이나 의견, 정보가 공식적인 경로를 통해서 부하직원에게 전달되는 것

② **비공식적 의사소통**
- 주로 구두(oral)에 의한 의사전달로 비공식적 경로를 통해 여러 곳으로 광범위하게 퍼져 나간다.
- 그레이프 바인, 루머, 잡담 등이 포함된다.

■ **자기점검: 나는 경청능력과 공감능력을 갖고 있는가?**

전혀 그렇지 않다-1점, 그렇지 않다-2점, 보통이다-3점, 그렇다-4점, 매우 그렇다-5점

문 항	점수
1. 나는 타인의 말 듣기를 좋아한다.	
2. 나는 내가 커다란 관심을 보이거나 호의적으로 말하는 사람에게 보다 주의를 집중한다.	
3. 나는 타인이 말할 때 그의 어휘력과 비언어적 의사소통 능력을 평가한다.	
4. 타인이 말할 때에는 이야기가 끝날 때까지 기다려준다.	
5. 나는 나와 관심사를 같이 하는 사람에게 흥을 돋운다.	
6. 타인의 말을 들으면서도 개인적인 생각으로 오락가락한다.	
7. 나는 타인이 말할 때 상대방의 비언어적 의사소통에 깊은 관심을 표명한다.	
8. 나는 다소 난해한 대화를 나눌 때 애써 아는 척한다.	
9. 나는 타인의 말을 들으면서 대답할 것에 대해 골똘히 생각한다.	
10. 나는 타인이 잘못을 저지르고 있다고 생각되면 더 충분히 설명할 수 있도록 질문을 던진다.	
11. 나는 타인의 말을 청취할 때 그의 입장에 서서 듣고 사물을 바라볼 수 있도록 노력한다.	
12. 대화를 나눌 때 상대방의 메시지를 정확하게 이해했음을 다시 말하며 확인시켜 준다.	

자가 채점 및 평가
10점-20점-30점-40점-50점-60점 (고득점 : 경청능력과 공감능력이 높음)

-출처 : 이한검·이수광(2000 부분발췌)

8. 의사전달

(1) 의사전달의 중요성

의사전달은 상대의 모습을 받아들이고, 진솔한 마음을 전하는 과정이다.

상황과 대상에 따른 적절한 의사전달은 상대를 이해하고 상대의 심리를 지배하여 상대를 행동하게 만드는 능력이다.

짧고 명료한 말투로 의사전달하고 당당하고 자신있는 말하기 태도가 중요하다.

① **명료성**

의사소통은 간결한 문장과 평이한 용어를 사용해야 한다. 즉, 전달하는 내용이 분명하고 체계적이어야 하며, 과거·현재·미래가 명확하게 비교될 수 있어야 한다.

② **일관성**

의사소통은 일관성이 있어야 한다. 의사소통의 내용이 처음부터 끝까지 모순이 없어야 한다. 또한 상사는 처음의 지시와 후의 지시에 모순이 있어서는 안 되며, 지시는 조직의 목표에 부합되어야 한다.

③ **적시성**

의사소통은 알맞은 시기를 선택하여야 하며 때를 놓쳐서는 안 된다. 예를 들면, 상대방이 기분이 나쁠 때 불필요한 의사소통을 하면 기분이 더 나빠질 수 있다.

④ **적절성**

의사소통의 양은 적정량을 넘으면 안 된다. 수업도 단시간에 너무 많은 양의 내용을 가르치며 학습하는 것은 교수자와 학습자 모두에게 효과적이지 못하다.

⑤ **분포성**

정보는 전달자로부터 수신자에게 올바르게 전달되어야 한다. 즉, 수신자가 누가 될 것인가를 확실히 정하면 사용할 의사소통의 수단도 달라진다. 의도, 정보 및 지시 등은 송신자로부터 일정한 경로를 거쳐 수신자에게 정보가 정확하게 전달될 수 있도록 적정 공간에 적정 인원이 분포하고 있는지 상황에 맞도록 정보를 전달해야 한다.

⑥ **적응성과 통일성**

각각의 다른 내용의 의사소통은 상호 간에 수용하며 적응하고, 전체적으로 통일된 시각으로 표현해야 한다.

⑦ **관심과 수용**

효과적인 의사소통은 수신자의 관심과 수용태도에 의해 결정된다는 것이다. 그러므로 수신자에 대해 이해와 수용을 제고해야 한다.

(2) 의사전달을 방해하는 언어적 반응

- 성급한 조언과 해결책 지시
- 비판과 비난적 반응
- 겉치레적인 확신, 동정, 위로
- 위협, 경고, 역공격적 반응
- 시기적으로 부적절하거나 과도한 끼어들기
- 상대방의 지배적인 명령적 태도
- 반복되거나 어려운 문구의 남용
- 논리적 설득·지적·논쟁
- 극적인 해석과 라벨
- 지나친 풍자와 유머
- 부적절한 질문유형
- 사교적 대화
- 상대방의 소극적 반응
- 과거나 미래에 집착

(3) 의사전달의 방해요인

① **인지·심리적 잡음** : 왜곡(distortion), 불신, 무관심, 평가·조언 성향, 감정상태
② **물리적 잡음** : 정보격차, 생략·누락
③ **타이밍**
   - 커뮤니케이션의 생명은 적시성^{timing}이다.
     (정보가 아무리 중요하다고 하더라도 수신자가 필요로 하는 때에 전달한다.)
   - 시간적 압박도 잡음의 원인이다.
     (시간에 쫓기다 보면 대화에 집중할 수 없고 아예 대화 자체를 할 수도 없게 된다.)
   - 소통을 위해서는 서로 기분이 좋을 때 하는 것이 바람직하다.
④ **환경·분위기**
   - 이중적인 메시지
   - 선택적 주의와 해석
   - 의식적 또는 순서의 부조화
   - 애매모호한 메시지
   - 과잉 메시지
   - 호환성의 부재

(4) 효과적 의사소통의 기본 태도

의사소통은 전달자(송신자)가 상대방(수신자)에게 일방적으로 메시지를 전달하는 과정이 아니라 상대방과의 상호작용을 통해 메시지를 교환하는 과정이다. (의사소통의 모델)
성공적인 의사소통을 위해서는 전달자가 가진 정보를 상대방이 이해하기 쉽게 표현하는 것도 중요하지만, 상대방이 어떻게 받아들일 것인가에 대한 고려가 바탕이 되어야 한다.

① **일의 근본은 사람, 그 중심에는 존중**
   - 상대방의 생각을 존중하고 배려
   - 서로 다른 생각을 가지고 있어도 소통의 과정을 통하여 함께 답을 찾아 간다.
② **오픈마인드와 용기**
   - 대부분의 사람들이 겪는 오류가 내가 해석하고 싶은 대로 해석하는 것이다.

- 같은 내용도 해석에 따라 의미가 달라지는데, 이로 인해 오해와 갈등이 발생한다.
- 왜곡하지 않고 받아들이는 용기와 다양성 앞에서 오픈마인드가 중요하다.
- '틀린 것'이 아니라 '다른 것'임을 인정하고 다가서는 태도가 의사소통의 기본태도다.

③ 경청
- 귀 때문에 망하는 사람보다 입 때문에 망하는 사람이 많다.
- 원활한 의사소통을 하는 사람들의 공통점은 모두 리스닝에 있다.

④ 공감
- 공감에서 비롯되는 감탄이 있다. (냉철한 머리보다 따뜻한 가슴)
- 여러 말보다 공감에서 비롯된 감탄사 한 마디가 더 효과적이다.

(5) 의사소통의 효과적인 행동

① 말 자르지 않기
- 70%를 듣고 30%를 말한다. (커뮤니케이션의 7 : 3 원리)
- 소통의 기본은 말을 잘 하는 것보다 잘 들어주는 것이다.
- 상대방의 말에 끼어들지 말고, 상대방의 말이 끝난 다음에 한다.

② 관심 유지하기
③ 평가·조언·충고 미루기
④ 표현하기
⑤ 123화법 활용(귀가 두 개이고 입이 하나인 이유, 그리고 끄덕끄덕 세번)

(6) 의사전달능력의 개발 및 기술

의사전달 능력은 노력을 통해 개발할 수 있다.

① 사후검토와 피드백 주고받기(적극적인 반응)
- 피드백을 줄 때 상대방의 긍정적인 면과 부정적인 면을 균형있게 전달하도록 한다.
- 피드백은 관찰된 행동이나 목표대비 성과에 대하여 객관적 평가와 의미있는 메시지를 전달하는 것이다. 피드백은 의사소통과정에서 서로의 생각과 정보가 분명하게 전달되었는지를 확인해주는 역할을 한다.

② 효과적 질문의 조건
- 미래 지향적, 긍정적 질문
- 개방형 질문 : 구체적, 본질적 질문
- 질문은 '듣기' 이후에 상대방과의 대화를 깊이 있게 만들기 위한 적극적 행동이다.
- 집중해서 듣는 자세뿐만 아니라, 상황에 적합한 질문을 해야 원활한 의사소통이 가능하다.
- 질문의 유형과 내용에 따라 상대방의 대답이 달라진다.

③ 기록하는 습관과 자료의 중요성
- 회의를 할 때나 책이나 문서를 읽을 때 중요 부분을 메모하는 습관을 들인다. 처음에는 귀찮고 힘들겠지만, 그렇게 모은 메모들이 중요한 자료가 된다.
- 자신을 객관적으로 분석하고, 자신이 원활한 의사소통을 하지 못하는 저해요인을 파악하여 제거하기 위한 훈련을 해야 한다.
- 무엇보다도 자신이 스스로 의사소통의 중요한 주체임을 인지한다.
- 조직의 구성원으로서 타인을 이해하고 조직 분위기를 개선하도록 노력하는 것이 필요하다.

(7) 직장에서 의사전달 방법
① 직장 의사전달 능력
대상(직장상사, 동료, 고객)에 따른 의사전달 방법을 고려하고, 원활한 의사소통(올바른 화법과 어휘력)을 위해 다양한 독서를 하며, 좋은 경청자가 되고 상대방에게 공감하는 훈련을 해야 한다.
- 상대방(고객)의 이름 및 직함을 기억하라
- 당신이 잘못했을 때 인정하라
- 상대방의 흥미를 끄는 단어로 말하라
- 다른 사람의 체면을 지켜주고 의견을 존중하라
- 진심으로 칭찬과 감사를 하라
- 질문을 하라, 직접적인 지시는 No!
- 예의 바르고, 격려를 하라
- 상대가 자신이 중요하다고 느끼게 하라
- 비언어적 행동에도 응하라
- 정보를 위한 요구를 수용하라
- 업무처리 과정에서 5W2H(실수를 방지하기 위한 법칙)을 지켜라

② 직장에서 갈등상황 해결 방법
- 개방적으로 행동하고 표현하라.
- 상대방의 말에 공감하고 지지하라.
- 적극적으로 대처하고 동등하게 대하라.
- 서로의 관심을 이끌어내고, 상대방의 관점에서 이해하라.
- 웃는 연습을 충분히 하라. 웃음은 갈등 해결의 시작이다.

③ 갈등해결에 도움이 되지 않는 습관
- 상사의 중요한 지시를 듣는 상황에서 복잡한 생각들을 정리하지 않은 채 듣기를 시

작한다.
- 동료의 이야기를 들으면서 메일, TV시청, 컴퓨터 작업을 하는 등 다른 일을 동시에 한다.
- 고객이 무슨 말을 하게 될지 뻔히 알고 있다는 생각에 주의를 게을리하여 한다.
- 상대방이 말을 더듬거나 잠시 멈추고 있으면 내가 문장을 끝맺어 버린다.
- 나는 선입견 때문에 잘 듣지 않는다.
- 내 의견과 다르거나 듣고 싶지 않은 말을 할 때 나는 참지 못하고 상대방의 말을 무시해 버린다.
- 동료가 말하는 동안 나는 마음속으로 반박할 말을 생각한다.
- 고객이 말할 때 그들의 목소리나 어조, 자세, 또는 속도 등과 같은 비언어적 신호를 무시한다.
- 상사의 지시에 다 이해한 것처럼 행동하고 다시 한번 핵심을 말해 달라는 요청을 하지 않는다.
- 광범위한 생각보다는 특정한 사실에 더 귀를 기울인다.
- 상대방이 너무 천천히 말하거나 대화가 지루해지면 나는 안절부절 못하게 된다.
- 대화 내용과는 관련이 없는 상대방의 옷이라든가 버릇 등에 더 관심을 가진다.
- 상대방이 말하는 동안 공상에 잠긴다.
- 나는 정말로 듣지는 않으면서 "맞아요"나 "아, 예" 등과 같은 말을 반복한다.
- 대화를 저해하는 행동 언어를 사용한다. (팔짱 끼기 등)

(8) 의사전달 향상을 위한 자아찾기

① **글쓰기(자기소개서)**

1단계 : 자기소개서 초고는 적정 글자수 2배 이상 마음껏 글쓰기하자!
2단계 : 동기 - 과정 - 결과 - 의미 - 변화 (글쓰기 5단계 원칙)으로 재배열하도록!
자기소개서 글자 수는 항목별 1000자 또는 1500자다.
소재를 찾았다면 글자수에 얽매이지 말고 2배수 이상 거침없이 써 내려가면 된다.
파워라이팅의 기본 원리는 생각나는 대로 마음껏 써보는 것이다.
초고를 쓴 후에는 논리적으로 순서를 배열하면 된다.
- 동기(계기) : 간략히 소개하면 된다. 세문장이 넘어가면 과유불급이다.
- 과정(활동) : 동기에서 제시한 지적호기심을 어떻게 풀어나갔는지를 밝혀야 한다.
- 결과 : 동기와 과정을 통해서 구체적 결과물이 나오면 좋지만, 구체적 노력의 과정도 괜찮다. 자기소개서의 평가요소는 지원자의 구체적인 활동과 역할 그리고 구체적 노력과 결과물임을 명심하고 글쓰기를 해 나가야한다.
- 의미 : 정성적일 수도 정량적일 수도 있다. 성적이 올랐다면 정량적 의미, 수학 공부

가 좋아졌다면 정성적 의미다.
- 변화 : 자기소개서 글쓰기의 화룡점정이다. 변화 내용은 생각의 변화과정을 진솔하게 표현하고 후속활동(추후연계활동)으로 이어나가도 좋겠다. 봉사활동의 진정한 의미를 깨달았다는 단락에서 '의미있다. 좋았다, 뿌듯했다. 깨달았다' 등으로 표현해도 좋지만, 그 깨달음 이후 봉사활동 캠페인을 했다거나 봉사동아리를 조직해서 활동했다는 식의 글쓰기 방식이다. 만일, 특강 시간에 생명과학 교수의 강의를 듣고 구체적인 진로탐색의 길이 열렸다면 후속활동을 독서로 처리하면 된다. 이렇듯 생각이나 행동의 변화로 마지막 단락을 마무리해야만 평가자는 지원자의 진정성을 평가하기 때문이다.

| tip |

🖊 자기소개서 (항목별 : 소제목을 달아 보세요)

성장과정 :

장단점(성격 및 강점) :

경험 및 활동 :

좌우명 및 가치관 :

지원동기 및 장래포부 (비전) :

② 말하기(발표불안 극복 훈련/자기소개, 프레젠테이션)

* '스피치메이킹을 통해 말하기 실력을 향상시키자.'
  - 훌륭한 대본(글쓰기)에서 빛나는 애드리브(말하기)가 나온다는 사실을 깨닫고, 평소에 아이디어를 메모하고 생각을 기록하면, 보다 체계적으로 말하는데 자신감이 생기고 도움이 된다.
  - 자신의 '스피치 메이킹'을 위하여 스스로 녹음하고 청취하면서 발음, 말투, 말의 속도와 습관, 버릇 등을 개선하도록 훈련할 것을 제안한다.

■ 다른 사람의 프레젠테이션을 시청한 후, 다음 사항을 체크해보자.

내 용	거의 그렇지 않다	그렇지 않다	보통 이다	그렇다	매우 그렇다
1. 발표자는 분명하고 정확하게 발음한다.	1	2	3	4	5
2. 발표자는 알맞은 속도와 크기로 말한다	1	2	3	4	5
3. 발표자는 자연스럽고 듣기 좋은 목소리로 말한다.	1	2	3	4	5
4. 발표자는 상황에 맞는 어휘를 선택하여 품위있게 말한다.	1	2	3	4	5
5. 발표자는 상황에 필요한 만큼의 정보를 제공한다.	1	2	3	4	5
6. 발표자는 말한 내용을 차례로 조리 있게 말한다.	1	2	3	4	5
7. 발표자는 내용의 요점을 빠뜨리지 않고 말한다.	1	2	3	4	5
8. 발표자는 청중에 관심 있어 하는 화제를 말한다.	1	2	3	4	5
9. 발표자는 청중의 질문에 순발력 있게 대응한다.	1	2	3	4	5
10. 발표자는 상황에 어울리는 제스처를 사용한다.	1	2	3	4	5
11. 발표자는 자연스럽고 편안한 태도로 말한다.	1	2	3	4	5

나의 프레젠테이션 경험을 체크하고 다른 사람 발표에서 닮고 싶은 점과 보완해야 할 점을 적어보자.

무대공포증을 극복하기 위한 방법으로 무엇이 있는지 의견을 나누어 보자.

> **tip**

(1) 발표불안 극복하기
    ① 철저히 준비하고 연습한다
        철저한 준비와 충분한 연습은 자신있게 프레젠테이션 할 수 있는 좋은 방법이다. 내용을 충분히 숙지하고 실제로 프레젠테이션 하듯 연습해 보면 불안감이 감소된다. 특히 프레젠테이션의 도입부분을 반복 연습한다. 대부분 프레젠테이션 초반부에 가장 긴장하고 서론 부분을 성공적으로 마치면 자신감을 가지고 프레젠테이션을 진행할 수 있기 때문이다.
    ② 경험을 쌓는 것이 최선이다
        경험은 가장 위대한 스승이다. '발표를 많이 하는 것'은 발표 불안증을 극복하는 최고의 처방이다. 모임에서의 자기소개, 술자리에서의 건배사, 강의장에서의 질문과 답변 등을 통해 사람들 앞에서 말하는 기회를 점차 늘려가는 것이 중요하다. 기회가 있을 때마다 가슴 두근거리는 상황에 직면해서 실제로 떨어도 보고 실수도 해보고 하다보면 의외로 사람들 앞에서 이야기 하는 것이 '별거 아니다'라는 경험을 하게 된다. 이런 경험을 통해 프레젠테이션에 대한 불안을 줄일 수 있다.
    ③ 이미지 트레이닝을 한다
        긍정적인 자기암시와 상상은 자신감을 불러 일으킨다. 모든 준비가 끝났으면 프레젠테이션을 시작하기 전 약 5~10분간은 조용히 앉아 눈을 감고 자신이 성공적으로 프레젠테이션 하는 모습을 상상한다(image training). 프레젠테이션 장에 입장해서 청중들에게 인사를 하고 핵심적인 내용을 중심으로 서론부터 결론에 이르는 전 과정을 마음속으로 그려봄으로써 심리적 안정감을 찾을 수 있게 된다.
    ④ 심호흡이나 간단한 체조를 한다
        • 심호흡을 하면 마음이 안정된다. 코로 천천히 숨을 들이쉬고 한꺼번에 내뱉는다.
        • 목에 힘을 빼고 천천히 좌우로, 위아래로, 그리고 좌에서 우로, 우에서 좌로 돌린다.
        • 비명을 지를 때처럼 입을 크게 벌렸다 닫았다 하는 운동을 반복하여 턱을 풀어준다.
        • 손가락을 이용해서 턱의 관절이나 얼굴의 다른 부분을 마사지 한다.
(2) 자아찾기 (자기PR 실습)
    ① 자기소개하기
        • 인간관계의 시작을 알리는 인사를 밝은 이미지와 긍정적으로 연다.
        • 자기소개는 짧지만 자신의 진정성을 담백하게 효과적으로 표현하는 소통의 시작이다.
    ② PR실제
        • 자신을 표현하는 대표적인 단어로 자기 PR이나 매력적인 특성을 짧게 소개한다.
        • 마무리는 만나게 되어 반가웠으며 감사의 말로 마무리된다.

> **tip**

📌 자기소개서와 면접
　① 자소서 7계명
　　• 자소서의 목적은 자신이 얼마나 괜찮은 인재인지를 설명하는 일종의 팜플렛인데, 그 팜플렛이 매력적이면 실물을 보고 싶어 한다. 그것이 바로 면접이다.
　　• 인터넷 검색을 통해 짜깁기해서 자소서를 대필하는 등의 작성은, '나는 취업할 생각이 없으니 절대로 나를 뽑지 마세요'란 말로 영혼없는 자소서가 된다.
　　• 붓 가는대로 써 내려가는 것이 아니라, 주제(목적)를 숙지하고 일관된 방향을 가지고 작성한다.
　　다음 자소서 7계명을 명심하고 작성해 보자.
　　　1. '긍정적인 자기 발견'이라는 소제목을 임팩트있게 붙이는 센스를 발휘한다.
　　　2. '쓰고 싶은 스토리'가 아닌 '써야 할 스토리'를 작성한다. (질문의 의도 파악)
　　　3. 지원자의 장점이나 비전 중 하나는 드러내야 한다.
　　　4. 나만의 차별된 스토리는 재미있는 이야기가 아니라 본인의 경험과 경력들을 선으로 연결했을 때 한 방향으로 그려져야 한다.
　　　5. 작성분포는 진실 팩트가 98%, 약간의 MSG 2% 정도를 곁들이는 것이 좋다.
　　　　(소설을 쓰면 떨어지고 전기(내 얘기/팩트)를 쓰면 붙는다.)
　　　6. 엄청난 스토리보다 소소하지만 진실한 경험스토리가 더 효과적일 수 있다.
　　　7. 자세한 내용은 면접에서 검증받을 것이므로 글로 관심과 호감을 끌어낼 수 있어야 한다.
　② 면접 솔루션과 요령
　　－면접 솔루션(용모＋말투＋내용＝실력, 능력)
　　　• 자기소개서 준비는, 본인의 경험 중, 미래의 인재상에 부합하는 경험(나만의 스토리텔링)을 잘 선택해서 정리하고 면접에서도 활용한다.
　　　• 면접 준비는, 먼저 첫인상(용모)을 만들고, 진성성이 느껴지는 안정된 말투로 차별화된 능력을 보여주도록 준비하고, 연습에 연습을 반복한다.
　　　• 면접관은, 기본적으로 정서적인 안정감을 우선시한다는 것을 염두에 두고 다음 사항을 몸에 익히도록 하자.
　　－면접요령
　　　• 자신감 있고 패기 넘치는 목소리 연출
　　　• 어미를 늘려서는 안 된다. 스타카토 화법으로 딱딱 끊어줘야 한다.
　　　• 리듬 스피치를 통해 말에 생명력을 불어 넣어주자.
　　　• 외운듯한 느낌을 주지 마라.
　　　• 중간 쉼의 미학을 지켜라
　　　• 키워드를 외워라

제3장 ❖ 대인관계능력 – '우리 함께'에 집중

| 미션수행 | ☐ 소개(나에게 영향을 준 콘텐츠) | ☐ 토론(이기주의vs이타주의) |

■ **사전 체크리스트**

다음은 직업인에게 일반적으로 요구되는 대인관계능력 수준을 스스로 알아볼 수 있는 체크리스트이다. 본인의 평소 행동과 일치하는 것에 체크해 보시오.

문항	그렇지 않은 편이다.	보통인 편이다.	그런 편이다.
1. 나는 대인관계능력의 의미와 중요성을 설명할 수 있다.	1	2	3
2. 나는 대인관계능력 향상방법을 설명할 수 있다.	1	2	3
3. 나는 팀 구성원들과 효과적으로 의사소통한다.	1	2	3
4. 나는 팀의 규칙 및 규정을 준수한다.	1	2	3
5. 나는 팀내에서 나에게 주어진 업무를 성실하게 수행한다.	1	2	3
6. 나는 팀의 목표 달성에 필요한 자원, 시간을 파악하고 있다.	1	2	3
7. 나는 조직원들을 동기화할 수 있다.	1	2	3
8. 나는 리더의 행동 특성에 맞는 행동을 한다.	1	2	3
9. 나는 조직 성과를 향상시키기 위한 전략을 제시한다.	1	2	3
10. 나는 수시로 조직원에게 코칭을 활용한다.	1	2	3
11. 나는 앞장서서 바람직한 변화를 선도한다.	1	2	3
12. 나는 타인과 의견차이가 있을 때 원인을 파악한다.	1	2	3
13. 나는 타인과 대화할 때 생각과 가치관을 배려한다.	1	2	3
14. 나는 타인과의 갈등을 줄이기 위해서 노력한다.	1	2	3
15. 나는 타인과의 갈등을 조절할 수 있는 방법을 활용한다.	1	2	3
16. 나는 대화시 쟁점사항이 무엇인지 파악한다.	1	2	3
17. 나는 대화시 상대방의 핵심요구사항을 파악한다.	1	2	3
18. 나는 대화시 상대방을 설득하기 위해서 노력한다.	1	2	3
19. 나는 협상할 때 사전에 전략을 수립한다.	1	2	3
20. 나는 고객의 유형에 따라서 대응한다.	1	2	3
21. 나는 고객의 요구를 수시로 파악한다.	1	2	3
22. 나는 고객의 불만사항을 해결하려 노력한다.	1	2	3

■ 평가 방법

체크리스트의 문항별로 자신이 체크한 결과를 아래 표를 이용하여 해당하는 개수를 적어보자.

문항	수준	개수	학습모듈
1~2번	그렇지 않은 편이다.	( )개	대인관계능력
	그저 그렇다.	( )개	
	그런 편이다.	( )개	
3~6번	그렇지 않은 편이다.	( )개	팀워크능력
	그저 그렇다.	( )개	
	그런 편이다.	( )개	
7~11번	그렇지 않은 편이다.	( )개	리더십능력
	그저 그렇다.	( )개	
	그런 편이다.	( )개	
12~15번	그렇지 않은 편이다.	( )개	갈등관리능력
	그저 그렇다.	( )개	
	그런 편이다.	( )개	
16~19번	그렇지 않은 편이다.	( )개	협상능력
	그저 그렇다.	( )개	
	그런 편이다.	( )개	
20~22번	그렇지 않은 편이다.	( )개	고객서비스능력
	그저 그렇다.	( )개	
	그런 편이다.	( )개	

■ 현재 자신의 대인관계능력 중 좋은 점과 개선이 필요한 점에 대해 나름대로 기술해 주십시오.

좋은점	개선점

1. 대인관계능력의 이해

(1) 대인관계능력의 중요성과 필요성

- 대인관계능력은 실제 사람들 속에서 일어나는 다양한 경험을 통해 깨닫고 역량을 키워가는 능력으로써 학교에서 책으로 공부해서 터득하는 것이 아니다.
- 현대사회 조직생활에서 요구하는 것은 지능지수IQ가 아닌 감성지수EQ를 중요시한다. 감성 커뮤니케이션을 통해 '우리 함께' 소통하는 마인드로 대인관계능력 역량을 키우자.
- 특히 조직에서의 소통은, 제각기 각양각색의 생각과 판단, 선입견 등을 의사소통을 통해서 다른 생각의 차이를 좁히고 제거할 수 있기 때문이며, 동기유발을 촉진시키고, 구성원이 생각과 감정을 표현하고 욕구를 충족시키는 돌파구가 되기도 한다.
- 다른 사람들과의 교류를 넓혀가기도 하고 의사결정의 촉매제 역할을 할 뿐만 아니라 조직 구성원이 창의적이고 신속하게 업무를 수행할 수 있도록 활력을 불어넣어 주는 중요한 작용을 한다.
- 대인관계능력이란 직장생활에서 협조적인 관계를 유지하고, 조직구성원들에게 도움을 줄 수 있으며, 조직 내부 및 외부의 갈등을 원만히 해결하고 고객의 요구를 충족시켜줄 수 있는 능력이다.

> **tip**
>
> 📌 자기수용(Self-acceptance)
> 원만한 대인관계를 만들어 가기 위해서 가장 우선적으로 해야 할 일은 자기 자신을 점검하고 정확하게 인식하며 수용하는 것이다. 장점들은 더 키워 나가고 약점들은 보완·개선시켜서 대인관계에 걸림돌이 되는 요소들을 최소화하며 올바른 관계를 유지한다면 지혜로운 삶이 될 것이다.
>
> 📌 자기개방(Self-disclosure)
> 자신의 인지적·정서적·심리적·정신적 요인으로부터 마음을 열어가는 것을 의미한다. 자신의 경험이나 문제를 상대방과 같이 공유해서 공감하면 효과적인 대인관계를 만들어 갈 수 있다. 그러나 지나치게 자신에 대해 이야기하면 상대방과 신뢰감을 갖지 못할 수 있으므로 부적절한 자기개방이 되지 않도록 주의해야 한다.
> 대인관계를 효과적으로 발전시키면서 자신의 진실한 모습을 개방하는 방법은 각 개인마다 차이가 있다. 분명한 것은 자신을 개방하면서 시작한 관계는 건강하고 성숙한 관계를 만드는 데 꼭 필요한 요소라는 것이다.

(2) 사회적 관계의 형성

일반적으로 탐색단계, 확장단계, 그리고 몰입단계의 순으로 진행된다.

탐색단계	• 서로가 상대방에 대한 정보를 가지기 위해 노력하는 단계 • 향후 관계형성에 따른 손익을 탐색 • 정신적, 영적, 물질적, 사회·심리적 교환이 중요 • 단순접촉 효과
확장단계	• 상호의존성이 점차 커지고 신뢰가 쌓이기 시작 • 전체적 만족에 대한 관심이 증대되고 서로에 대한 의무감 형성 • 서로에게 도움이 되는 상보(相補)적 교환, 즉 호혜(互惠)가 중요 • 상호성의 원리
몰입단계	• 가장 높은 수준의 상호의존성이 형성 • 관계의 지속(영속)성에 대한 묵시적 또는 명시적 약속 • 고도의 신뢰와 의무감을 바탕 • 상호 존중과 신뢰가 중요

(3) 네트워킹의 4규칙

① 내부가 아니라 외부 지향적으로 구축한다.
② 규모가 아니라 다양성을 추구한다.
③ 강한 유대가 아니라 약한 유대관계를 구축한다.
④ 익숙한 얼굴이 아니라, 브리지를 이용한다.

(4) 대인관계능력 향상 방법(감정은행계좌 예입)

• 상대방에 대한 이해심과 역지사지
• 사소한 일에 대한 관심
• 약속의 이행
• 칭찬하고 감사하는 마음
• 언행일치
• 진지한 사과

> **tip**
>
> 🔖 **대인관계에서 핵심은 '관계 속의 소통'이다.**
> - 바람직한 대인관계를 위해서는 나와 상대방이 서로 그물망Net처럼 얽혀있는 관계 속에서 나의 자존감과 상대방을 존중하는 마음으로 '우리 함께' 공유하며 협력하고 성실하게 소통하는 자세로 응대해야 한다.
> - 새로운 지식과 새로운 경험을 새로운 관계 속에서 '따로 또 함께' 유연한 사고방식으로 원활한 소통을 하면 콜래보레이션Collaboration을 이뤄 창의적인 사고가 창조로 이어지도록 한다.

2. 팀워크

(1) 팀워크의 이해

- 팀워크(Teamwork=Team+Work)는 공동의 가치 있는 목표를 위해 주어진 과업을 상호 의존적인 활동과 구조적인 의사소통을 통해 책임감 있게 수행하며 팀원 간에 아이디어, 지식, 정보를 공유하고 호의적인 관계 유지와 협력하는 과정이며 팀 구성원이 공동의 목적을 달성하기 위하여 상호관계성을 가지고 협력하여 업무를 수행하는 것을 말한다.
- "빨리 가려거든 혼자 가라. 멀리 가려거든 함께 가라.", "혼자 빛나는 별은 없다."
  인생과 기업에서의 성공은 모두 다른 사람과의 협력, 팀워크에 의해 결정되기 마련이다.
- 팀워크 능력이란 직장생활에서 다른 구성원들과 목표를 공유하고 원만한 관계를 유지하며, 자신의 역할을 이해하고 책임감 있게 업무를 수행하는 능력이다.
- 팀의 발전단계는 형성기, 격동기, 규범기, 성취기의 단계를 거친다.

단 계	설 명	
1. Forming(형성기)	• 팀이 형성됨 • 목표, 역할, 절차에 관한 초기 세팅	신뢰, 인정, 확인 (과제에 몰두, 집중)
2. Storming(격동기)	• 업무에 대한 의견 차이, 갈등 발생 • 경쟁심, 적대감, 문제해결 지시	경쟁과 마찰 발생 (의사소통, 경청)
3. Norming(규범기)	• 계획대로 일하고 프로세스를 따름 • 표준화, 인간관계, 리더십 공유	응집력, 창의력 (생산성 왕성)
4. Performing(성취기)	• 효율의 정점, 변화에 빠르게 대응함 • 과제 지향적, 최적의 단계	실행(성취), 충성심, 사기충전, 역동적
5. Adjourning(미션완수)	• 미션완수, 그룹 및 팀의 해체	완료, 중단
※ Re-forming (새로운 팀 형성)	• 새로운 목표, 신규구성원 혹은 • 리더 등 새로운 도전	리더와 구성원의 새로운 팀 구성

사례 1 토끼와 거북이의 경주(재해석/1.2.3.4버전version)

① 꾸준함의 교훈(거북이의 승리/토끼의 나태함, 과신의 패배)
② 능력의 다짐(토끼의 승리/신속함, 실력)
③ 새로운 경로 찾기/거북이의 강물 건너기 제안(거북이 승리/자신만의 핵심역량 개발)
④ TeamWork/'육지에선 토끼가 거북이를 업고, 강물에선 거북이가 토끼를 업고 달린다'
　(토끼와 거북이 WinWin/최고의 만족감, 콜라보레이션, 시너지효과)

사례 2

미식축구 딕 버메일 감독은 '조직을 승리로 이끄는 힘의 25%가 실력이고, 75%는 팀워크TeamWork다'라고 명언을 말하고, 만년 꼴지 팀인 세인트루이스를 우승으로 이끌었다.

사례 3

- 독일의 심리학자 링겔만(Max Ringelman)은 줄다리기시합을 통해 집단에 속한 개인의 공헌도 변화를 측정하는 실험을 했다. 개인이 당길 수 있는 힘의 크기를 100으로 보았을 때, 2명, 3명, 8명으로 이루어진 각 집단은 200, 300, 800의 힘을 발휘할 것으로 기대하였다.
  그러나 실험결과에 따르면, 2명으로 이루어진 집단은 잠재적인 기대치의 93%, 3명인 집단은 85%, 그리고 8명으로 구성된 집단은 겨우 64%의 힘만이 작용한 것으로 나타났다. 집단의 규모가 커질수록 집단성과에 대한 개인별 공헌도는 줄어들었다.
  집단에 참여하는 사람의 수가 늘어날수록 성과에 대한 1인당 공헌도가 떨어지는 현상을 링겔만 효과라고 한다. 여러 사람이 서로 책임을 미루는 현상으로 책임의 분산(diffusion of responsibility)이 발생한 것이다.
- 이와 관련된 개념으로 제노비스 신드롬(Genovese syndrome)과 방관자효과(bystander effect)가 있다.

how

＊ 개인책임의 분산현상이 발생하는 이유와 책임의 분산을 방지하기 위한 효과적인 방법으로서 팀의 조건과 촉진방법을 살펴보자.

(2) 효과적인 팀의 조건

① 팀의 사명과 목표를 명확하게 기술　② 창조적인 운영
③ 결과에 초점을 맞춤　　　　　　　　④ 역할과 책임의 명료화
⑤ 조직화　　　　　　　　　　　　　　⑥ 개인의 강점 활용
⑦ 리더십 역량을 공유　　　　　　　　⑧ 팀 풍토를 발전
⑨ 의견의 불일치를 건설적으로 해결　⑩ 개방적으로 의사소통

(3) 팀워크를 촉진시키는 방법
① 동료 피드백 장려하기 ② 갈등을 해결하기
③ 창의력 조성을 위해 협력하기 ④ 참여적으로 의사결정하기
⑤ 수시로 정보공유하기 ⑥ 원활한 커뮤니케이션하기

3. 멤버십, 팔로우십

성과가 좋지 않거나 일이 잘못되었을 때, 리더만을 비방하거나 리더에게 모든 책임을 지우는 경우가 종종 있다. 조직에서 경영상 중추적인 역할을 수행하며, 높은 위상을 갖고 있다는 면에서 경영 성과에 대한 최종 책임을 리더가 진다는 것은 어느 정도 이해할 만하다. 그렇지만, 손뼉도 마주쳐야 소리가 난다고 했던가? 리더 혼자만 뛰어난 실력을 갖고 있거나, 홀로 고군분투한다고 해서 좋은 성과를 얻을 수 있는 것은 아니다.

좋은 리더가 나쁜 멤버를 만난 경우, 좋은 리더가 나빠질 수 있고, 나쁜 리더가 좋은 멤버를 만난 경우, 나쁜 리더가 좋은 리더가 될 수도 있음을 상기하여야 한다. 결국 어떠한 리더를 만나더라도 멤버로서 해야 할 역할을 정확히 인식하는 것이 중요하다.

리더의 비전을 함께 바라보고 이를 뒤에서 적극적으로 지원하는 팔로워십 또한 절실히 필요하다.

※ 리더십과 멤버십은 서로 다른 개념이며 각기 별도의 역할을 가지고 있다.
  그러나 두 개념은 독립적인 관계가 아니라 상호 보완적이며 필수적인 존재이다.
※ 멤버십과 팔로워십은 같은 개념으로서 부하들이 갖추어야 할 지식, 기술, 특성 및 행동을 의미하며, 부하의 입장에서 조직의 목표와 과제 문제해결 방법 등에 대하여 합리적인 판단을 내리며 조직의 성공을 적극적으로 참여하는 것이라 할 수 있다.
※ 일반적인 팔로십의 유형은 독립적 유형(스타 팔로워, 소외적 팔로워)과 의존적 유형(수동적 팔로워, 예스맨 팔로워)으로 나누어 볼 수 있다.

(1) 카네기 멜론스쿨의 켈리(Robert E. Kelly) 교수의 조직관리 이론
"조직의 성공에 있어서 리더가 기여하는 것은 많아야 20% 정도이고 그 나머지 80%는 팔로워들이 기여로 볼 수 있다"
① 팔로워 특성을 두가지 요인으로 구분했다.
  - 팔로워의 '사고(思考)'요인(독립·비판적인 사고/의존·무비판적인 사고),
  - 팔로워의 '행동(行動)'요인(적극적active/수동적passive)이다.
② 팔로우 유형은 모범형, 실무형, 순응형, 소외형, 수동형으로 구분하고,
※ 이 중 모범형 팔로워의 특성은,
  '사고(思考)' 측면 : 스스로 생각하고 건설적 비판을 하며, 자기 나름의 개성이 있고 혁신적이며 창조적이다.

'행동(行動)' 측면 : 솔선수범하고 주인의식을 가지고 있으며 적극적으로 참여하고 자발적이며 기대 이상의 성과를 내려고 노력한다.

> **사례**
>
> 거북선을 설계하고 만든 장본인은?
> 나대용 장군의 팔로우십과 이순신 장군의 리더십

(2) 멤버십 개발방법

모든 상사에게는 배울 점이 있다고 생각하기
리더에게 자원이 되기
자기분야의 전문가 되기
최신정보를 습득하기
한 단계 위에서 생각하기
상사의 체면을 살려주기
'Yes, and then 화법'으로 말하기
실수를 인정하기

4. 리더십

(1) 관리자와 리더

① **관리자** : 조직의 운영을 책임지는 사람
 - 계획·조직화·지시·조성·통제 등의 관리활동을 통해 업무성과를 달성
 - 임명된 리더assigned leader로서 장(長)자가 붙은 공식적 직책자
   • 관리자는 조직의 운영을 책임지는 사람으로, 임명된 리더assigned leader이다.
   • 관리자는 계획·조직화·지시·조정·통제 등의 관리 활동을 통해 업무성과를 달성한다.
   • 리더는 개인과 조직의 변화를 촉진하는 사람으로, 구성원들에 의해 리더로 인정된 자생적 리더emergent leader이다.
② **리더** : 개인과 조직의 변화를 촉진하는 사람
 - 자생적 리더emergent leader로서 특정 개인을 조직의 실질적 능력자로 인정
 - 전문적 지식이나 경험·정보·인맥·신뢰, 그리고 존경과 같은 개인적 특성과 자질

(2) 리더십이란

조직의 공통의 목표를 달성하기 위하여 자발적 추종을 이끌어 내고 행동을 유도하는 상호작용의 과정이며 구성원들에게 영향력을 행사하고 환경을 제공해 주는 과정이다.

'Leader is one who makes the way, goes the way, and shows the way.'
- way : 도착지점(사명·비전·목표·방향)에 이르는 길(과정·방법·전략·기준·태도)
- make : 만들다, 개척하다, 창조하다, 결정하다
- go : (먼저)가다, 솔선수범하다, 실행하다, 시도하다, 선행하다
- show : 보여주다, 안내하다, 인도하다, (함께)가다, 희망을 주다

사례 1 현대경제사의 거목

- 삼성과 현대의 창업주 : 이병철 vs 정주영
- LG, 롯데, 대우 창업주 : 구인회, 신격호, 김우중

사례 2 중국 삼국지

- 유비의 따뜻한 심장 vs 조조의 냉철하고 신속한 열정
  유비와 조조의 두 사람 리더십이 만났다면, 삼국이 통일되었을지도 모른다.

사례 3 미국의 흑인 대통령

- 오바마 : 다른 의견에 귀 기울이는 열린 마음에 숨겨진 리더십이 있다.
  하버드 로스쿨 시절, 팽팽한 의견대립에서 경청하고 절충점을 찾아내는 최고의 조정자로 인정받는 학술지 편집장으로 뽑힌 것이 대표적인 사례다.
  조화와 강인함을 어우르는 오바마의 리더십은, 철저한 계획과 단호함, 신중함과 집요함, 단단한 팀워크, 변화와 희망의 이미지를 극대화, 오바마 상품성을 브랜드가치로 부각시키고 관리함.

---

① **공유리더십(shared leadership)과 분산된 리더십(distributed leadership)**

"one for all, all for one" 개인은 전체를 위해, 전체는 개인을 위해
- 분산된 리더십은 리더십이 어느 한 개인의 특성이나 소유개념이 아닌 조직구성원들 여럿에게 분산되어 있다는 것으로, 이슈를 중심으로 리더십이 발휘된다.
- 공유리더십과 비슷한 의미

② **리더의 과업행동과 관계성행동**

리더십은 과업행동(task behavior)과 관계성행동(relationship behavior)에 따라 지시형, 코칭형, 지원형, 위임형으로 구분된다.

구분	주요 행동	
과업 행동	• 비전(방향) 제시·목표 설정 • 명확한 업무 지시(주제·절차) • 개인별 역할·책임 명확화 • 업무추진계획 수립	• 능력별 업무 배분 • 중간점검과 피드백 • 업무처리 공정성(차별 배제) • 공정한 평가·보상
관계성 행동	• 상호신뢰 • 인간미(포용력·배려·친절·미소) • 소통(고충이해·면담·멘토링) • 칭찬·지지·격려,유머	• 관심(기념일·경조사 챙겨줌) • 팀워크(협력) 촉진, 팀 회식 • 의견존중 • 능력 인정

(3) 변혁적 리더십(Transformational Leadership)

변혁적 리더십은 구성원의 가치관·윤리·정서·행동규범 등을 전환하도록 자극하여 개인을 변혁시키고, 이를 통해 기대 이상의 높은 성과를 이루도록 하는 과정이다.

① **변혁적 리더십의 네 가지 요인**
- 이상적 영향력 : 솔선수범. 구성원들에게 역할모델이 되는 것(존경과 신뢰)
- 영감적 동기부여 : 비전 공유. 구성원들에게 사명과 비전을 제시하는 것
- 지적 자극 : 구성원들이 새로운 시각과 방법을 시도하도록 자극하는 것
- 개별적 배려 : 협력적 분위기를 조성하고, 구성원들의 복지와 개인적 욕구에 관심을 기울이고 배려하는 것

② **변혁적 리더십 이론**
- 달성을 위해 행동하도록 만드는 리더십

리더의 행동	부하의 반응	결과
• 카리스미/비전 제시 • 개별적 배려 • 영감부여 • 지적 자극	• 리더와 비전에 대한 동인시 • 임파워먼트 • 자긍심과 자기효능감 증가	• 조직목표 달성 • 조직만족도 제고 • 조직변화 가능

(4) 거래적 리더십(Transactional Leadership)

리더와 부하들 사이에 상호작용에 초점을 두고 부하들에게 목표와 역할, 과업요건을 명확히 하며 성과에 따라 보상하는 것을 강조한다. 부하직원의 저차욕구 이용을 통한 조건적 보상을 권위적인 리더가 조직관리 차원에서 발휘한다.

※ **구성요소**
- 조건적(상황적) 보상 • 적극적 예외관리 • 수동적 예외관리

※ 이 외 카리스마리더십, 슈퍼리더십, 서번트리더십, 윤리적리더십, 진정성리더십, 감성리더십, 전략적리더십, 글로벌리더십 등이 있다.

> **tip**
>
> 📌 진심은 통한다!
> - 리더의 표정과 태도를 통해 그 마음이 상대방(직원)에게 전달된다.
> - 직원들에게 관심갖고 늘 질문하며 그들의 답변을 열심히 듣는다.
> - 그들의 의견에 동의하면 업무에 반영하고, 고마움도 전달한다.
> - 리더의 역할은 직원들이 마음놓고 일할 수 있는 분위기를 만들어 주는 것이다.
> - 리더의 생각을 바꾸고 리더가 변하고 있다는 것을 직원들이 인지하면서 비로소 조금씩 인정하고 심리적 안정감이 생기기 시작한다.

5. 동기부여

자발적 내지 적극적으로 책임을 지고 일을 하고자 하는 의욕이 생기게끔 하는 것으로, 상사가 구성원들로 하여금 목표달성을 위한 행동을 유발시키는 과정으로서
"왜 더 열심히 하는가?"
"어떤 심리적 과정을 밟아서 사람들이 더 열심히 노력하게 되는가?"
조직원의 목표 지향 행위를 유발, 강화시키는 심리적 내용과 과정을 이해하고 가용한 관리수단들(예 승진, 고과, 칭찬, 금전적 보상 등)을 동원하여 그러한 심리적 상태가 유지되도록 관리하는 것이다. 즉 목표를 향한 자발적인 행동을 이끌어 내고(발생), 충동질하고(강화), 계속하게 하는(지속) 심리적 과정을 말한다.

(1) 동기부여 이론

① 매슬로우의 욕구 5단계

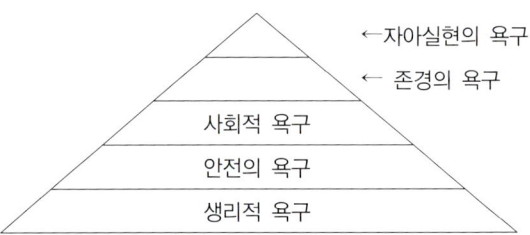

※ 각 욕구는 하위욕구가 충족되어야 상위욕구로 이동한다.

② 알더퍼의 ERG이론
- 존재욕구(Existence) : 매슬로우의 '생리적 욕구'나 '안전욕구'와 같이 인간이 자신의 존재를 확보하는 데 필요한 욕구이다. 또한 여기에는 급여, 부가급, 육체적 작업에 대한 욕구, 그리고 물질적 욕구가 포함된다.
- 관계욕구(Relatedness) : 매슬로우의 '사회적 욕구'이다. 이것은 개인이 주변 사람들(가족, 상사, 부하직원, 친구 등)과 의미 있는 인간관계, 소속감, 애정, 존경을 형성하고 싶어하는 욕구이다.
- 성장욕구(Growth) : 매슬로우의 '자존욕구'와 '자아실현 욕구'를 포함하는 것으로서 개인의 능력 개발과 성공, 존재감과 관련되는 욕구이다.

③ 허즈버그의 2-요인이론
- 위생요인(Hygiene Factors) : 직무 불만족에 영향을 미치는 요인(모든 임무에 기본이고 본질적인 면을 고려해야 하는 직무의 경우에 임금, 회사의 관리감독, 작업 환경조건, 작업 안전도, 인간관계 등)
- 동기요인(motivators) : 직무 만족에 영향을 미치는 요인(지식과 능력을 활용할 여지가 있는 직무를 수행할 때, 경험하게 되는 성취감, 만족감, 도전성, 성장, 인정, 승진, 책임감, 자긍심 등)

    ※ 불만이 없다고 해서 만족하는 것은 아니다.(이원성)

(2) GWP(Great Work Place, 가장 훌륭한 일터) 동기부여 전략

① 상사와 경영진을 신뢰(Trust)하고, 도덕성, 원칙과 기준을 갖고 공정한 절차를 갖춘 신뢰가 가장 중요하다.
② 자신이 하고 있는 업무에 자부심^{Pride}을 가져야 한다.
③ 동료들 간에 신바람 나게 즐기며^{Fun} 일할 수 있다.

※ GWP를 갖춘 회사와 갖추지 못한 회사를 비교한 결과, 생산성이 극명하게 차이가 났다.

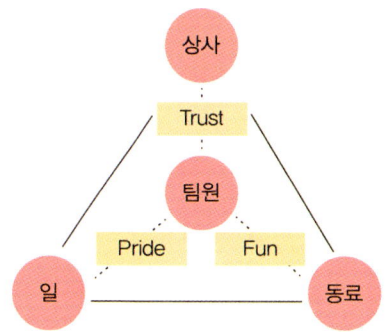

(3) Fun 경영

> **사례 1** 'cafe M'(사내 카페)
> 현대카드·현대캐피탈은 회사 구분 없이 매월 둘째주 목요일 저녁 6시가 넘으면 회사가 제공하는 생맥주와 안주를 즐기며 맥주 파티가 벌어진다.
> 이날은 'cafe M'에서 직장동료, 부서나 직급을 넘어 밤늦게까지도 이야기할 수 있다.
>
> **사례 2** '미션 임파서블'
> LG전자 구미공장은 매달 무작위로 선정한 임직원들에게 이메일로 '미션(임무)'을 부여하고 '미션 임파서블'이라는 이벤트를 수행하고 결과를 보고한다.
> 지령을 받은 임직원은 부여받은 임무를 완수해야 한다. '팀장과 파트 리더에게 편지쓰기', '팀 전원이 영화보기', '직원 세 번 웃기기' 등 다양하다.

(4) 비금전적 동기부여 방법(보상방식)

Fun 경영과 A~F의 다양한 비금전적 보상 등의 아이디어를 통해 직원들을 동기부여할 수 있다.

① Acknowledgement(감사와 인정)
경영지와 종입원의 관계를 주종관계로 보는 것이 아니라 파트너로 인정함으로써 항상 감사하고 있다는 태도와 긍정적 강화법은 조직원들의 동기를 부여하는 데 더없이 효과적이다. 힘을 북돋아 주는 데 좋은 표현을 만들어두자.

② Balance of Work & Life(일과 생활의 균형)
종업원들의 사생활도 존중해야 한다.

③ Culture(기업문화)
원활한 사내 의사소통이 이루어지는 분위기를 만드는 문화다.

- 변화를 두려워하지 않는 문화 : 안전지대(Comport zone, 모든 것이 친숙하고 위험 요소가 없는 편안한 상황)에서 벗어나 더욱 높은 목표를 달성한다는 것은, 위험을 감수한다는 말이다. 그 이유가 합리적이고 목표가 실현 가능한 것이라면 직원들은 기꺼이 변화를 선택할 것이며, 자긍심을 갖고 지속적으로 노력할 것이다.
- 책임감 : 직원들이 자신의 실수나 잘못에 대해 책임은 지지 않고 오히려 다른 직원에게 책임을 전가하는 일이 지속된다면 팀의 근무환경은 나빠지게 된다.

  직원들이 솔직하게 소통할 수 있는 분위기를 만들고, 현실적인 목표를 세워 자신의 업무에 책임을 다하도록 격려, 자신의 업무에 책임을 지도록 하는 환경 속에서 일하는 직원들은 오히려 자신의 위치에서 안정감을 느낄 뿐만 아니라 자신이 의미있는 일을 하고 있다는 긍지를 갖는다. 리더와 부하직원들이 의기투합해 의사결정과 문제해결방법을 함께 찾아간다.
- 창의적인 문제해결 : 창의적인 문제해결법은 조직원들이 자신의 실수나 잘못에 대해 스스로 책임지도록 동기를 부여한다. 실질적인 해결책만큼은 조직원 스스로 찾도록 분위기를 조성해주는 것이 바람직하다.

④ Development(개인의 성장이나 경력개발 기회를 제공)

코칭과 교육, 도전 기회 제공은 직원의 능력과 잠재력을 개발할 수 있는 주요한 방법이다.
- 코칭을 한다.

  코치는 직원 자신이 목적의식과 권한을 가지고 있는 중요한 사람이라는 사실을 느낄 수 있도록 직원들이 자신만의 장점과 성공전략을 활용할 수 있도록 적극 지원하고 도와야 한다.
- 지속적으로 교육한다.

  업무 수행에 필요한 전문성이 부족하다며 자포자기하는 직원이 발생하지 않도록 리더는 직원들에게 지속적인 교육과 성장의 기회를 제공함으로써 직원 자신이 상사로부터 충분히 인정받고 있으며 일부 권한을 위임받았다고 느낄 수 있도록 동기를 부여해야 한다.
- 새로운 도전의 기회를 부여한다.

  새로운 업무를 맡을 기회를 주어 전혀 다른 일을 처리하면서 새로운 도전이 주는 자극과 스릴감이 자신의 능력을 인정받았다는 성취감을 느끼며, 권한을 가지게 되었다고도 생각한다.

⑤ Environment(근무환경)

근무환경에 관한 것으로 근무 장소의 입지나 근무분위기(출퇴근이 편리, 청결하고 쾌적한 사무실 등)도 중요한 비금전적 보상의 요소다.

⑥ Frame(제도·규범·규칙의 명확화)

회사가 지향하고 성과를 내기 위한 행동양식이 구체적이고 명확하게 명시되는 것을 의미하고, 공정하고 정확하게 보여주는 것이 비금전적 보상이라 할 수 있다.

6. 코칭과 임파워먼트 능력

(1) 코칭(Coaching)

팀원 스스로 문제해결을 위한 답을 찾고, 변화를 추구하도록 지속적인 협력관계를 통해 돕는 것을 말한다. 코치의 역할은 코치받는 사람의 잠재 능력을 극대화시켜 성장할 수 있도록 돕는 것이다. 한마디로 <마중물>의 역할과 같다.

> **tip**
> 📕 코칭은 '마중물'과 같다. (펌프에 먼저 붓는 한 바가지 정도의 물로서, 펌프질 할 때 물을 끌어올리기 위해 위에서 붓는 물)
> 📕 코칭은 줄탁동시(啐啄同時)처럼 해야 한다.
> 두 가지가 동시에 발생해야 일이 완성될 수 있다는 고사성어로서 啐啄同時(부를 줄, 쫄 탁, 같을 동, 때 시)란, 어미 닭이 품고 있던 알 속에서 병아리가 세상 구경을 할 때가 되어 알 안쪽에서 부리로 껍질을 나름대로 쪼아대지만 힘에 부쳐 금새 깨고 나오지 못한다. 그 때 안쪽에서 병아리가 쪼아대는 소리를 들은 어미 닭이 바깥쪽에서 같은 부위를 쪼아주자 어미의 도움으로 병아리는 드디어 세상 밖으로 나오게 된다.

① 코칭의 진행과정
- 시간을 명확히 알린다.
- 목표를 확실히 밝힌다
- 핵심적인 질문으로 효과를 높인다.
- 적극적으로 경청한다.
- 반응을 이해하고 인정한다.
- 직원 스스로 해결책을 찾도록 유도한다.
- 코칭과정을 반복한다.
- 인정할 만한 일은 확실히 인정한다.
- 결과에 대한 후속 작업에 집중한다.

> **tip**

> 📕 **질문하는 목적**
> - 개념을 명확하게 하기 위해 질문하며, 질문을 주고받으면서 모호했던 생각이 확실해진다.
> - 또 상호간의 공통점, 반대말, 차이점 등을 질의 응답하는 가운데 새로운 통찰력이 생긴다.
>   - 공통점 : 예) 경청과 대인관계는 아무 상관없다고? 그렇지 않다.
>   경청은 대인관계의 가장 중요한 전제조건이고 필수조건이다.
>   - 반대말 : 예) 사랑의 반대말은 미움? 답은 무관심이다.
>   리더의 반대말은 팔로우? 관리자? 말단 사원? 그렇지 않다.
>   답은 개별성과자다.
>   - 차이점 : 예) 리더와 개별성과자의 차이점은?
>   리더는 다른사람을 움직여서 조직의 목표를 달성하는 사람이며,
>   개별성과자는 자기 일을 잘 하는 사람이다.
>   (∴ 리더십에 대한 새로운 통찰력과 리더의 역할을 분명하게 알 수 있다)

> 📕 **'인테러뱅?!'**
> - 수사학적 질문을 뜻하는 라틴어 'interrogatio'와 감탄사를 뜻하는 'bang'이 조합된 용어로 문제를 파악하기 위해 던지는 의문과 방법을 찾아냈을 때의 깨달음이 공존하는 물음느낌표가 바로 '인테러뱅?!'이다.
> - 간단한 의문을 가지고 기발한 발상의 전환을 가져올 수 있다는 뜻으로 사용되는데 구태의연한 기존의 고정관념에 과감히 물음표를 던지고, 거기에서 나온 해법을 신속히 실행해 느낌표를 찍는 것을 말한다.

② **코치의 역할**
- 코치는 지시하거나 가르치며 답을 주는 것이 아니라, 팀원의 의견을 듣고 질문을 던져 팀원 스스로 생각하도록 하고, 시기적절한 피드백을 통해 스스로 해결책을 찾아가도록 지원하는 전체적인 가이드Guide를 제시한다.
- 코치는 다음과 같은 철학과 신념을 바탕으로 코칭에 임해야 한다.
  - 모든 사람에게는 무한한 잠재력과 가능성이 있다.
  - 그 사람에게 필요한 해답은 대부분 자신의 내부에 있다.
  - 팀원이 자신의 선택과 행동에 대해 책임을 느끼도록 한다.
  - 코치로서 코칭 과정에서 알게 된 비밀을 꼭 지킨다.

■ **GROW** Goal Reality Option Wrap up & Will **코칭대화 모델 및 단계별 활동**

Goal (목표 설정)	• 대화 주제를 합의하고, 향후 일정과 구체적인 장·단기 목적과 목표를 확인하는 단계이다. • 편안한 분위기에서 앞으로 다룰 주제와 대화의 목적을 합의한다. • 달성할 목표를 구체화한다.
Reality (현상· 사실과 느낌 파악)	• 대화 주제와 관련해서 현재 발생하고 있는 구체적 현상이나 사건, 사실, 사례를 파악하고 이에 대한 상대방의 생각과 느낌, 의견을 파악하는 단계이다. 즉 목표 달성을 위한 현재의 상황을 확인하고, 목표와 현재 상황의 차이(문제점)에 대해 객관적으로 인식하기 위한 질문을 하는 단계이다.
Option (원인과 해결방안 탐색)	• 대화 주제(문제)와 관련된 모든 가능한 원인과 해결방안을 모색하고, 상황이나 문제에 대한 실질적 조언과 정보를 제공하는 단계이다. 이 단계에서는 상대방이 생각하는 문제의 다양한 원인과 해결방안을 경청하는 것이 중요하다.
Wrap up & Will (요약과 확인)	• 지금까지 나눈 대화 내용을 요약·정리한다. • 새로이 배우거나 느낀 점이 있는지 성찰하는 단계이다.

(2) 임파워먼트(Empowerment)

리더는 부하들에게 권한과 책임을 위임하고 파워power를 주는 것, 즉 '힘 실어주기' '권한위임'을 해주고 부하들에게 능력을 키워주는 활동들을 말한다. 주어진 권한과 책임을 제대로 완수해 낼 수 있도록 코치하고 배려하는 등 조직구성원을 신뢰하고, 그들의 잠재력을 믿으며, 그 잠재력의 개발을 통해 고성과high performance조직이 되도록 하는 일련의 행위로 정의할 수 있다.

① 임파워먼트 전략은, 의미성meaning, 역량감competence, 자기결정력self determination, 그리고 영향력impact의 네 개의 차원으로 구성되어 있다

의미성	일이 자신의 신념·가치관·기준과 부합하는 정도
역량감	주어진 일을 잘 해낼 수 있다는 자신의 능력에 대한 믿음
자기결정감	자신의 일과 행동에 대한 자유결정권(재량권)의 정도
영향력	자신의 일이 조직 성과에 미치는 영향의 정도

② **임파워먼트의 효과**

임파워먼트는 구성원들에게 다음과 같은 심리적 만족감을 줌으로써 구성원의 보유 능력을 최대한 발휘하게 하고 그들의 직무 몰입을 극대화할 수 있다.
- 나는 매우 중요한 일을 하고 있으며, 이 일은 다른 사람이 하는 일보다 중요한 일이다.
- 일의 과정과 결과에 나의 영향력이 크게 작용했다.

- 나는 정말로 도전하고 있고, 계속해서 성장하고 있다.
- 우리 조직에서는 나의 아이디어가 존중되고 있다.
- 우리 조직의 구성원들은 모두 대단한 사람들이며, 다 같이 협력해서 승리하고 있다.

7. 커뮤니케이션 효과

(1) 피그말리온 효과 ↔ 낙인 효과

피그말리온 효과는 갈망하는 대로 실현되는 효과로서 타인으로부터 긍정적인 기대를 받으면 그 기대에 부응하기 위해 노력해서 실제로 긍정적인 결과가 나타난다는 긍정적인 효과에 비해, 낙인 효과는 반대로 부정적인 낙인이 찍힘으로서 실제 좋지 않게 인식되고 편견을 초래하고 이미지 형성이나 인간관계에도 부정적인 인상을 주기 쉽다.

(2) 플라시보(위약/긍정심리) 효과 ↔ 노시보 효과

플라시보 효과는 환자에게 전혀 효과가 없는 약이지만 병이 나을 거라고 믿음을 주었을 때, 환자의 긍정적인 심리적 믿음으로 실제로 병이 낫는 효과이다. 이에 반해 좋은 효능이 있는 약을 복용하고 있지만 환자가 약의 효능을 불신하는 부정적인 심리적 믿음이 강하여 부정적인 결과가 나타나는 현상을 노시보 효과라고 한다.

(3) 로젠탈(칭찬) 효과

학생에게 거는 기대(칭찬)가 실제로 성적 향상에 효과를 미친다는 미국 하버드대학 사회심리학과 로젠탈 교수가 입증하였다.

(4) 호손(관심)효과

미국 일리노이 주 '호손 웍스Hawthorne Works'라는 공장에서 근로자들이 자신들의 행동을 지켜보고 있다는 사실을 의식해서 전형적인 본성과 다르게 행동하여 일시적으로 효율이 발생했다. 즉 관심을 보임으로써 행동과 능률이 향상되는 효과이다.

8. 대인관계 커뮤니케이션 스킬

(1) 전달 내용의 명확성
- 전달 내용과 얻고 싶은 정보 내용에 명확한 목표 설정이 필요하다.
- 커뮤니케이션을 통한 변화가 목표라면 현재 상황을 직시하고 긍정적인 결과를 도출한다.

(2) 적절한 커뮤니케이션의 수단
- 상대방의 눈높이 맞춰 상대방이 이해하고 수용할 수 있도록 적절한 방법을 찾는다.
- 언어적 수단과 비언어적 수단의 불일치로 인하여 오해하는 일이 없도록 한다.

(3) 피드백의 확인
- 전달자는 본인의 메시지가 잘 전달되고 있는지 확인한다.
- 비언어적인 수단을 통해 이해하고 있는지, 잘 관찰하며 전달한다.

(4) 공감관계 형성
- 외형적인 공감을 넘어 내면적 의미까지도 이해하고 있음을 알려주는 관계를 형성한다.
- 상대방과 말투, 속도, 리듬, 자세 등을 조화를 이루며 공감을 형성한다.

(5) 목소리와 발음
- 안정적인 목소리로 말끝을 흐리지 말고 자신감 있게 말한다.
- 정보 전달 시, 명확한 발음으로 구체적인 숫자를 사용해서 정확하게 전달한다.

9. 감성 커뮤니케이션

* 과거의 가치관은 실용중심의 기계적이고 명령체제의 계급을 중시하는 행동을 요구하고 업무 수행에 대한 관점은 일관된 행동과 양적인 것과 결과 중심에 가치를 두었다.
* 현대 사회는 창조적, 주관적, 비전있는 자세와 네트워크를 강조하고 다양한 아이디어와 과정을 중시하며 질적인 것을 요구하고 있다.
* 21세기 지식정보화사회는 삶의 질을 중요한 가치로 두고 있어 상호 존중하고 신뢰하며 능동

적으로 조직 업무를 수행할 수 있는 능력이 감성지능Emotional Intelligence에서 나오기 때문에 감성지능이 절실히 필요한 능력으로 대두되었다.

＊ 긍정적인 감성은 구성원의 자발적인 이타행동을 증가, 구성원들에 대한 리더십을 발휘할 수 있다.

(1) 감성지능 이해

- 자기 인식Self-Awareness(현실적 자기평가, 자신감)
  - 자신의 감성을 빨리 인식하고 알아차리는 능력.
  - 자신의 감정을 이해, 감정을 있는 그대로 표현할 수 있는 개인의 능력.
- 자기 조절Self-Management(변화의 개방성, 신뢰성, 불확실성에 대한 편안함)
  - 자신의 감성을 적절하게 관리하고 조절할 줄 아는 능력.
- 자기 동기화Self-Motivating(성취욕구, 낙관주의)
  - 어려움을 이겨내고 자신의 성취(목표)를 위해 노력, 자신의 감정을 다스리고 스스로 동기 부여.
- 감정 이입Empathy(타인 이해 능력, 감수성, 고객서비스 정신)
- 대인관계 기술Social Skill(라포 형성, 네트워크 구축 능력, 관계관리 능통)

(2) 감성지능 스킬

① **자기인식**

자신의 김징을 이해하고 있는 그대로 표현해 본다(자기관찰 노트, 메타감성 노트 작성 – 감정 메모, 생각 정리 등).

② **자기조절**

즉각적인 행동을 자제하고, 자신의 감성을 상황에 따라 적합한 방향으로 이끌 수 있는 능력이다(심상법 활용 – 가상체험으로 부정적으로 가는 감정을 방어).

③ **자기 동기화**

어려운 일이 발생 시, 좌절하지 않고 스스로 동기부여하고 다시 재정비 할 수 있는 능력이다(실패 원인을 다른 관점에서 바라보고 '다행'인 상황을 찾아본다. 긍정적이고 유연한 사고로 동기부여 후, 구체적인 목표를 세운다).

④ 감정이입

타인을 알아차리는 공감능력으로써 개방적인 사고방식으로 신뢰감을 형성하고 안정감을 주며 활력을 제공한다(자기 동기화가 선행되어야 하며, 타인에게 관심을 갖고 타인이 처한 상황을 파악하고 감정 등을 이해한다).

⑤ 대인관계기술

대인관계를 적절하게 대처하고 조정할 수 있는 능력으로써 타인을 인정하고 건강한 자신감으로 적극적이고 긍정적인 자세와 예의바른 행동으로 갈등상황에 서도 문제해결능력을 갖게 된다(타인의 감정을 수용하며, 편안하고 우호적인 표정과 눈빛을 유지하며 천천히 말하고 긍정적으로 마무리한다).

tip

📌 감성 커뮤니케이션과 감성지능의 공감능력은 인공지능 AI를 이기는 인간만의 능력이다.
- 감성지능 능력 : 감정을 효과적으로 조절하는 능력으로 자신과 타인의 감정을 정확하게 인지하고 판단하며, 스스로 동기부여, 목표설정, 계획수립하여 행동으로 실천하고 적절하게 표현하는 능력을 통해 삶의 질을 향상시킨다.
- 감성지능 역할 : 자신과 타인을 객관적으로 평가하고 효과적으로 감성 조절을 할 수 있다.
- 주도적인 삶을 계획하고 성취할 수 있으며, 좌절 상황에서도 동기부여하고 자신을 지켜 낼 수 있다. 타인과의 공감능력과 관계형성에 탁월한 능력으로 대처할 수 있다.

📌 '역경지수' AQ(Adversity Quotient)란 심각한 삶에 직면하고서도 다시 일어설 뿐만 아니라 심지어 더욱 풍부해지는 인간의 능력이다.
- 회복탄력성(Resilience) 지수라고도 하며, 다양한 시련과 실패를 오히려 도약의 발판으로 삼아 더 높이 뛰어오르는 마음의 근력을 말한다.
- 실패를 거듭할수록 역경지수AQ는 높아지는데 이는 실패를 많이 겪은 사람일수록 역경을 이겨내는 능력이 발달하여 성공할 가능성 또한 높다는 것이다.
  ∴ 급변하고 불확실한 세상에서 우리에게 가장 필요한 것은 다시 일어나는 힘, 즉 역경지수가 아닐까요? 역경지수가 높은 사람일수록 어떤 상황이든 도전 의지가 강하고 위험에 닥쳤을 때 그 상황을 긍정적으로 감수한다고 한다. 결국 가장 중요한 것은 어떤 역경도 극복하려는 의지, 마음의 근육을 키워내는 것이 중요하다.

제4장 ✦ 고객서비스 능력 – '나의 존재가치'에 집중

미션수행	☐ 나를 감동시킨 말, 서비스 기억하기
	☐ 나만의 차별화된 명함 만들기

1. 고객분류 및 고객심리

(1) 고객분류

① 고객이란 의미는 '기업은 고객이 다시 돌아오기를 바란다.'라는 뜻이다.
  서비스 관계를 맺고 있는 나 이외의 모든 사람을 칭하는데 외부고객뿐만 아니라 내부고객(종사원, 상사, 동료, 가족)을 포함한다.

② 관계 진화과정에 따른 분류
  - 잠재 고객 : 향후 고객이 될 수 있는 잠재력이나 아직 기업에 관심이 없는 고객.
  - 가망 고객 : 기업에 관심을 보이는 신규 고객이 될 가능성이 있는 고객.
  - 신규 고객 : 처음 거래를 시작한 고객.
  - 기존 고객 : 2회 이상 반복 구매를 한 고객, 안정화 단계에 들어간 고객.
  - 충성 고객(옹호 고객, 로열티 고객, VIP 고객) : 반복적으로 구매, 기업과 강한 유대 관계를 형성한 고객

③ 참여관점에서의 고객
  - 직접 고객(1차 고객) : 제품이나 서비스를 구입하는 사람
  - 간접 고객 : 최종 소비자 또는 2차 소비자
  - 내부 고객 : 회사 내부의 직원 및 주주
  - 의사 결정 고객 : 직접 고객의 선택에 커다란 영향을 미치는 개인 또는 집단
  - 의견 선도 고객 : 제품의 평판, 심사, 모니터링 등에 참여, 의사 결정에 영향을 미치는 사람
  - 경쟁자 : 전략이나 고객 관리 등에 중요한 인식을 심어주는 고객
  - 단골 고객 : 기업의 제품이나 서비스는 반복적, 지속적으로 애용하는 고객, 추천할 정도의 충성도가 있지는 않은 고객

- 옹호 고객 : 단골 고객이면서 고객을 추천할 정도의 충성도가 있는 고객
- 한계고객(Black consumer) : 기업이익 실현에 방해되는 고객, 고객명단에서 제외. 해약 유도를 통해 고객의 활동이나 가치를 중지
- 체리피커(Cherry Picker) : 신포도 대신 체리만 골라 먹는다고 해서 붙여진 명칭, 기업의 상품이나 서비스를 구매하지 않으면서 자신의 실속을 차리기에만 관심을 두고 있는 고객.
- 제이커스터머(Jay Custermer) : 불량행동이 우발적이 아닌 사전에 계획적으로 의도한 고객으로서 고의로 음식에 이물질을 넣거나 제품을 망가트려 과도한 보상을 요구하는 고객, 불만을 고객센터나 소비자보호원을 통하지 않고 언론이나 인터넷에 공개하여 기업을 협박하고 기업의 약점을 공격하는 고객, 문제 발생 시 소비자분쟁 해결기준 또는 기업의 보상규정의 기준을 넘어 비상식적인 행동과 보상을 요구하는 고객, 기업에 입장에서는 과도하고 불필요한 비용이 발생이 되며 이들의 문제를 해결하여도 사실 상 기업의 불만요소로 해결하는 것이 아니기 때문에 아무런 도움이 되지 않는 고객이다.

tip

📌 제이커스터머(기업의 대처방안)
- 원칙적 처리로 규정대로 처리하는 방법이다. 소비자가 허위사실을 유포하거나 과도한 보상을 지속적으로 요구하는 경우에는 강경하게 기업의 법무팀과 연계하여 법정 대응을 하는 것이다.
- 성의 있는 태도로 소비자의 입장을 해결하고 이해하는 것이다.
- 소비자가 기업의 원칙적인 처리에도 불구하고 만족을 하지 않는다면 소비자의 요구를 수용하는 것이다. 추후 특별대우를 약속하거나 위자료를 지급하기도 한다.
- 중재기관과 같은 타 기관을 안내하거나 담당자를 교체하는 방법이다.
- 사전 예방시스템을 마련하는 것으로 상담사를 통해 교육하고 악덕고객 매뉴얼을 배포하는 것이다.
- 제이커스터머에 대한 별도의 전담팀을 결정하여 소비자 분쟁해결기준과 해당법령의 의거하여 명확하게 소비자를 이해시킬수 있도록 하는 것이다.

※ 매너 소비자(Manners Maketh the Consumer) : 과거 '고객이 왕'이라는 인식과 달리 최근에는 갑, 을 관계를 떠나 직원과 고객, 소비자가 서로 배려하고 존중하는 매너를 지켜야 한다는 문화가 확산되고 있다. 큰 사회문제로 발전한 '소비자 갑질'에 대한 대안으로 나타난 트렌드로서 매너를 갖춘 소비자 의식이 수복을 받고 있디. 시징, 손님 등이 직원이나 종업원에게 스스로 매너를 지키자는 움직임이 확대되어 진정한 '갑의 품격'을 지키자는 것이다.

※ 워커벨(Worker-customer-balance) 직원, 종업원(Worker)과 소비자(Customer), 고객 간의 균형(Balance)을 이루자는 취지에서 만들어진 신조어이다. 백화점의 갑질녀, 레스토랑 노쇼 등, 블랙컨슈머 문제를 해결하기 위해 2018년 '감징노동자 보호법'이란 산업안전보건법을 개정해 소비자 갑질로 인해 처벌받을 수도 있다는 점을 명시했다.

> **tip**

- 그레고리 스톤(Gregory Stone, 1945)의 고객 분류
  - 경제적 고객 = 자신이 투자한 시간, 돈, 노력에 대해 최대의 효용을 얻으려는 고객
  - 윤리적 고객 = 구매 의사 결정에 있어 기업의 윤리성이 큰 비중을 차지하는 고객
  - 개인적 고객 = 개인 대 개인 간의 교류를 선호하는 고객(개별화 추구 고객)
    고객 관계 관리(CRM) 등을 통한 관리
  - 편의적 고객 = 편의성을 중시하는 고객(추가비용 지불/delivery배달)
- 사회계층에 따른 고객분류

폐쇄적		수직이동이 제한적, 노예제도, 신분제도, 카스트제도 등이 있는 구조
개방적		능력이나 노력에 의해 사회이동 가능. 근대 이후의 대표적 계층 구조
피라미드형		하층의 비율이 비율이 상층에 비해 훨씬 높음. 후진국형 계층구조
다이아몬드형		중층의 비율이 높은 구조로 현대복지국가의 계층구조
모래시계형		정보를 잘 활용하여 지식과 소득이 증가하는 20%의 부유층과 정보를 이용하지 못하는 빈곤층이 80%인 20:80의 계층구조 비관론적이며 세계화를 반대하는 사람들이 많은 구조
타원형		세계가 하나의 시장으로 통합, 정보의 균등화로 중간층의 비율이 증가, 낙관론을 옹호, 세계화를 선호하는 사람들이 많은 구조

(2) 고객심리

① 고객심리의 유형
- 환영 기대 심리 = 언제나 환영받기를 원하는 심리
- 독점 심리 = 모든 서비스에 대하여 독점하고 싶은 심리
- 우월 심리 = 서비스 직원보다 우월하다는 심리

- 모방 심리 = 다른 고객을 닮고 싶은 심리
- 보상 심리 = 비용을 들인 만큼 서비스를 기대, 손해를 보고 싶지 않은 심리
- 자기본위적 심리 = 항상 자기 위주로 모든 상황을 판단하는 심리
- 존중기대 심리 = 중요한 사람으로 인식, 기억해 주기를 바라는 심리

> **tip**
> - 고객이란 100% 자신이 옳다고 생각하기 때문에 고객과 종업원 사이의 문제에서 종업원이 명심해야 할 일은 고객을 만족시키는 것에 우선순위를 두어야 한다.
> - 고객이 잘못 인지했다고 해서 올바른 정보를 주기 위해 알리려고 애쓰고 교육시키듯이 하는 언행보다는 문제가 무엇이었든 고객이 중요하게 여기는 문제를 우선 해결하고, 잠재적인 문제까지도 종업원이 해결해야 할 일이다.
> - 고객의 인식은, 화장실이 더럽다고 해서 그 한 가지 만을 보는 것이 아니라 기업 전체를 더럽고 깔끔하지 못한 이미지로 느끼는 것이며 종업원의 옷깃, 두발 상태까지도 의심할 것이다(깨진 유리창의 법칙).
> - 직원의 사소한 작은 태도가 회사 전체를 흔들 수 있다는 점이다(곱셈의 법칙).
> - 고객은 변덕스럽고 까탈스럽다. 고객 당신만을 위한 서비스라는 인상을 줘야 한다.
> - 100가지가 만족스러워도 떠나기 직전 한 가지가 거슬리면 불평하는 것이 고객이다.

※ 고객과 긍정적인 상호작용(interaction)이 중요하다.

② **고객 요구의 변화**(서비스 패러독스 현상)
- 의식의 고급화 : 인적 서비스의 질을 중요하게 생각, 자신의 가치에 합당한 서비스를 요구
- 의식의 복잡화 : 고객의 유형이 복잡화되어 요구도 많아지게 됨. 불만 발생도 많아지고 불만 형태도 다양
- 의식의 존중화 : 존중과 인정에 대한 욕구가 많아지면서 누구나 자신을 최고로 우대해 주기를 원함
- 의식의 대등화 : 서로에 대한 존경, 신뢰가 떨어지면서 서로 대등한 관계를 형성하려는 상황에서 많은 갈등이 발생
- 의식의 개인화 : 본인만이 특별한 고객으로 인정받고 대우받길 원함

③ 고객성격과 행동유형

— MBTI(Myers-Briggs Type Indicator)는 성격검사 도구로서 고객의 성격유형이 소비행동에 직접적인 영향을 미칠 것으로 보고 성격유형별 구매행동의 특성을 밝히는 것이 목적이며, 인식과 판단과정에 근본적인 선호를 알아내고 어떻게 작용하는지를 예측하여 실생활에서 도움을 얻고자 한다.

E		I
외향(Extraversion) 외부 세계의 사람이나 사물에 대하여 에너지를 사용	에너지 방향 (Energy)	내향(Introversion) 내부 세계의 개념이나 아이디어에 에너지를 사용
S		**N**
감각(Sensing) 오감을 통한 사실이나 사건을 더 잘 인식. 경험·현실주의	인식 기능 (Information)	직관(Intuition) 육감, 영감으로 인식(사실, 사건 이면의 의미나 관계, 가능성을 더 잘 인식) 이상주의. 미래지향
T		**F**
사고(Thinking) 사고를 통한 논리적 근거를 바탕으로 판단	판단 기능 (Decision Making)	감정(Feeling) 개인적, 사회적 가치를 바탕으로 한 감정을 근거로 판단
J		**P**
판단(Judging) 외부 세계에 대하여 빨리 판단 내리고 결정하려 함.	생활 양식 (Life Style)	인식(Perception) 정보 자체에 관심이 많고 새로운 변화에 적응적임

— DISC(주도형Dominance 사교형Innfluence 안정형Steadiness 신중형Conscientiousness)는 인간의 행동 유형을 구성하는 핵심 4개 요소이며 고객의 유형별 특징을 알고, 대응 스킬과 의사소통 전략을 세워 효과적인 응대하는데 목적이 있다.

표현이 강한 사람

D	I
주도형(Dominance)	사교형(Influence)
결과를 얻기 위해 장애를 극복하여 자신이 원하는 환경을 성취하는 경향의 행동 유형	• 결과를 완수하기 위해 다른 사람들을 연합, 환경을 조성하는 행동 유형 • 사람들과의 관계 형성에 초점
C	S
신중형(Conscientiousness)	안정형(Steadiness)
업무의 품질, 정확성을 높이기 위해 기존 환경에서 신중하게 일하는 행동, 계산기 유형	과업을 수행하기 위해서 다른 사람과 협력하는 행동 유형.

표현이 약한 사람

— TA(교류분석Transactional Analysis)

* 자신과 타인, 그리고 관계의 교류를 분석하는 심리학으로 인간의 교류나 행동에 관한 이론이며 효율적인 인간변화를 추구하는 치료 방법으로 미국의 에릭 번이 창안했다.
인간의 긍정성을 확인하고 자신의 감정, 행동 등을 조화롭게 통합하고 자기분석을 해나갈 수 있는 효과적인 심리치료이다.

* 교류분석의 목적은 '지금 여기'에서 무엇을 어떻게 생각하고 행동하여 원활한 인간관계를 만들 수 있는 커뮤니케이션 능력을 향상시키는 도구로 활용하는데 있다.
* 교류분석의 철학은 인간은 태어나면서부터 가치있고 소중한 존재로 보며, 누구나 동등하고 생각하는 능력을 갖고 있으며, 자신의 운명을 자신이 결정하고 또 그 결정을 보다 적절한 결정으로 바꿀 수 있다.

* TA 태도 4분석
    - I'm OK. You're OK(자타긍정/긍정태도, 능력 있다, 낙관주의)
    - I'm not OK. You're OK(자기부정, 타인긍정/타인 비교, 의기소침, 우울증)
    - I'm OK. You're not OK(자기긍정, 타인부정/실패는 남(사회)의 탓, 독선, 독재)
    - I'm not OK. You're not OK(자타부정/나도 세상도 틀렸다는 태도, 염세주의)

> **tip**
>
> 🔖 건강한 자기사랑
> 사람은 누구나 자기 삶의 주인공이다. 자기사랑을 통해서 건강한 자기존중감을 지니는 것은 행복을 주는 정신건강의 필수 요소이다. 그러나 자기사랑이 지나치면 병적인 자기애나 자기도취로 왜곡될 수 있다. 부모가 자신의 자녀만을 지나치게 소중하게 여기며 타인에 대한 배려심을 키워주지 않으면, 자녀는 이기적인 자기사랑에 빠져들 수 있다. 건강한 자기사랑과 병적인 자기사랑의 차이는 타인을 소중하게 대하는 태도에 달려있다. 즉, 자신을 사랑할 뿐만 아니라 다른 사람 역시 자신과 마찬가지로 소중하게 여겨야 하겠다.

* 남과 비교하지 말고 어제의 나와 비교하라! (내가 라이벌이다.)

* **자아상태와 마음구조(PAC의 3가지)**
    교류분석은 성격이론으로서 사람들이 심리학적으로 어떻게 구조되었는지를 자아상태 모델(PAC)로 보여준다.

① Parent(어버이 자아)
   - CP(Critical Parent 비판적 어버이) 칭찬보다 지적, 명령, 지배적
   - NP(Nurturing Parent 양육적 어버이) 친절, 보살핌, 과보호

② Adult(어른 자아)
   - A(Adult 어른) 합리적, 논리적, 정열이 부족한 기계적인 인간

③ Child(어린이 자아)
   - FC(Free Child 자유로운 어린이) 감정에 솔직, 감성 풍부
   - AC(Adapted Child 순응하는 어린이) 착한아이, 노력, 억압

✱ 자아상태의 양면성

자아상태	긍정적인 측면	부정적인 측면
CP (비판적 어버이)	- 비판, 도덕, 전통유지 - 규율, 규범, 이상추구 - 생명의 안전, 선악의 판단	- 권위적이고 강압적이다. - 비판적이고 독단적이다. - 편견
NP (양육적 어버이)	- 양육, 보호, 지지, 봉사, 헌신 - 친절하고 인정미가 있다. - 타인의 입장 이해	- 과보호, 과간섭 - 맹목적인 애정 - 잔소리가 많다.
A (어른, 성인)	- 이론적이고 합리적이다. - 객관적이고 현실지향적이다. - 계획형, P,C를 조절 통제한다.	- 계산적이고 인간미가 없다. - 무감동인인 생활 - 논리적이고 냉정하다.
FC (자유로운 영혼)	- 애정표현이 풍부하다. - 주도적, 적극적, 명랑하다. - 호기심이 강하고 자발적이다.	- 반항, 공격적이다. - 자유방종하고 공포심이 많다. - 자기중심적, 충동적, 본능적
AC (순응하는 아이)	- 잘 복종한다. - 대결을 피한다. - 자기를 내세우지 않는다. (겸손)	- 우물쭈물 지연책을 쓴다. - 폐쇄적, 소극적이다. - 자폐증의 발생

(3) 고객응대 상황

① 전문가형(과시하는 타입이기에 말을 잘 들으면서 상대의 능력에 대한 칭찬과 감탄의 말로 응대)
    인정하고 높여주면서 친밀감 조성, 자신이 주장하는 내용의 문제점을 스스로 느낄 수 있도록 대안이나 개선에 대한 방안을 유도하고, 대화 중에 반론을 하거나 자존심을 건드리는 행위를 하지 않도록 주의한다.

② **우유부단형(사람이 자신을 위해 의사결정을 내려 주기를 기다리는 타입)**
- 질문을 통하여 상대가 자신의 생각을 솔직히 드러낼 수 있도록 도와준다.
- 피해보상 기준에 근거하여 적정 보상 기준과 이점 등을 성실히 설명하여 문제를 해결할 수 있도록 사후조치에 만전을 기하여 신뢰를 느낄 수 있도록 한다.

③ **불만가득형(열등감이나 허영심이 강하고 자부심이 강한 타입)**
- 정중함을 잃지 않고 냉정, 의연하게 대처
- 상황에 따라 가벼운 농담의 형식으로 응대하는 노련함이 효과적
- 대화의 초점을 주제 방향으로 유도하여 해결에 접근할 수 있도록 자존심을 존중해 주면서 응대한다.
- 감정조절을 잘하여 고객에게 휘말리지 않도록 주의

④ **다혈질형(흥분하며 저돌적 타입)**
- 조용한 곳으로 자리를 이동한다(충분한 공감과 양해).
- 고객 스스로 감정 조절할 수 있도록 유도하고, 대화 중 웃음이 섞이지 않도록 유의한다.

2. 고객만족과 고객관리

(1) 고객만족

why

① '고객은 왕이다'라는 말부터 시작해서 고객은 항상 옳다(Guest is always right)라고 간주하고 고객은 변덕스럽지만 고객이 빚졌다는 느낌을 갖도록 서비스를 하면 고객만족CS도 높아질 것이다.

② 고객만족을 넘어선 고객감동의 시대이다.
- 고객만족CS(Customer Satisfaction)란, 고객이 기대 이상의 성과를 얻었다고 느끼는 만족 상태이다.
- 고객감동이란? 단순히 고객이 요청하는 사항에 대해 답하는 소극적인 수준이 아니라 고객이 요구하기 전에 앞서 기대하고 있는 것 이상의 서비스를 제공함으로써 적극적으로 고객을 창출하는 것이다.
- 서비스업에 있어서 최고의 가치는 고객만족Customer Satisfaction이다.
  고객만족을 넘어서 고객감동으로 이어질 수 있도록 진정성 있는 서비스가 몸에 배어 있어야 한다.
- 고객감동 서비스Service란, 고객의 기대를 초월하는 서비스로서 <놀라운, 감동적인, 또 찾고 싶은, 신화적인, 전설적인> 감동을 주는 서비스이다.

(2) 고객관리

* **고객만족(CS)관리의 개념**
  - 고객만족은 기업에서 생산하는 제품의 질과 그것을 제공하는 다각도의 서비스 품질과 관련이 있으며, 무엇보다 고객들이 원하는 사항을 재빨리 파악하여 적재적소에 맞는 서비스가 제공되었을 때 우리는 이것을 고객만족이라 부를 수 있다.
  - 고객이 제품과 서비스에 대해 원하는 것 이상의 만족과 감동을 느꼈을 때 고객은 다시 그 기업의 서비스를 이용하고자 재방문을 할 것이고, 결국 해당 고객들의 선호도가 지속적으로 연결될 것이다.

- 일반적으로 서비스를 제공받는 고객들은 결과보다 그 과정에서 더 많은 영향을 받게 되며, 이는 결국 기업의 수익창출과 충성고객 유지 및 생성에 크나큰 영향을 끼치게 된다. (CRM, CEM경영)
- 여기서 잊지 말아야 할 것은, 고객만족이 외부고객 즉 최종 소비자들의 평가에 의해 정의되지만, 외부고객의 만족 이전에 내부 구성원들의 만족 역시 매우 중요한 부분임을 잊어서는 안된다.
- 서비스는 생산과 소비가 동시에 발생 되는 비분리성을 갖고 있기 때문에, 내부 구성원들의 접점 서비스 품질이 기업의 서비스 품질로 이어짐으로써 내·외부고객 간의 상호작용에 중요한 역할을 하게 된다.
- 기업은 고객중심시대에 신속하고 유연하게 방향성을 갖고 변화해야만 한다. 이제는 기업중심사고에서 고객생애가치(Customer Lifetime Value)를 우선으로 사회적 책무를 중요시해야한다. 그래야 서비스의 재구매가 이루어지고 고객의 신뢰가 지속적으로 유지될 것이다.

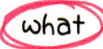

① **고객관계관리CRM(Customer Relationship Management)**
- 접점 및 고객명단 관리
  - 고객 중심주의에 다가가기 위한 첫걸음이다.
  - 고객의 이름을 사용하라.
  - 정보를 얻어야 할 때는 양해와 감사를 표현하라.
  - 고객의 요구를 거절할 때는 이유를 설명하라.
  - 고객의 니즈에 당신의 관심을 보여라.
  - 고객의 느낌에 대해 공감을 하라.
  - 고객에게 대안을 알려주어라.
  - 웃어라! 비록 당신이 통화중이라도.
  - 관계의 포로가 아닌 프로가 되어라.
- 고객 서비스의 기본자세
  - 성의를 가지고 응대한다.
  - 예의를 지키고 매너로 응대한다.
  - 따뜻하고 친절한 마음가짐을 유지한다.
  - 회사, 상품, 서비스에 관한 지식을 갖는다.
  - 적극적, 긍정적으로 먼저 다가간다.

- 작은 약속이더라도 반드시 지킨다.
- 몸가짐을 공손하게 하고 바른 태도를 가진다.
- 변명하기, 책임전가, 무관심을 갖지 않는다.

② **고객경험관리 CEM(Customer Experience Management)**
시장의 법칙 프레임이 단순하게 '물건'을 파는 것에서 '경험'을 파는 것으로 바뀌고 있다. 이제는 CEM이다. 고객로열티 창출을 위해 고객의 긍정적이고 행복한 경험을 관리해야 한다. CS를 넘어서 서비스와 상품에 대한 최고의 경험으로 충성고객을 만들 수 있다.
마케팅 전략은 개인 감성을 자극하는 디자인을 개발하고, 관계 속에서 기억에 남는 경험을 스토리텔링으로 엮어서 고객을 자극하고 있다. 매장은 전시장이 되어 직접 경험해 보도록 공간을 제공한다. '고객경험관리CEM'은 현대 마케팅의 핵심적인 요소로 대두되고 있다.

① **네이밍 서비스(naming service)를 하자.**
가급적 이름과 직급을 기억하여 고객 자신이 특별하게 인식받고 있는 느낌을 주도록 하는 중요한 수단이다. 만일 이름이 기억나지 않으면 미소와 함께 친근한 인사로서 응대하며 인식하고 있음을 전달할 필요가 있다.

② **적정거리(Distance) 유지＝호저의 거리, 고슴도치의 딜레마**
철학자 쇼펜하우어는 사람과 사람 사이의 거리를 "호저들의 안타까운 모순 속에 있다!"라고 하였다. 이를 호저의 딜레마라고 부른다. 그만큼 인간관계가 어려워진다는 뜻이다. 사회가 더욱 복잡해지고 다양해지니 당연한 결과이다. 적당한 거리를 찾고 유지하기가 요구된다.
(호저가족/적당한 거리를 찾지 못해 가족 모두 얼어 죽고 만다)

③ **고객이 불편함이 없도록 배려**
- 하드웨어 대책 : 위치, 공간, 실내 인테리어/위생적, 첫인상, 접근성
- 소프트웨어 대책 : 매뉴얼, 시스템/신뢰, 인심, 기내
- 휴먼웨어 대책 : 인적 서비스의 질/지속적인 관계 강화, 충성고객
  * 첫인상(first impression)에 민감하다. 전체 분위기(고급 이미지, 편안함), 느낌(청결, 기분 좋음, 또 오고 싶어지는 느낌)
  * 사소한 것이라도 만족스럽지 못하면 고객입장에서는 '깨진 유리창'이 생길 수밖에 없다. 궁극적으로 기업입장에서는 고객의 눈높이 이상을 염두에 두고 고객만족, 고객감동을 주는 것만이 해결책이다.

④ 불만고객관리

＊ 불만고객 관리의 중요성
문제점을 조기에 파악하여 그 문제가 확산되기 전에 신속히 해결해 줄 뿐만 아니라, 부정적인 효과를 최소화 하는 데 매우 중요하다. 고객만족관리보다 더 중요한 것은 고객 불만족을 관리하는 것이다.
- 불평은 고객이 무엇을 원하는지 가르쳐준다.
  아무리 고객서비스를 잘하고 있어도 미처 알지 못하는 부족한 부분이 있게 마련이다. 고객의 불평은 서비스를 개선하기 위해 매우 중요한 정보가 되지만, 중요한 사실은 불만을 기업에 통보하지 않는 고객들이 훨씬 많다는 것이다. 그렇기에 불만족 고객이 직접 종업원에게 불평을 말할 수 있도록 유도해야 한다.
- 부정적인 구전효과를 최소화시킨다.
  불만사례가 전해지는 과정에서 "입소문"이 눈덩이처럼 불어나기 때문이다. 대개 나쁜 입소문은 실제보다 과장되게 전해지기 마련이다.
- 고객의 유지율을 증가시킨다.
  제품이나 서비스에 만족한 고객들보다 불만족스러웠던 고객이 적절한 대응을 통해 만족하게 되었을 때 더욱 충성스런 고객이 된다고 한다. 그것도 얼마나 빨리 대응하여 문제를 해결하느냐에 따라 충성도가 다르게 나타났다고 한다. 고객만족을 추구하는 기업이라면, 불만고객을 소중하게 여기고 이를 신속하게 해결할 수 있는 직원들의 마인드와 자체적인 시스템을 완비해야만 한다.
- 불만 고객의 원인
  소비환경이 급속히 바뀌고 고객의 기대가 커지고 있는 상황에서 고객불만족의 원인은 다양하다. 크게 제품의 문제, 서비스의 문제, 고객 자신의 문제로 분류될 수 있다. 고객 자신의 문제야 어쩔 수 없겠지만, 제품과 서비스 차원의 문제는 개선의 여지가 있는 부분이다. 고객이탈사유 1위가 '고객접점에서의 서비스 문제'로 나타났다. (고객 불만을 초래하는 가장 큰 원인이 직원들의 고객응대 과정에서 비롯되는 것으로 조사됨.) 즉, 서비스 직원의 불친절한 응대, 규정만 내세우는 안내, 업무처리 미숙, 타 부서 책임회피 등으로 인한 고객 불만이 가장 많은 것으로 나타났다.

※ **불만 원인 분석**

	기업(직원)	고 객
업무적	- 직원의 업무지식 부족 - 설명의 불충분 - 내부의사소통의 오류 - 업무처리 지연 및 미숙 - 고객 감정의 배려 부족 - 서비스 마인드 결여	- 고객의 과오, 착오 - 감정조절 장애 - 고의적 악의적 - 업무에 대한 지식 부족
심리적	- 귀찮고 바쁨 - 회사규정임 - 특별대우 불가능 - 직원이 더 전문가	- 서비스 기대 - 다른 회사와의 비교 - 고객이라는 우월감 - 자존심 손상

> **tip**
>
> 📙 **불만고객의 기본 응대원칙**
>
> (1) 피뢰침의 원칙
> - 고객은 나에게 개인적인 감정이 있어서 화내는 것이 아니라, 일처리에 대한 불만 때문에 복잡한 규정과 제도에 대해 항의하는 것이라는 관점을 가져야 한다.
> - 피뢰침 같이 직접 불만 섞인 다양한 고객들을 맞이하여 몸으로 흡수하고, 회사나 제도에 반영한 후 다시 땅속으로 흘려보내야 한다. 피뢰침과 같은 역할을 수행함으로써 회사와 조직은 상처를 입지 않고 내용을 충만히 알 수 있을 것이다.
>
> (2) 책임 공감의 원칙
> - 고객의 비난과 불만이 나를 향한 것이 아니라고 하여 고객의 불만족에 대해서 책임이 전혀 없다는 말이 아니다. 조직구성원의 일원으로서 내가한 행동의 결과이든, 다른 사람의 일처리 결과이든 고객의 불만족에 대한 책임을 져야만 한다.
> - 고객에게는 누가 담당자인지보다 나의 문제를 누가 해결해 줄 것인지 아닌지가 훨씬 중요한 것이다.
>
> (3) 감정통제의 원칙
> 고객을 응대하거나 전화를 받을 때 거친 고객과 만나다 보면 자신도 모르게 감정을 드러내는 경우가 발생하게 되나, 자신의 감정까지도 통제할 수 있어야 한다.
>
> (4) 언어절제의 원칙
> - 말을 들어주는 것
> - 고객 상담에 있어서 말을 많이 하는 것은 바람직한 응대방법이 아니다. 고객보다 말을 많이 하게 되면 고객의 입장보다는 자신의 입장을 먼저 고려하게 되기 때문이다.

(5) 역지사지의 원칙
- 고객은 우리의 규정을 알지도 못하고 그 규정의 합리적인 이유도 알지 못하며, 업무가 처리되는 절차는 더욱 알지 못함을 인지하여 고객의 말에 귀 기울여야 한다.

불만고객 해결전략
- 우선사과를 원칙 - 우선파악을 원칙 - 신속해결을 원칙 - 비논쟁을 원칙

MTP 기법
고객의 불평이나 불만의 처리방법으로 MTP 기법이 자주 사용되고 있는데, 이는 사람(Man), 시간(Time), 장소(Place)를 바꾸어 처리하는 방법이다.
- 사람을 바꾼다. - 시간을 바꾼다. - 장소를 바꾼다.

굿맨(John A.Goodman)의 법칙
TARP의 회장이었던 GOODMAM에 의해 발표된 내용으로, '고객만족에 관한 법칙'이라고 일컬어지는 법칙으로 기업들에게 고객만족의 중요성과 더불어 구체적으로 기업이익에 어떠한 작용을 하는지가 명확히 되었기에 매우 의미 있는 자료로 평가받는다.

- 제 1의 법칙(불만족한 고객)
  불만을 느끼는 고객 중 고충을 제기하고 그 해결에 만족한 고객의 당해 상품이다. 서비스의 재구입 결정률은 불만이 있으면서 고충을 제기하지 않은 고객의 그것에 비해 매우 높다.
- 제 2의 법칙(구전의 효과)
  고충처리에 불만을 품은 고객의 비호의적인 소문의 영향은 만족한 고객의 호의적인 소문의 영향에 비해 두 배나 강하게 판매를 방해한다.
- 제 3의 법칙(고객의 모방심리)
  소비자 교육을 받은 고객은 기업에 대한 신뢰가 높아 호의적인 소문의 파급 효과가 기대될 뿐 아니라, 상품의 구입 의도가 높아져 시장 확대가 공헌한다. 실제로 TARP사의 조사에 따르면, 100달러 이상의 상품에 대해 불만이 있으면서 고충을 제기하지 않았던 고객이 같은 회사의 상품을 다시 구입할 확률은 9%에 불과하다고 한다. 이에 비해 고충을 제기한 고객 가운데 문제가 해결된 경우의 재구입률은 70%, 신속히 해결된 경우는 82%를 웃돈다는 결과를 나타내고 있다.

⑤ **고객의 소리(VOC: Voice of Customer)를 통한 고객관리**

고객의 소리VOC(Voice of Customer)란 고객의 소리에 귀를 기울여 그들의 욕구를 파악하고, 이를 수용하여 경영활동을 함으로써 고객만족을 추구하고 고객 불만을 최소화하여 궁극적으로 고객 불평을 제로(zero)화 하자는 것이다.

* **VOC 시스템의 구축단계**

1단계 창구계설 : 고객이 쉽게 의견을 제시할 수 있도록 창구를 개설한다.
2단계 고객의 소리분석 : 체계적으로 고객의 소리를 분석한다.
3단계 문제해결 : 각 부서에 신속한 피드백을 통한 문제해결을 한다.

4단계 경영활동 반영 : 처리결과를 고객에게 통보하거나 경영활동에 반영한다.

✱ **VOC 시스템 효과**
- 시장의 욕구와 기대의 변화를 알 수 있다.
- 고객의 입장을 이해하고 바라봄으로써 문제점을 파악할 수 있다.
- 고객과의 관계유지를 더욱 돈독하게 할 수 있다.
- 고객의 욕구에 근거하여 표준화된 대응서비스가 가능하다.
- 아이디어를 얻을 수 있다.
- 이론이 아닌 접점 실제 상황에서의 고객파악을 가능하게 한다.

✱ **고객의 소리(VOC)의 성공 요건**
- VOC와 보상을 연계한다.
- VOC로 인해 발생한 조직의 변화를 평가한다.
- 자료의 신뢰성을 높이기 위해 통계보고서를 작성하고 추세와 변화를 점검한다.

✱ **기대-성과 불일치이론(기대와 지각된 성과 간의 차이에 대한 평가)**
- 부정적 불일치 (성과<기대)/불만족
- 단순한 일치 (성과=기대)/만족
- 긍정적 불일치 (성과>기대)/만족, 감동

⑥ **고객 불만처리 프로세스(불평, 불만을 경청, 신속하게 처리)**
[경청 – 감사와 공감표시 – 사과 – 해결약속 – 정보파악 – 신속처리 – 처리확인과 사과 – 피드백]
- 불평하는 고객을 사로잡는 것은 위기를 기회로 만드는 서비스의 예술이다.
- 불평, 불만을 토로하지 않는 고객이 더 무섭다(영원히 돌아오지 않는 고객).

> **tip**

(1) 고객의 구매결정 프로세스
- 전통적 구매 결정(AIDMA) : 주의(Attention) → 관심(Interest) → 욕구(Desire) → 기억(Memory) → 행동(Action)
- 인터넷 활성화 구매 결정(AISAS) : 주의(Attention) → 관심(Interest) → 검색(Search) → 행동(Action) → 공유(Share)

(2) 고객의사 결정과정(마케팅)
문제의식 → 정보탐색 → 대안의 평가 → 구매 → 구매 후 행동

(3) 고객요구 정보
- Needs(니즈, 요구) … '배고프다' (기본적인 1차적 요구 발생)
- Wants(원츠, 욕구) … '햄버거를 먹고 싶다'
  (갈구되고 추구되는 부족상태를 해결할 수 있는 대상이나 상품 발견)
- Demands(디멘즈, 수요) … '햄버거 A세트를 먹어야지'
  (욕구충족을 위해 자신의 상황을 고려하여 특정상품이나 서비스를 구매)

3. 고객서비스 매너

* **'서비스도 능력이다'**

  서비스 능력Service Ability은 '나의 존재가치'를 돋보이게 하는 매너manner이고 태도attitude이다. 서비스 매너는 상대방을 존중하고 배려하는 인성의 기본요소이며 21C 4차 산업혁명시대에서도 요구하는 것은 바로 서비스마인드의 중요성이다. 서비스 경제사회에서 직업인으로서 성공하기 위한 경쟁력의 원천이다.

* **서비스 프로세스 개념**

  서비스는 일종의 과정이나 활동이라 정의할 수 있는데, 고객이 서비스를 제공받을 때의 제품과 감정, 그리고 목적 들과 같은 형태로 해석할 수 있다. 그러나 서비스 프로세스는 "여러 활동 과정이 순서대로 짜인 묶음"을 말하며, 기업이 제품을 생산하는 모든 과정, 즉 기업 내의 원재료, 정보, 사람 등과 같은 Input을 제품과 서비스 등의 Output으로 변화시키는 작업이나 활동들의 집합을 의미한다. 조직 내 부서들이 공유하고 있는 모든 자원과 역량들은 프로세스에 의해 서로 유기적으로 연결되어 있다.

✻ 서비스 봉사자의 평균 수명

영국과 미국의 서비스에 대해 연구한 결과에 의하면, 서비스 봉사자의 평균수명이 일반인에 비해 약 30% 늘어났고 고혈압이나 당뇨병 등의 성인병도 개선되었다고 한다. 또한 친절한 서비스를 받는 고객들의 정신건강도 긍정적으로 호전되는 것을 과학적으로 검증했다고 한다. 결과적으로 서비스는 나 자신의 건강은 물론이고 사람들의 행복을 높이는데 큰 기여를 하고 있다.

✻ 서비스 3단계

1단계(Personal service)

개인과 개인 간의 기본적인 예절과 질서. 가족에서부터 친구, 동료, 그리고 사회에서 마주치게 되는 많은 사람들과 사이에서 지켜야 할 약속들이 얼마나 제대로 지켜지고 있는지를 통해 그 사회의 건강상태를 알 수 있다. 또한 예절교육을 통해 개인 서비스 수준을 향상시켜 나가야 한다.

2단계(Professional service)

직업적인 서비스, 즉 서비스산업이라고 부르는 업종들. 이제는 모든 업종이 서비스산업이라고 할 수 있을 정도로 서비스가 중요한 시대가 되었다.

동네 편의점에서부터 음식점, 카페, 미용실 등 서비스를 판매하는 모든 사업체에서 고객들과 어떤 서비스로 소통을 하는지 그 수준을 보면 그 사회의 건강상태와 개선해야 할 내용을 알 수 있다.

3단계(Public service) 공공서비스

우리나라 공공서비스 수준은 과거에 비하면 많이 발전을 했지만 공공기관에서 민원서비스만 친절해지고 정작 국민들의 민원은 제대로 해결하지 못해 억울한 사람들이 많다면 그 사회는 건강에 이상이 있다고 하겠다. 인간사회에서 반드시 있어야 할 것이 바로 서비스다.

tip

- S-마일리지(서비스 마일리지)의 약자.
  - 이것이 쌓이게 되면 어떤 혜택이 주어질까? 비로 Smile이 생기게 됩니다. 즉, S-mile이 우리가 알고 있는 그 스마일이다.
  - 웃으면 복이 온다고 하는 것. 과학적으로도 증명된 사실이다.
  - 행복해서 웃는 게 아니고 웃어서 행복하게 되는 것이다.
  - 우리가 일상생활에서 서비스를 하는 만큼 서비스 마일리지가 쌓이게 되고 그것이 바로 스마일로 나타나게 되고 항상 웃는 모습을 갖게 되면 자기도 모르게 건강해 진다. 어느새 행복해졌다는 증거다.
  - 스마일은 절대로 일부러 연습한다고 생기지 않는다. 반드시 서비스를 해야만 생기는 서비스 마일리지이기 때문이다.
  - 우리에게 건강과 행복의 혜택을 주는 서비스 마일리지, 여러분은 얼마나 쌓아놓고 계신지 자신의 스마일을 통해 확인해 보세요.

(1) 서비스 리더십의 3요소
- 고객만족 마인드(CS Mind) : 용모 및 복장, 호감 주는 표정과 이미지 연출
- 서비스 능력(Service Ability) : 역지사지의 자세, 신뢰감 주는 자세 및 동작
- 의사소통과 관계(Cummunication & Relaitionship) : 의사소통 및 공감능력, 상호신뢰

tip

- '공감을 이끌어 내는 서비스 매너가 답이다'
  진정한 영혼없이 서비스 매뉴얼대로만 서비스 제공하면, 고객은 반드시 떠난다.
  고객중심의 맞춤형 서비스를 하여 고객만족을 넘어 고객감동으로 이끌어 내는 서비스 능력이 필요하기 때문이다.
- 자기존중감이 높은 프로 서비스인은 어떠한 상황에서도 자제력을 갖고 고객을 존중하는 마음으로 진정한 서비스 태도가 나온다.

(2) MOT(Moment of Truth)

what

- 진실의 순간, 결정적 순간, 피할 수 없는 절박한 순간
  고객 접점이 이루어지는 모든 순간(물리적 환경과 상호 작용하는 모든 순간)
- MOT는 서비스 품질과 CS를 좌우한다.
  ∴ 나는 내가 소속한 기업의 운명을 좌우한다.

why

- 스탄디나비아 항공사 SAS 얀 칼슨 회장은 직원이 고객응대에 소비하는 15초 정도의 시간은 고정 고객을 얻느냐, 잃느냐의 분기점이라고 하며 진실의 순간 MOT을 도입(1981년)하여 성공하였다. 그 후 유럽뿐만 아니라 미국, 일본을 비롯한 전 세계에 확산되었다.
- 한국은 롯데호텔 및 백화점에서 먼저 CS를 도입하고 MOT의 중요성을 부각시켰으며, LG의 '고객가치창조'를 비롯하여 1990년대 삼성의 '신 경영' 및 공기업(철도, KT 등)에서 CS를 도입하기 시작하였다. 2000년도부터는 업종을 불문하고 모든 기업에서 CS경영을 도입하였고, 외부고객만큼이나 내부고객 역시 중요하며, 내부고객 만족이 외부고객 만족으로 이어질 수 있다는 패러다임을 가져왔다.

tip

- SMILE MOT의 중요성 : 결정적인 순간에 한번만 잘못해도 고객은 냉정하게 돌아서는게 현실이다. 고객을 관리하는 접점에서 SMILE MOT 관리가 핵심이다.
- MOT의 3요소
  - 하드웨어 Hard Ware : 물리적인 환경, 거리, 인테리어 분위기
  - 소프트웨어 Soft Ware : 매뉴얼, 지침, 규정, 오감 활용(향, 색, 디자인, 소품)
  - 휴먼웨어 Human Ware : 친절, 배려, 미소
- MOT의 유형
  - 대면 접점 : 표정, 자세, 용모, 스피치, 메이크업, 태도, 거리
  - 전화 접점 : 응대, 첫 대면, 첫인상
  - 원격 접점 : E-Mail, 홈페이지 Q&A, SMS, 휴대폰

(3) 곱셈의 법칙(100 - 1 = 0, 100×0 = 0 고객은 뺄셈 적용하지 않음)

- 사소한 것이라도 순간의 진실을 소중하고 성실하게 임해야 한다는 이론
  (학교에선 뺄셈 방식으로 평가하는데 비해, 사회의 곱셈의 법칙으로 셈하여 부족한 하나의 요소를 0으로 간주하면 전체가 0이 된다는 이론)

(4) 깨진유리창의 법칙(Broken Windows Theory)

- 사소한 것들을 방치해두면, 나중에는 큰 범죄로 이어진다는 범죄심리학 이론
  (깨진 유리창을 방치해 두면, 그 지점을 중심으로 점점 슬럼화가 진행되기 시작한다는 이론이고, 무관용 원칙은 규칙·법 등을 엄격히 적용하여 일체의 정상참작 없이 처벌한다는 원칙을 말한다. 뉴욕시에 적용)

■ MOT, 진실의 순간은 언제인가? 바로 종업원이 고객을 만날 때이다.
다음 빈 칸에 고객의 행동과 종업원의 응대 행동을 기록하여 토론해 보자.

MOT	고 객	종업원
도착 및 현관		
프런트 (check-in)		
업무		
프런트 (check-out)		
출발		

(5) 사례연구

① 호텔 CS – 리츠칼튼 호텔

- 리츠칼튼호텔의 경영철학은 '현장에 있는 모든 직원이 주인이고 회장이고 CEO다.'
- 리츠칼튼호텔 서비스 정신은 '고객이 묻기 전에 고객에게 먼저 다가가서 고객의 요구사항을 처리하는 것'이다(호텔 종업원이 아무리 친절하게 안내를 한다고 해도 고객이 먼저 와서 질문을 한다면 한 단계 떨어진 서비스인 것이다.).
- 애플 회사나 디즈니 회사도 '서비스는 리츠칼튼처럼'이라는 슬로건을 가지고 있을 정도이다.
- 리츠칼튼만의 최상의 서비스와 아주 특별한 고객관리 덕분에 고객 이탈을 줄이고 영업이익을 올리는 성과를 내고 있다.

  1. 사례 하나를 소개하면, 외국손님이 중요한 서류를 두고 갔다. 호텔종업원은 그 서류를 어떻게 전달했을까?
  중요하고 급한 서류라는 것을 알고는 즉각 비행기를 타고 가서 직접 전달했다는 유명한 일화가 있다. (리츠칼튼 종업원들에게는 2천 달러 상당의 사용 횟수 제한이 없는 자유결정권이 부여가 되는 것도 한 몫을 한다고 볼 수 있다.)
  2. 리츠칼튼에서 근무하고 있는 현장 종업원들은 고객의 개별적인 요구에 최대한 NO라고 하지 않는 것이 바로 그들의 서비스정신 이라고 한다. 가령 전화로 '담당자가 아니라서요, 담당자 연결해 드리겠습니다.'라는 말을 절대 하지 않는다. '바로 제가 처리해 드리겠습니다.' '제가 사과드립니다.'
  3. 고객기호카드로 특별한 고객으로 모시게 된다. 미국의 리츠칼튼 호텔을 방문한 고객이 오이를 먹지 못한다면 한국에 있는 리츠칼튼 방문을 해도 오이가 들어가지 않는 음식 서비스 받게 된다. 호텔에서 일간지를 주문해서 읽었다면, 다음에 투숙을 하더라도 따로 주문 없이 그 일간지를 배송해주는 서비스를 하고 있다.
  만약 고객이 초콜릿이나 캔디를 좋아한다면 미리 상자에다가 초콜릿이나 캔디를 준비해서 객실에 비치해 둔다. 만약에 객실 청소 하시는 분이 객실에서 고객의 트레이닝복이나 운동화를 발견했다면 501호 누구누구 고객님께서는 헬스를 좋아하시는 것 같다. 코디네이터에게 전달을 하게 되고 고객이 물어보지 않아도 제공하는 서비스를 하고 있다.
  4. 공항에서 호텔을 향해 출발을 했다면, 고객이 공항에서 떠난 것을 프론트 직원에게 전달을 하게 되고, 프론트 직원 주차요원에게 전달을 해서 주차요원은 고객을 처음 본 순간부터 고객의 이름을 부르면서 특별하게 서비스를 진행하게 된다.

> **tip**

황금표준 3가지
첫 번째, 고객을 따뜻한 마음으로 맞이하며 고객의 이름을 최대한 부른다.
두 번째, 고객이 말하기 전에 미리 고객의 니즈를 예측해서 서비스 한다.
세 번째, 고객과의 따뜻한 작별 인사는 최대한 고객의 성함을 부르면서 감사표현을 하고 작별인사를 한다.

평가 기준 6가지
미소, 인사, 눈 맞춤, 어조, 어휘력, 타인에 대한 관심.
∴ 맞춤화된 서비스를 제공하기 위해서 어떻게 고객 관리를 할 것인가를 고민하고 진실된 태도로 실천한다면, 고객의 이탈률을 줄이고 이익을 높일 수 있는 서비스가 될 것이다.

② 병원 CS - 서울대학교 병원
＊ 친절직원 마일리지제도 사례
서울대학교 병원 CS 친절직원 마일리지 제도는 신규고객을 단골 고객으로 유치하기 위한 전략으로 모든 직원을 대상으로 시행하는 제도로서 평생고객으로 유지할 가능성이 향상된다.

＊ 친절직원 마일리지
- 병원의 '고객의 소리' 건의함을 통해 접수된 친절사례 : 2만점
- 환자 만족도 조사 시 친절추천 : 1만점
- 병원보 '칭찬합니다' 주인공 : 2만점
- 고객만족도 우수 부서 소속직원 : 2만점 ~ 1천점

＊ CRM팀은 병원 직원들에게 브랜드 파워 1위에 걸 맞는 친절마인드를 고양시키는데 목적이 있으며 친절에 대한 동기부여를 꾸준히 해나가기 위한 제도이다. 매달 점수에 해당하는 상품권을 선물로 받게 되며, 병원 직원들은 친절 사원 마일리지를 통해 꾸준히 CS를 실천할 동기부여를 받을 수 있다.

③ 미국 볼티모어 사이나이 병원
＊ 사이나이 병원 경영진은 의료 전문 마케팅 펌을 통해 병원 운영 전략을 면밀히 수립한다.
＊ 응급실을 찾는 사람들이 병원에 가장 먼저 바라는 것이 무엇인지 조사한다.
 (1) 대기시간 단축
 (2) 의료진과의 의사소통 강화
 (3) 당장의 통증을 줄여주는 것

✳ **세가지 니즈**
(1) 호텔 수준의 환경 및 서비스 제공
(2) 응급실 도우미가 환자의 기본적 사항 파악
(3) 의료진과 바로 의사소통 시작 가능

✳ **실제적 요구와 내재적 요구**
(1) 서비스란 고객의 요구(실제적 요구)를 충족 시키는 것
(2) 그 이상의 감동 서비스를 제공하는 것
(3) 예 1 : 열과 기침하는 아이
　− 실제적 요구 : 주사, 투약 후 빨리 낫는 것
　− 내재적 요구 : 아이를 칭찬하고, 대기 중에 진찰과 관련된 놀이, 사탕, 풍선 제공
(4) 예 2 : 여자가 항문외과에 갈 때
　− 실제적 요구 : 안 아프고 잘 치료되었으면, 여자 의사였으면…
　− 내재적 요구 : 진료실에서 수술실로 가는 도중에 손 잡아주고 수술과정 내내 붙잡아 주었으면…

✳ **고객의 실제적 요구와 내재적 요구를 파악해야 함.**
(1) 소아과의 경우, 열과 기침을 하는 아이를 데려온 부모의 실제적 요구가 빨리 약을 놓고 빨리 낫는 것이라면, 내재적 요구는 아이가 많이 울지 않도록 놀이시설이 준비되어 있고, 아이의 집중을 흐트릴수 있는 간식이나 장난감을 제공하는 것 등이 있을 수 있다. 고객에게 감동을 주는 소아과 병원 CS를 위해서는, 병원 직원들에게 아이를 다루는 방법, 아이와 잘 놀아주는 방법, 아이가 좋아하는 장남감 구비 등과 같은 CS교육이 이루어져야 한다.
(2) 고객감동 CS는 고객 만족 이외에도 반복 구매를 유도할 수 있는 좋은 수단이다. 고객이 계속해서 우리 병원을 찾을 수 있도록 하며, 구매행동에 가장 중요한 영향을 미치는 것은 소비자들 간에 자연스럽게 이루어지는 '호의적 커뮤니케이션'을 통한 바이럴 효과도 얻을 수 있다.

> **tip**
>
> 📕 **병원CS교육**
> - CS교육을 통해 최고의 효과를 보기 위해서는 고객을 분석하는 것이 가장 우선되어야 한다.
>   (고객이 원하는 것을 확실히 알아야 한다.)
> - 고객의 참여를 유도하고, 고객 중심의 문화를 발전시키고, 직원들에게 고객중심 사고를 하도록 훈련한다.
>   (대기시간을 관리하고, 매력적인 서비스 환경을 만들어 간다.)

> **tip**
>
> 📕 **서비스인의 실력과 자세**
> ① 서비스인의 실력 조건
>   - 업무에 대한 지식과 기본실력
>   - 원만한 성격과 건강한 체력
>   - 상식과 경청, 공감을 갖춘 진실된 스피치
>   - 상황과 대상에 따른 판단력과 리더십
> ② 서비스인의 자세
>   - 단정한 용모(복장, 헤어, 몸가짐)와 웃는 얼굴
>   - 친절하고 예의바르며 언제나 준비된 적극적인 자세
>   - 침착하고 인내심있게 정중한 태도
>   - 정확한 발음으로 알기쉽게 안내하는 자세
>   - 요점을 반복하고 확인하는 태도

4. 직장생활

인간은 혼자 생활할 수 없으며 사회적·환경적·유전적 요인에 의해서 많은 지배를 받는다. 이러한 과정에서 서로 상호작용하는 발달이 가장 바람직한 방법이라고 할 수 있다. 사람들은 하루 24시간 중 8시간은 잠을 자고, 8시간은 일을 하고, 그리고 8시간은 여가를 보내면서 생활한다. 하루 일과 중 1/3을 포함하는 직장생활은 경제적인 활동을 하기 위해 중요할 뿐만 아니라 인간관계에서 중요한 역할을 한다.

(1) 직장에서 인간관계의 중요성

① **사회적 존재(집단 조직의 구성원)**

인간은 사회적 존재로서 좋든 싫든 자기가 속해 있는 집단의 한 구성원으로서 수많은

형태의 다양한 인간관계 속에서 생활해야 한다. 인류의 역사 이래 인간은 언제나 크건 작건 다양한 조직 속에서 생활해 왔으며, 그러한 가운데서 다양한 사람들과의 인간관계 경험을 통해 성숙·발전해 왔다.

② 직장생활의 적응(직무와 인간관계)

직장에서의 인간관계는 직장생활의 적응과 부적응, 직업에서의 성공 등에 상당한 영향을 미친다. 직장들에게 직장생활 중 가장 어려운 점을 꼽으라면 직장 경험이 별로 없는 초보 직장인들은 물론 오랫동안 직장생활을 해온 직장인들 가운데 상당수가 인간관계의 어려움을 호소한다.

흔히 개인들의 직장생활 적응을 규정하는 것은 '직무'와 '인간관계'라고 말한다. 만일 어느 한쪽이라도 적합하지 못하면 직장생활에 부적응을 초래하게 된다.

③ 호손효과 Hawthorne effect (관심/생산성과 밀접한 관계)

미국 일리노이주 호손공장에서 실시한 연구에서는 생산성 향상에 있어서 작업장의 조명, 환기와 같은 물리적 환경이나 피로보다 정서적 요소, 인간관계 요소, 그리고 동기적 요소들이 근로자들의 행동에 보다 직접적이고 보다 중요한 역할을 한다는 것을 보여주었다.(Mayo,1993). 특히 타인으로부터 관심을 받으며, 서로 상호작용할 수 있는 인간관계 경험들이 생산활동에 보다 큰 영향을 미치는 것으로 나타났다. 호손 효과 Hawthorne effect 로 알려진 이 실험결과를 통해 직장에서의 인간관계가 조직과 산업체의 생산성과 밀접한 관계가 있음을 알 수 있다.

④ 직장에서 선호하는 직장인 상(배려와 관심, 매너와 태도)

원만하고 생산적인 인간관계를 위해서는 인간관계에 필요한 다양한 기술과 매너, 인간의 존엄성과 가치성을 인정하고 타인에 대한 배려와 관심, 자기개방과 타인에 대한 수용적 태도가 필수적인 요인이 된다. 이러한 맥락에서 직장에서 선호하는 직장인 상을 간추려 보면, 대체로 다음과 같은 특성을 들 수 있다.

- 성취 지향적이고 자율적이며 책임감이 투철한 사람을 선호한다.
- 직무를 원활히 수행할 수 있는 능력과 기술을 갖출 것을 요구한다.
- 애사심과 협동심을 요구한다.
- 원만한 인간관계를 맺을 수 있는 사람을 선호한다.
- 단정한 용모와 매너 있는 사람을 선호한다.

(2) 직장에서의 의사소통

① 직장에서의 의사소통기능
- 직장에서 의사소통은 조직과 팀의 효율성과 효과성을 성취할 목적으로 이루어지는 구성원 간의 정보와 지식의 전달과정이며, 여러 사람의 노력으로 공통의 목표를 추구해 나가는 집단 내의 기본적인 존재 기반이고 성취를 결정하는 핵심 기능이다.
- 자신의 생각과 느낌을 효과적으로 표현하는 것과 타인의 생각과 느낌, 사고를 이해하는 과정으로 조직이나 팀과 관련된 핵심적인 기능이다.

② 직장에서의 의사소통의 중요성
- 인간관계 특히 직장과 같은 조직 내에서 의사소통은 직장생활에서 필수이며 대인관계의 기본이 된다. 따라서 개인이 집단을 이루어 활동할 때 그 활동을 효과적으로 수행하기 위해서는 조직 구성원 간의 의사소통이 원활하게 이루어져야 한다.
- 조직의 구성원은 다양한 사회적 경험과 지위를 토대로 한 개인의 집단이므로 동일한 내용을 제시하더라도 각각 다르게 받아들이고 반응한다. 유동적이고 가변적인 요소이기 때문에 상호작용에 따라 다양하게 변형될 수 있다는 사실을 기억해서 의사소통해야 한다.
- 의사소통은 내가 상대방에게 메시지를 전달하는 과정이 아니라 상대방과의 상호 작용을 통해 메시지를 다루는 과정이다. 따라서 성공적인 의사소통을 위해서는 자신이 가진 정보와 의견을 상대방이 이해하기 쉽게 표현하는 것 뿐 만아니라 상대방이 어떻게 받아들일 것인가를 고려해야 한다.

(3) 직장생활을 성공적으로 하는 사람
- 직장은 단순히 특정한 목적을 달성하기 위해서 일하는 작업장이 아니라 삶의 보람과 욕구를 실현하는 곳이며 자아를 실현하는 곳이다. 직장 내에서 승진 할 수 있는 기회나 조직에서 구성원들에게 제공할 수 있는 자원은 한정되어 있기 때문에 직장인 간에는 필연적으로 경쟁관계가 내재되어 있다.
- 내면적으로 경쟁관계에 있는 서로 다른 사람들이 큰 목표를 달성하기 위해 함께 협력해야 한다는 모순적인 구조 때문에 직장생활은 만만한 일이 아니다. 게다가 직장인들은 성장과정, 생활의 배경, 개성, 생각, 그리고 신념 등이 서로 다른 성인들이 함께 생활하는 과정에서 많은 대립과 마찰 및 갈등을 경험하게 된다.

(4) 업무능력과 인간관계에 따른 직장인 유형

① **업무능력도 좋고 인간관계도 좋은 사람**

이런 사람은 함께 일하는 동료나 상사, 부하들이 기분 좋게 직장생활을 하면서 좋은 성과도 낼 수 있게 하므로 인기 있는 직장인이 될 수 있다. 직장인에게 필요한 두 날개는 업무 능력과 인간관계이다. 따라서 성공적으로 직장생활을 하려는 사람들에게 업무능력과 인간관계는 상관관계를 갖고 있으므로 두 가지 면을 다 갖춰야 한다.

② **업무능력은 좋은데 인간관계가 나쁜 사람**

이런 유형은 일은 잘하므로 인기가 있을 것 같지만 결과적으로 보면 직장생활을 성공적으로 하기 어려운 사람이다. 직장에서의 일은 여러 사람과 부서가 협력해서 진행되는 것이므로 혼자 아무리 일을 잘하고 열심히 해도 주변의 협력없이는 일의 성과를 내기 어렵고 단기적으로 일의 성과를 낸다 해도 장기적으로 주변에 사람이 없기 때문에 결국 직장생활에 적응하기가 어렵다.

③ **업무능력도 떨어지고 인간관계도 좋지 않은 사람**

이런 유형은 직장생활에 적응도 어렵고 직장에 피해를 주기 때문에 직장생활을 하기 어렵다. 취업을 했다가 얼마 가지 못해서 그만두기를 반복하는 사람들이 이러한 유형에 속한다.

④ **업무능력은 떨어지나 인간관계가 좋은 사람**

이런 유형은 직장에서 딜레마에 빠질 수 있다. 공통적으로 모든 직장에는 달성하려는 목표가 있다. 직장인들은 궁극적으로 목표를 달성하려는 일을 하므로 각자 자신이 맡은 일에 충실히 수행해야 한다. 그러나 업무능력이 떨어진 사람이 있으면 아무리 성품의 좋은 사람이라도 다른 동료들에게 피해를 주기 때문에 결국은 직장생활을 유지하기 어렵다.

(5) 직장에서 성공적인 인간관계를 위한 제언

모든 상황에서 바람직한 인간관계를 위한 절대적인 것은 없다. 그러나 직장에서 바람직한 인간관계를 형성하는 데 도움을 줄 수 있는 사항들을 이해하고, 이를 적절히 활용한다면 인간관계는 훨씬 부드럽고 긍정적인 관계로 개선하고 발전하여 직장에서의 성공 가능성은 보다 높아질 것이다.

- 상대방을 존중하고 칭찬하라
- 경청하고 자기를 개방하라
- 효과적인 의사소통 방법들을 적절히 이용하라

- 정직하고 성실하라
- 상호 간의 이해의 폭을 넓히고 협력하라
- 건설적인 비판을 수용하라
- 긍정적으로 사고하고 행동하라
- 유머감각을 살리고 융통성을 가져라
- 먼저 베풀고 친절하라

(6) 직장인이 경험하기 쉬운 문제점

한 직장에서 매일 접촉을 하며 인간관계를 형성하는데 연대의식이 형성되고 협동·단결의 계기도 되지만, 경우에 따라서는 의견충돌, 대립, 그리고 알력이 형성될 수도 있고 적대적 관계를 이루는 경우도 있을 수 있다. 직장인의 다양성으로 인한 갈등문제, 가면성, 그리고 자기중심성과 스트레스 측면에 대해서 살펴본다.

① 갈등문제 해결 전략

갈등은 조직 내의 개인 또는 집단 간에 대립, 경쟁, 그리고 술수로 인하여 의사결정이나 조직 발전에 지장을 초래하는 상태를 의미한다. 직장에서 개성이 다르고 사회적 배경이 다른 사람들이 공동생활을 하기 때문에 의견 일치를 본다는 것이 어려우며 자기주장이나 목표 달성을 위하여 투쟁하는 경우도 있다. 어느 정도의 갈등이 잘 관리되면 발전을 위한 새로운 계기가 될 수도 있지만, 악화되면 당사자는 물론 직장 전체의 발전을 저해하기도 한다.

- 개방적으로 행동하고 표현하라.
- 상대방의 말에 공감하고 지지하라.
- 적극적으로 대처하고 동등하게 대하라.
- 서로의 관심을 이끌어내고, 상대방의 관점에서 이해하라.
- 웃는 연습을 충분히 하라. 웃음은 갈등 해결의 시작이다.

② 갈등해결에 도움이 되지 않는 습관

- 중요한 내용을 들어야 하는 상황에서, 듣는 것을 방해하는 요소나 주의를 분산시키는 것을 제거하지 않고, 복잡한 생각들을 정리하지 않은 채 듣기를 시작한다.
- 상대방의 이야기를 들으면서 메일을 열어 본다거나, TV를 본다거나, 컴퓨터 작업을 하는 등 다른 일을 동시에 한다.
- 상대방이 무슨 말을 하게 될지 뻔히 알고 있다는 생각에 주의를 게을리한다.
- 상대방이 말을 더듬거나 잠시 멈추고 있으면 내가 문장을 끝맺어 버린다.
- 나는 선입견 때문에 잘 듣지 않는다.

- 상대방이 내 의견과 다른 말을 하거나 듣고 싶지 않은 말을 할 때 나는 참지 못하고 상대방의 말을 무시해 버린다.
- 말하는 동안 나는 마음속으로 반박할 말을 생각한다.
- 상대방이 말할 때 그들의 목소리나 어조, 자세, 또는 속도 등과 같은 비언어적 신호를 무시한다.
- 말한 것에 대해 다 이해한 것처럼 행동할지언정, 다시 한 번 말해 달라고 하거나 요점을 짚어 달라는 따위의 모험을 감수하지 않는다.
- 생각보다는 특정한 사실에 더 귀를 기울인다.
- 상대방이 너무 천천히 말하거나 대화가 지루해지면 나는 안절부절 못하게 된다.
- 대화와는 관련이 없는, 상대방의 옷이라든가 버릇 등에 더 관심을 가진다.
- 상대방이 말하는 동안 공상에 잠긴다.
- 나는 정말로 듣지는 않으면서 "맞아요"나 "아, 예" 등과 같은 말을 반복한다.
- 대화를 저해하는 행동 언어를 사용한다.(팔짱 끼기, 다리 흔들기 등)

③ **가면성**

가면성은 태도와 행동이 실제 마음과 다른 것을 의미한다. 직장에서는 보직과 승진문제가 있고 대우 받으려는 풍조가 강하기 때문에 속과 겉이 다를 때가 많다. 이러한 가면성은 인간관계를 풍부하게 하고 열심히 근무하도록 하는 힘이 된다. 이는 조직사회에서 목적을 달성하게 하고 공동생활의 기반을 튼튼히 한다. 물론 이러한 가면성은 어느 정도 까지는 유용한 작용을 하나 정도를 지나치면 발전의 저해요인으로 작용하게 된다. 따라서 가면성은 직장생활에서 필요하면서도 인간관계에 혼란을 야기할 수도 있기 때문에 가면성을 진실성으로 바꾸려는 노력이 필요하다.

④ **자기중심성과 스트레스**

자기중심성은 자기에게 주어진 일에만 열중하고 남의 일이나 시키지 않는 일에는 무관심 한 것을 의미한다. 원만한 인간관계가 중시되는 우리나라의 직장문화에서 이러한 자기중심은 적절하지 않다. 동료를 배려하고 팀워크를 중시하는 태도가 있어야 직장생활이 즐겁고 성공에도 도움이 된다.

스트레스는 가까운 관계에서 형성이 되는 경우가 많다. 직장에서 상사 또는 직원 상호간에 형성된 스트레스, 반복되는 업무에서 오는 스트레스는 육체적 피로, 불쾌감, 체력저하, 그리고 각종 직업병을 유발한다. 대부분의 직장인들이 술자리를 통해 스트레스를 풀기 때문에 건강을 해치는 경우가 많으므로 자신을 돌보면서 바람직하게 건전한 취미생활을 통해 스트레스를 해소할 수 있는 방법을 찾는 것이 중요하다.

5. 직장매너 & 실습

행복한 직장생활이 곧 나의 행복이고 가족의 행복이다.
행복을 위한 직장매너는 필수이며, 조직의 활성화를 위해 리더십과 팔로우십, 팀원 간의 협동, 애사심의 자세로 성실하고 활기 넘치는 직장생활을 위해 기본 역량을 다진다.
좋은 첫인상은 말투, 복장, 자세, 매너에서 형성된다. 매너실습을 통해 인사와 소개, 악수 및 명함 주고받기 등을 살펴보자.

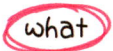

(1) 매너

- 매너의 어원 : 라틴어 manuarius에서 유래되었는데, manus와 arius라는 말의 복합어이다. manus란 영어의 hand 손이란 뜻으로 사람의 행동, 습관 등을 내포하고 있으며 arius는 방법, 방식을 뜻한다.
- 매너의 표현 : 매너는 사람마다 가지고 있는 독특한 습관, 몸가짐으로 해석되며 에티켓이 공공의 규율로서 '지킨다 또는 안 지킨다'라고 표현한다면, 매너는 '매너가 좋다 혹은 나쁘다'라고 말한다. T.P.O(시간, 장소, 상황)에 따라 행동하고 언제 어디서나 환영받고 좋은 매너를 갖춘 유쾌한 직장인이 되도록 노력하자.
- 매너는 에티켓을 외적 행동으로 표현하는 것이다.

> **tip**
>
> **좋은 매너**
> - 상대방을 편안하게 배려하는 행동 방식으로 원활한 인간관계를 형성한다.
> - 타인에게 호감을 주는 긍정적인 이미지를 형성한다.
> - 타인을 존중하는 행동이 표현되어 지속적인 관계 속에서 자존감이 형성된다.

(2) 에티켓

- 에티켓의 어원 : 공공의 안내판, 입간판의 의미로 고대 프랑스에서 공중화장실이 없어 아무데서나 볼일을 보는 국민들의 습관을 고치기 위해 나무 팻말(에티켓)을 붙였는데 기본 예의라는 뜻

으로 동사 'estiquer(붙이다)'가 '에티켓'의 어원이 되었다.
- 에티켓의 개념 : 원활한 사회생활을 위한 사회적 불문율이며, 상호 존중을 바탕으로 함께 공유하는 문화를 위한 사회적 약속이기도 하다. 또 사회가 원하는 장소와 상황에서 수긍하고 취해야 할 바람직한 행동 양식이다.
- 에티켓은 법적 구속력은 없지만 원활한 사회생활을 위해 지켜야 할 규범적 성격을 갖는다.

(3) 예의범절
에티켓과 매너가 합해진 동양적인 개념으로서 관습과 습관을 준수하여 상호 편의를 도모하고 합리적인 생활을 영위하는데 목적이 있다.

(4) 네티켓
네트워크(Network)와 에티켓(Etiquette)의 합성어로서 가상공간에서 올바른 공동체를 형성하기 위해 네트워크상 지켜야 한 예의범절이다.

* **SNS(Social Network Service)** : e-mail, 인터넷 통신미디어(홈페이지 Q&A) 등
  - 1일 이내로 답하며 역지사지로 답하라!
  - 작성지침 순서(첫인사 → 문제확인 및 공감 → 정보제공 및 추가정보안내 → 끝인사 → 오탈자 및 내용확인 후 발송/저장)

* **SMS(Short Message Service)** : 휴대폰 문자(메시지 전송)서비스
  - 10분 이내로 답하며 TPO매너를 지켜라!
  - 스마트의 본질은 무엇인가? 제 아무리 똑똑해도 본질은 '소통communication'일 것이다.

* **네티즌의 기본자세**
  - 인터넷 공간의 주체는 인간이며 공동체가 사용하는 열린 공간이므로 올바르게 사용해야 한다.
  - 인터넷상의 모든 사용자는 평등하므로 인권, 사생활, 개인 정보 등을 존중한다.
  - 건전한 정보만을 취급하고 해킹, 바이러스 유포, 허위사실 유포, 음란물 공유 등의 불법 행동은 하지 않는다.
  - 바른 언어를 사용하며, 가급적 실명을 사용한다.
  - 리플reply '댓글'에 비난하는 악플보다 용기주는 선플을 달자!

■ 매너실습

(why)

현대사회에서 지능지수IQ(Intelligence Quotient)보다 감성지수EQ(Emotional Quotient)가 높을수록 원만한 직장생활을 영위하고 있음을 보여주고 있다.
감성지수는 더불어서 함께 협력하는 인성이 바탕이 되어 타인의 감정이입도 할 줄 알며 적응능력이 뛰어나 상호보완interaction 하며 직장생활을 훌륭하게 해낼 수 있기 때문이다.
직장인으로서 상사와 부하직원 간의 관계 속에서 기본적으로 중요한 것은 학벌이 아니다. 실력도 아니다. 자신이 선택하고 담당한 일은 성실하게 하고 책임질 줄 아는 태도이며 간과할 수 없는 가장 중요한 요소는 여러 사람들의 관계 속에서 주변 사람을 존중하고 배려하는 인성과 매너인 것이다.

(what)

(1) 인사매너

① 인사 의미
- 사람 인(人) + 일 사(事), 즉 사람이 마땅히 해야 할 일을 뜻한다.
- 인간관계의 첫걸음으로서 기본적인 예의이며 매우 중요한 역할을 한다.
- 자신의 인격과 교양이 외적으로 나타나고, 상대에 대한 존중과 감사의 표현이다.
- 인사만 잘 해도 성공한다.

② 인사종류
- 목례(눈으로 예의) : 업무 통화 중, 양 손에 무거운 짐, 모르는 사람,
- 약례(15도 약식인사) : 협소한 공간, 불편한 장소, 여러 차례, 손아랫사람이나 동료, 회의나 면담의 시작과 끝에 하는 인사
- 보통례(30도 정식인사) : 가장 많이 하는 인사로서 손님, 상사를 만나고 헤어질 때, 보편적으로 하는 인사
- 정중례(45도 정중인사) : 감사와 사과의 뜻을 전할 때, VIP고객이나 직장의 CEO를 맞이할 때, 면접이나 공식석상에서 첫인사

③ 인사매너는 필수(밝게, 언제나, 먼저, 계속해서)
- 인사는 내가 먼저한다.
- 밝은 표정과 목소리로 상대방을 쳐다보며 분명하게 인사말을 건넨다.
- T.P.O를 고려하여 진심에서 우러나오는 인사를 한다.
- 상체를 굽혀 인사할 때보다 상체를 천천히 올린다.
- 계단 아래에 윗사람이 있을 때는 신속하게 아래로 내려가 윗사람 앞에서 인사한다.

④ 공수자세
- 의식행사나 어른 앞에서 공손한 자세로 행사 성격에 맞게 취하는 자세이다.
- 엄지손가락은 엇갈려 깍지끼고 네 손가락을 모아서 포갠다.
- 평상시 남자는 왼손이, 여자는 오른손이 위로가도록 한다.
- 흉사에는 반대로 한다(단, 제사는 조상을 받드는 좋은 일이므로 평상시와 동일함).

(2) 악수매너
- 비즈니스 관계에서 친근한 정을 표현하는 관계 형성의 첫도구이다.
- 순서는 손윗사람이 손아랫사람에게, 여성이 남성에게, 상급자가 하급자에게 한다.
- 방법은 적당한 거리를 유지하고 원칙적으로 오른손으로 한다.
- 바른 자세와 미소로 상대방 눈을 보며 손을 잡고 2~3번 상하로 적당하게 흔든다.
- 상대방이 악수를 청할 때 남성은 반드시 일어나야 하지만 여성은 무방하다.
- 손이 더러울 경우에 양해를 구한 후 닦고 하거나 인사로 대신한다.
- 방한용 장갑은 반드시 벗어야 하지만, 여성의 경우 드레스와 함께 연출하는 장갑은 벗지 않아도 무방하다.

    Distance
    Eye-Contact
    Smile/자신감 넘치게
    Rhythm & power
    손윗사람이 아랫사람에게
        -악수의 교양-

(3) 명함매너
- 자신의 소속과 성명을 알리고 증명하는 중요한 역할을 한다.
- 명함 건네는 순서는 아랫사람이 윗사람에게, 방문자가 상대방에게(고객이 방문했을 경우는 직원이 고객에게) 먼저 건넨다.
- 명함은 선 자세로 상반신을 약간 기울이며, 공손히 드린다.
  (동시교환은 오른손으로 건네고 왼손으로 받은 후 받쳐든다)
- 자신의 이름을 상대방이 바르게 볼 수 있는 방향으로 건넨다.

> **tip**
>
> 📕 명함매너 주의사항
> - 주머니 여기저기 찾다가 보관상태가 좋지 않은 명함을 건넨다.
> - 받은 명함을 아무데나 방치하거나 그냥 둔다.
> - 상대방 앞에서 명함에 낙서하거나 훼손한다.
> - 상대방에게 이름을 말하거나 자기소개를 하지 않고 명함만 건넨다.
> - 명함으로 부채질하거나 장난친다.

(4) 소개매너
- 소개는 사교의 시작이며 사회생활에서 상호 관계를 형성하는 역할을 한다.
- 소개 순서는 손아랫사람을 손윗사람에게, 연소자를 연장자에게, 이성 간에는 남성을 여성에게, 집안사람을 손님에게, 직장 후배를 상사에게 먼저 소개한다.
- 직위, 성별 등이 혼합된 다수의 사람이 있을 경우는 각자 소개하는 것이 효과적이다.
- 한 사람을 여러 사람에게 소개할 경우는 한사람을 먼저 소개한다.
- 소개 시, 모두 일어나는 것이 원칙이나 환자나 고령자는 일어나지 않아도 된다.

(5) 전화매너
- 비즈니스 전화 응대는 제1선 접점으로 고객과 처음 만나는 순간이다.
- 고객과 기업을 연결하는 매우 중요한 연결통로이다.
- 친절한 전화응대는 기업의 첫 이미지를 긍정적으로 형성하고 기업의 브랜드 이미지를 향상시킬 수 있다. 고객은 전화응대를 통해 기업의 서비스의 질과 신뢰성을 판단한다.
- 보이지 않는 커뮤니케이션으로 전달해야 하므로 말투, 억양, 속도, 크기 등을 잘 활용하고 용건을 확인하고 반드시 복창을 해서 오해가 발생하지 않도록 한다.

- 예고 없이 찾아오는 고객(비대면)을 당황스러운 상황에서도 의연함을 잃지 말고 감정 조절한다.

① **전화응대 기본자세**
- 바른 자세로 상대방과 마주 대화하듯이 응대한다.
- 신속(요점 정리해서 간단 명료)하게 전달한다.
- 정확(분명한 발음, 이해하기 쉬운 용어, 속도)하게 전달하며 중요한 부분은 반복해서 확인하고 강조한다.
- 친절(대면 응대 상황보다 더욱 상냥한 목소리)하게 응대하며, 잘못 걸려온 전화라도 잠재고객이 될 수 있으므로 항상 정중하고 친절하게 응대한다.
- 전화 걸기 전에 상대방의 소속, 직급, 이름 등을 미리 파악하고 전달할 내용은 육하 원칙에 의거하여 일목요연하게 정리한다.
- 통화 도중 전화가 끊겼다면 상사나 고객일 경우 연락처를 알고 있다면 먼저 거는 것이 예의이다.
- 전화가 잘 들리지 않을 경우에 '뭐라구요? 크게 말하세요'라는 표현 보다는 완곡하게 '좀 멀게 들립니다만 제가 다시 걸어도 되겠습니까?'라고 말하고, 결정은 상대방이 하도록 한다.
- 책상에는 항상 메모할 준비를 한다.

② **전화응대 시 주의사항**
- 소극적이고 불분명한 인사로 내키지 않는 태도로 '누구세요?'
- 불친절하고 무성의한 응대 및 마지못한 답변
- 양해 없이 오래 기다리게 하는 행위
- 통화 중에 옆 사람과 이야기 하는 행위
- 일반적으로 말하고 전화를 툭 끊는 행위

> **tip**

- 메모습관/기록은 기억을 지배한다.
  글자로만 기록하는 것이 아니라 기호와 자신만의 암호를 정해 더욱 간단하고 신속하게 메모하고 전달하는 습관은 필수이다.
- 비서업무/데이터베이스를 만들어 관리한다.
  메모 내용, 관련 자료를 주제별로 분리, 문서 보관 상자에 넣어 업무에 활용한다.
- 전화응대 3.3.3기법
  - 전화가 3번 울리기 전에 받는다.
  - 전화 내용은 3분 이내로 한다.
  - 전화는 상대방이 끊은 후 3초 후에 내려놓는다.

(6) 상석의 기준

① 레스토랑
- 상석의 방향은 동서남북을 기준으로 북쪽이 상석
- 의전 기준의 기본은 오른쪽이 상석
- 상석은 입구에서 먼 곳
- 경치가 좋은 자리나 그림이 보이는 곳
- 소음이 적은 곳 등 심리적으로 안정을 줄 수 있는 곳
- 상사의 자리가 정해져 있는 경우, 상사와 가까운 자리나 오른쪽이 상석
- 레스토랑에서 웨이터가 먼저 의자를 빼주는 자리

② 자동차 탑승매너
- 운전자가 따로 있을 경우 = 운전사의 대각선 뒷좌석이 최상석이고, 운전사 뒷좌석이 후순위, 운전기사 옆이 말석
- 차주가 운전을 하는 경우 = 운전석 옆 좌석에 나란히 앉는 것이 매너이고, 운전석의 뒷좌석이 말석

  ＊ 기차 탑승매너 상석의 순서는 열차의 진행방향으로의 창가 → 맞은편 창가 → 진행 방향으로 통로좌석 → 맞은편 통로좌석 순

6. 직장인 매너

인간은 사회적 존재로서 현대사회의 급격한 변화 속에서 신체적·정신적 적응을 이루고 보다 인간다운 삶을 유지하기 위해서는 바람직한 인간관계의 확립과 사회적 적응이 필요하다. 이러한 맥락에서 매너는 자신을 바로 세우고 원만한 인간관계를 위한 약속이자 사회적 규범으로써 개개인이 반드시 갖추어야 할 바람직한 태도이다.

집단(2명 이상)에 속해 있는 사람들은 자신들이 속해 있는 집단의 규범을 지켜야 한다. 집단의 규범은 집단 활동의 질서를 확립하기 위해 구성원에 의해 설정된 표준 또는 규칙인 만큼 반드시 지켜져야 하며, 이러한 규범이 곧 집단 내의 개개인 행동의 기반이 된다. 따라서 직장에서의 개인들은 다른 사람과의 관계를 고려하지 않으면 안 되므로 직장인 상호 간에 지켜야 할 행동규칙과 규범, 그리고 직장인으로서 갖추어야 할 매너가 있다.

(1) 직장인의 셀프 체크
- 출근 전, 용모. 복장 점검/업무 효율성 고려
- 업무 전, 거울보기/건강한 얼굴색, 넥타이는 똑바로
- 15~30분 일찍 출근/하루 설계를 여유 있게 준비
- 출근 시, 아침인사는 밝고 크게/밝은 분위기 조성
- 결근 연락은 상사에게 본인이 직접
- 상사가 부르면 즉시 '예'하고 신속 정확하게 행동
- 상사가 말할 때 끼어들거나 말참견 금지
- 업무 중 주변을 깨끗이 정리정돈/올바른 마음가짐과 자세
- 업무 중 사적인 대화와 개인직인 일 금지
- 오랫동안 자리를 비우지 말고 화장실에서 잡담은 금물
- 외출 전과 후, 상사에게 결과 보고
- 업무 지연(차질 발생)시, 중간보고는 필수
- 퇴근 시, 정리 및 전자기기 소등과 문단속 점검
- 상사보다 먼저 퇴근 시, 양해를 구한 후 인사

(2) 직장인 커뮤니케이션
 ① **상사로서의 매너, 상사에 대한 매너**
  조직에서의 인간관계는 조직의 목표와 개인의 목표를 조화롭게 통합하는 것이다. 만일

상사가 직원의 생각, 만족, 사기, 그리고 복지는 고려하지 않고 조직의 목표 달성만을 위해 희생만을 강요하고 구속한다면 더 이상 조직을 유지하기는 어려울 것이다. 마찬가지로 부하도 상사가 늘 잘해 주기만 바란다던지 일하는 것에 비해서 봉급만 많이 받기를 원한다던지 불평불만만 늘어놓는다면 직장 생활을 하는 데 상당한 어려움을 겪을 것이다. 상사와 부하가 상호 간에 적극적인 관심과 참여, 책임을 함께 나눌 때 바람직한 인간관계가 성립될 수 있다.

직장에서 직장의 분위기나 집단 의사결정에 보다 큰 영향을 미치는 사람은 상사이다. 따라서 상사는 부하들이 효과적으로 일할 수 있는 환경을 제공해 주어야 한다. 상사라고 해서 집단이 달성한 공적이나 아랫사람의 공적을 가로채서는 안 된다. 또한 정직하고 공정한 태도, 즉 조직의 업무처리에 있어서 공정한 인사관리, 합리적 의사결정, 그리고 공정한 업무처리가 되도록 해야 한다.

상사일지라도 자신을 낮추고 상대방에 대한 관심과 존경이 필요하다. 또한 그날그날 기분에 따라 부하들을 대하는 태도가 달라지거나 자신이 갖고 있는 고정 관념이나 편견에 얽매여 상대방을 판단해서는 안된다. 칭찬과 질책을 조화롭게 이용하는 것이 바람직하며, 질책을 할 경우 상대방의 인격에 대한 배려를 잊어서는 안 된다. 상사의 인격적 대우, 따뜻한 마음은 부하에게 그대로 전달된다. 바람직한 인간관계는 상호작용에 의한 상대방의 긍정적인 마음에서 시작된다. 상사와 부하가 서로를 인격체로 존중하지 않는 한 서로에 대한 신뢰 형성은 어렵다. 상사는 부하를 이해하고 부하의 어려움을 간파해야 하며, 부하는 상사에게 배우려는 자세로 명령을 수령하고 보고체계를 잘 지킨다. 부하로서의 도리와 책임을 다해야 하며, 상사의 가치관, 업무처리 방식, 대화 스타일 등을 파악하고 대응한다.

② **동료직원에 대한 매너**

직장생활을 하는 데 있어서 상하관계뿐만 아니라 동료들과 관계가 원만해야 조직생활을 유지해 나갈 수 있다. 상사에게는 잘하면서 동료들로부터는 신임을 받지 못하는 사람, 동료들로부터 신임을 받지만 상사에게서 인정을 받지 못하는 사람, 양자 모두 문제이다. 또한 조직 내뿐만 아니라 조직 밖의 관계도 좋아야 한다. 직장에서 생활하다 보면 동료들 간의 경쟁을 피할 수 없는 것이 현실이다. 모든 경쟁은 선의의 경쟁이어야 한다. 불공정 수단에 의해 공정치 못한 경쟁이 이루어진다면 상호 간의 신뢰 회복이 어렵게 된다. 페어플레이 정신을 갖고 진정한 선의의 경쟁이 이루어질 때 조직의 발전이 이루어질 수 있다. 더불어 개인플레이도 중요하지만 팀워크가 보다 중요하다는 것을 잊어서는 안된다.

상호 협력하는 마인드와 자세로 동료의 업무에도 관심을 갖고 업무 연관성을 숙지하며, 동료가 없는 곳에서 험담하지 않는다.

③ **여직원에 대한 매너**

현대사회는 여성의 직위가 높아지고 여성들의 직업활동이 점점 늘어나고 있다. 과거에는 직장에서의 여성의 역할이 예속적이었다. 그러나 이제 그 역할은 크게 달라졌으며, 여직원에 대한 태도도 달라져야 한다. 남성 위주의 여성 차별의식을 없애고 여사원 대해서 성적 조롱이나 비하하는 언행을 해서는 안된다. 남성들도 이제 여성을 함께 일해야 할 동등한 동반자로서 인식해야 한다. 마찬가지로 여성 자신들도 사회의 한 구성원으로서 당당하게 업무에 임해야 한다. 매사에 성실하지 못하고 이기적이며 평상시엔 남녀평등을 부르짖다가 힘든 일이나 곤란한 일이 생기면 여자니까 봐달라는 기회주의적 태도, 자기관리도 못하면서 사치나 일삼고 단정하지 못하고 게다가 센스조차 없다면 직장 여성으로서 결코 좋은 점수를 받을 수 없을 것이다.

④ **후배직원에 대한 매너**

매사 솔선수범하는 자세로 직무의 어려움을 들어주고 노하우를 공유하며 리더십을 갖는다.

⑤ **사무실 매너**

좁은 공간에 온종일 부딪히다가 보면 별것 아닌 일에도 상대방의 신경을 건드리게 되는 경우가 종종 있다. 따라서 직원들 상호 간에 지켜야 할 매너가 더욱 중시되는 공간이 바로 사무실이다. 용모단정, 예의바른 행동, 상대방을 존중, 그리고 배려하는 태도가 절실히 요구되는 곳이다. 또한 근무 중 조퇴나 결근 시에는 반드시 사유서를 제출하거나 미리 연락을 해야 한다. 외출 시에는 행선지를 알리고 연락이 취해질 수 있도록 해야 하며, 사적 외출은 삼가야 할 것이다.

tip

- 직장인 품위의 끝은 태도ettitude이다.
- 직장인의 정장 차림에 노 메이크업(no makeup)은 실례이다.
  (밝고 건강하게 보이도록 자연스러운 메이크업을 한다)
- 압존법 : 최상급자에게 상급자를 호칭할 때, 압존법을 사용한다.
  상급자는 나보다 지위, 나이 등을 고려하여 높여야 할 대상이지만 현재 듣는 사람이 더 높을 때에는 상급자에 대한 높임말을 줄여서 말한다.
  예 "사장님, 김 부장이 지시한 일을 보고 드리겠습니다."
- 인간관계에서 바로 드러나는 것은 비언어적 커뮤니케이션이다. 말이나 글로는 포장할 수 있으나 얼굴 표정, 태도, 말투, 자세의 표현은 거짓말 할 수 없기 때문이다.
- A Smile is the Best Makeup!

> tip

- 매너 실종 사례 : 때론 매너가 실력보다 중요할 때가 많다!
  - 전화, 문자, 스킨십 등 민폐 끼치는 사람들 때문에 공연 관람이 힘들다.
  - 규제 없고 개인의 양심과 시민의식에 의존하고 있는데 10명 중 9명 피해 경험 있다.
  - 대중교통 이용 시, 벨 소리 및 큰소리로 통화하는 매너, 다리 꼬고 앉아 있거나 쩍 벌리고 있는 사람, 백팩족, 등산팩, 스틱이 위협이 되는 사례도 종종 볼 수 있다.
    - 미국은 공연 중 벨 소리 울리면 최대 50달러 벌금, 일본은 전파 차단기 설치되어 있다고 한다.
- 호텔·관광·외식관련 서비스업의 미래
  - 호텔 및 외식업체는 '겉보기 등급'과 실제 업무의 온도차가 큰 직장이라고 한다.
    외적으로는 화려한 건물과 쾌적하고 고급스런 인테리어, 호텔리어의 세련된 매너와 우아한 미소 뒷면에 고된 업무가 숨어있기 때문이다.
  - 최고의 서비스인 답게 프로의식을 갖고 고객을 최고로 응대하는 태도와 자세를 익힌다.
- '우리는 신사숙녀를 모시는 신사숙녀' -리츠칼튼 호텔-
  (고객과 직원에 대한 존중이 배어 있다)
  - 한국의 서비스매너가 세계 속에서 관심을 받고 있다.
    (호텔관광과 외식 관련학과 성장세가 빠름/해외 유명 체인 호텔에서 러브콜)
    - 동남아식 서비스 : 무릎 꿇을 정도로 극진함
    - 미국식 서비스 : 친구 같은 친근감
    - 한국 서비스 : 먼저 알아차리고 배려하는 센스(동남아시아와 미국의 중간)
      손님을 사로잡는 한국스타일의 서비스 매너
  - 한국인 해외여행객의 증가로 인해 일자리 창출
    (전 세계에 한국인 호텔리어 일자리가 늘어나는 선순환으로 작용)

* **최적화된 서비스인의 태도**
- 고단하지만 서비스의 프로답게 봉사정신으로 보람을 느낀다.
- 고객을 응대할 때, 항상 초심을 잊지 말고 건강한 긴장(유스트레스/Eustress)을 즐기며 자기관리를 철저히 한다.
- 오감만족 콘텐츠 계속 발굴하고 재도약해야 한다.

7. 의전 실무

(1) 의전의 개념 및 목적
- 예를 갖추어 베푸는 각종 행사 등에서 행해지는 예법
- 조직이나 국가 간에 이루어지는 예절
- 국가가 관여하는 공식행사에서 지켜야 할 규범
- 고위급 인사의 방문, 영접 시 행해지는 국제적 예의
- 기업에서 의전 대상은 대내외적 업무지원 활동 중, 최고 의사결정권을 가진 임원 및 사외이사와 동등한 위치에 있는 자에게 적용되는 예절활동
- 행사의 목적을 달성하기 위해 의전 상, 사전 철저한 준비가 필요

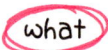

(2) 의전의 5R

① **상대방에 대한 존중(Respect)**
의전은 상대 문화와 상대방에 대한 존중과 배려가 기본

② **상호주의 원칙(Reciprocity)**
상호(호혜)주의는 상호 배려의 다른 측면으로 내가 배려한 만큼 상대방으로부터 배려를 기대하는 것(의전에서는 국력에 관계없이 모든 국가가 1대 1의 동등한 대우를 해야 하며, 의전상 소홀한 점이 발생했을 경우, 외교 경로를 통해 상응하는 조치를 검토)

③ **문화의 반영(Reflecting Culture)**
의전의 격식과 관행은 특정 시대, 특정 지역의 문화를 반영.
시대적, 공간적 제약(인도문화 반영/소고기, 스테이크를 대접하는 것은 결례)

④ **서열(Rank)**
의전 행사에 가장 기본이 되는 것은 참석자들 간에 서열을 지키는 것

⑤ **오른쪽 우선(Right)**
오른쪽 우선의 원칙으로 단상 배치 기준
'Lady On The Right', 차석(No.2)은 VIP(No.1)의 오른쪽에 위치

(3) 행사 진행

① 행사 계획
　행사 시작부터 끝까지 진행시간과 참가인의 행동요령을 구체적으로 제시

② 세부 계획
- 내빈 안내
- 입장 및 퇴장 계획
- 모든 행사참가자의 입장과 퇴장시간, 출입통로 및 출입문, 주차장, 출발지 및 출발시간을 입, 퇴장 시간 순으로 상세히 작성.
- 귀빈 도착(기수단) 30분 전 모든 참가자의 입장이 완료.
- 참가자 및 차량 동원 계획
- 업무 분장 및 준비 일정
- 우천 시 대비 계획

③ 행사장 준비사항
- 식장
- 행사요원은 가급적 복장을 통일.
- 행사장식물 설치 : 옥외행사의 경우 홍보 탑과 현수막 등 최소한의 홍보물 설치
- 테이프 절단
  - 건물의 주 출입구 앞이 일반적
  - 적색, 청색, 황색, 흑색, 백색 등 5가지 색, 천 테이프 사용
  - 가위와 흰 장갑을 여유 있게 준비. 쟁반에 담아 참가인사 방향으로 전달

> **tip**
>
> ▎식음료 서비스 및 어텐션(Attention)
> - 늦게 참석한 손님은 성명을 확인, 조용히 좌석으로 안내
> - 일찍 퇴장하는 손님은 사전에 부탁받은 시간에 서비스 담당자는 손님에게 시간 안내
> - 스피치 손님의 객석과 순서를 미리 파악
>
> ▎연회 서비스의 종류
> 칵테일 파티, 뷔페 파티, 스탠딩 뷔페 파티, 테이블 뷔페 파티

상식코너

1. 컨벤션 및 회의형태

* **컨벤션의 중요성**(굴뚝없는 산업, 무공해 산업)
  - 신종 관광산업으로 부상
  - 컨벤션산업의 수요 증가
  - 국민소득의 증대, 지역 경제의 활성화, 내수경기의 확대, 개최지역의 이미지에 기여

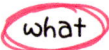

(1) 컨벤션의 정의
  - con은 라틴어 cum(=together), vene는 라틴어의 venire(=to come)의 합성어 '함께 와서 모이고 참석하다'는 의미
  - 3개국 이상에서 공인단체 대표가 참가하는 정기적 혹은 비정기적 회의
  - 사회단체 및 사업, 무역에 관련된 모든 회의, 정부 간에 이루어지는 모든 회의

(2) 회의 형태별 분류
  - 포럼=상반된 견해를 가진 동일분야의 전문가들, 사회자의 주도, 청중 앞에서 벌이는 공개토론회
  - 컨퍼런스=두명 이상의 사람들, 구체적인 특정 주제를 다루는 회의, 새로운 지식습득, 새로운 분야의 연구
  - 심포지엄=포럼과 유사, 제시된 안건에 관해 전문가들이 다수의 청중들 앞에서 벌이는 공개토론회. 포럼에 비해 다소의 형식을 갖춤, 참여한 청중들의 질의나 참여 기회 제한
  - 세미나=교육 및 연구목적을 가진 소규모적 회의, 한 사람의 주도하에 정해진 주제에 대해 발표·토론
  - 워크숍=30명 내외의 소규모 인원이 특정 이슈에 대한 지식을 공유
  - 콩그레스=유럽에서 사용되는 국제회의, 사교행사와 관광행사 등의 다양한 프로그램 동반하는 회의

- 렉처=한 명의 전문가가 청중들에게 특정 주제를 강연(강의)
- 클리닉=소집단을 대상으로 교육하거나 훈련시키는 것
- 패널=2명 이상의 강연자를 초청, 전문지식과 관점을 청취하는 것
- 전시회=컨벤션과 전시회는 일반적으로 협업(collaboration), 병행하여 개최, 시너지효과를 기대

tip

- CVB(컨벤션뷰로), (Convention and Visitors Bureau) 공공조직/비영리 목적
  ⇔ PCO(Professional Convention Organizer) 대행/영리업체
- PCO(Professional Convention Organizer)
  - 컨벤션 기획사, 영리 업체
  - 국제회의 개최 사전 준비
    - 회의의 성격과 특성 및 취지 파악, 회의 개최일자 결정
    - 행사 지원 기관 검토. 이전 회의의 경험 반영
    - 재정 확보. 인적 요원의 확보
    - 회의 참가 홍보 활동의 전개
  - 국제회의 개최 기획과 분과위원회 구성 및 진행
    - 공식적인 담당 요원 선정. 회의 명칭 및 주제 결정
    - 개최지 선정. 회의 공식 일정 결정
    - 참가 예상 인원. 회의장 선정
    - 숙박 장소 선정. 수송 계획 확립
- DMC(Destination Management Company) 지역 컨벤션 대행업체
  - 도시마케팅을 위한 지역 내 전문 기구, 영리 목적
  - 영리를 목적으로 하는 PCO와 같은 업무를 하면서 행사 시설, 임대, 정보, 숙박, 관광, 서비스 업무를 연결

(1) 회의실의 배치 설계

극장식 배치, 강당식 배치, 암체어 배치.

(2) 회의실의 준비 자료
- 전체 회의 프로그램
  - 각 프로그램은 많은 참가자를 유도할 수 있도록 다양하고 효율적으로 구성.

- 컨벤션 기간 중 참가자의 행동요령의 지침.
- 회의 일정을 한눈에 보기 쉽도록 작성.
- 파손되지 않고 휴대가 간편하도록 제작.
• 회의 취지 요약과 참가자 명부 작성
  - 회의 취지를 알릴 수 있는 안내문 고지
  - 누가 참가하느냐에 따라 참가자 수가 달라질 수 있어 예상 참가자 명단을 작성

(3) 등록 관리록 및 숙박 관리
• 참가자의 국적, 소속, 지위, 성명 등 인적사항, 연락처, 참가 목적 등의 정보
• 본부 보관용, 조직위원회의 사무국 보관용, 참가자의 등록보관용으로 구분
• 등록자 명단, 참가자 숙박정보 등을 데이터베이스로 구축
• 사전등록＝참석자 참여도 높이고 당일 혼잡성 피할 수 있고 비용 예측시간 절약, 규모 인원 예측 가능, 예산 편성용이

2. MICE 산업

＊MICE 산업의 활용
• MICE 산업은 넓은 의미에서 비즈니스 관광으로 간주
• MICE 산업 자체의 산업뿐만 아니라 숙박과 식·음료, 교통·통신과 관광 등 다양한 산업이 연관되어 발생

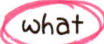

＊MICE 산업의 정의
기업회의Meeting, 포상관광IncentiveTour, 국제회의Convention, 전시Exhibition를 유치하고 서비스를 제공하는 과정과 관련시설을 통칭하는 용어

(1) Meeting(기업회의)
외국인 10인 이상의 참가자가 참여하여 4시간 이상 진행되는 국제적 기업 회의

(2) Incentive Tour(포상 관광)
• 구성원의 성과에 대한 보상 및 동기 부여를 위해 비용의 전체 혹은 일부를 조직이 부담

하는 포상 관광
- 상업용 숙박시설에서 1박 이상의 체류. 포상 관광의 내용은 휴양 및 교육을 포함, 오락적 부분이 강조되어 목적지·개최지 선택에 있어 중요한 결정요인이 되기도 함

(3) Convention(국제회의)

Meeting보다 규모가 큰 3개국 10명 이상이 참가하여 정보교환, 네트워킹, 사업 등의 목적이 있는 회의

(4) Exhibition(전시회)

제품의 홍보 혹은 판매하기 위하여 정해진 장소에서 관람객과 잠재적 바이어에게 제품을 전시, 홍보, 거래 등의 활동을 하는 것

－한국생산성본부 주관, 「SMAT 모듈 A」, 박문각, 2017 참조－

* MICE 산업의 특징

(1) 공공성
- 정부와 지역사회의 적극적인 참여가 필요함을 의미
- 막대한 비용이 필요하며 건립 이후에도 꾸준한 지원이 필요

(2) 지역성
- 지역의 고유한 관광, 문화, 자연 자원 등의 특성을 바탕
- 지역의 다른 산업들과의 연계를 통하여 이루어짐을 의미
- 지역 홍보수단으로 사용

(3) 경제성
- 경제적으로 높은 파급효과를 가져옴
- 1차적 경제적 파급효과＝관련 시설의 건설과 투자, 생산 및 고용 유발
- 2차적 경제적 파급효과＝숙박, 유흥음식, 관광레저 등을 이용, 고용 및 소득 증대, 지역의 세수 증대 등 지역 경제 활성화를 도모

(4) 관광 연계성

MICE 산업 참가자들이 행사 중간이나 이후 관심 있는 관광 프로그램에 참여

3. 경제 마케팅

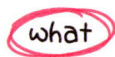

* **'파레토 법칙'과 '롱테일 법칙'**
  - 파레토 법칙Pareto's principle은 80 대 20 법칙으로 불리며 오랫동안 대중적인 마케팅 기법으로 인식되어 왔다. 상위 20%의 매출을 차지하는 베스트셀러best seller 또는 블록버스터blockbusters 상품이 전체 매출액의 80%를 차지하기 때문에 히트 상품을 중심으로 한 전통적인 마케팅 전략을 지원하는 기반으로서 20%에 노력을 집중함으로써 효율적인 경영을 주장해 왔다. 즉, 상위 20%의 단골 고객층이 전체 매출의 80%를 점유하기 때문에 이들을 타깃target으로 한 소위 VIP 마케팅이 바로 파레토 법칙에서 나왔다.
  - 롱테일 법칙long tail principle은 인터넷 2.0 시대가 도래하면서 역(逆)파레토 법칙이라고 하고 있다. 파레토 분포 상에서 매출의 80%를 담당하는 상위 20%의 제품을 머리head로, 매출의 20%를 담당하는 하위 80%의 제품을 꼬리tail라고 불렀다. 머리head는 소위 히트제품으로서 주력제품을 의미하며 꼬리는 다수의 틈새상품niches으로 설명한다. 긴 꼬리에 해당하는 소홀히 취급받았던 틈새상품도 기업의 매출에 매우 큰 영향력을 발휘할 수 있게 되었다(80%의 '사소한 다수'가 20%의 '핵심의 소수'보다 뛰어난 가치를 창출한다).

(1) 전통적인 마케팅에서는 물리적인 유통공간이 필요하기 때문에 히트 상품을 선반의 가장 좋은 자리에 진열하게 되고 틈새 상품은 전시 공간에서 밀려날 수밖에 없었다.

그러나 인터넷 시대가 도래하면서 상품을 전시하는 공간에 제한을 받지 않고 소비자가 필요한 상품을 손쉽게 검색할 수 있게 되면서 오랫동안 소홀히 취급되었던 틈새상품은 단기적으로 적은 매출량을 나타내지만 장기간 긴 꼬리를 합산하면 상당한 매출량이 된다는 것을 의미한다. 장기간 누적 매출액은 기업의 매출 증대에 매우 중요한 역할을 하게 되었다(사소한 꼬리가 몸 전체를 흔든다. 가늘고 길게 살아남는다).

(2) 공급자 측면의 관점의 롱테일 효과Long tail effect는 인터넷 온라인상에서는 상품을 진열할 수 있는 공간이 무한하고 진열 비용이 들지 않기 때문에 나타난다('무한 선반 공간 효과' 앤더슨, 2004).

(3) 소비자 측면의 관점은 인터넷 상거래에서 검색 도구, 브라우징 도구, 추천시스템 등이 니치 상품

niche products에 대한 수요를 지속적으로 증가시킬 수 있다는 점이다(소비자는 웹 2.0을 기반으로 한 인터넷에서 손쉽게 원하는 상품을 검색할 수 있으며 추천시스템에 의해 다른 소비자와 의견을 공유할 수 있기 때문이다).

* 현실적으로는 시장이나 제품의 특성에 따라 파레토 상품과 롱테일 상품으로 구분할 수 있을 것이다. 기업에서는 제품 포트폴리오 portfolio를 전략적으로 관리해 기업의 전체 매출을 최대화하는 노력이 필요할 것이다. 따라서 제품의 종류, 소비자의 특성, 정보기술의 발달 등 다양한 변수가 매출에 영향을 미치게 되기 때문에 기업에서는 이러한 변수를 잘 파악해 실무에 응용해야 할 것이다.

－[네이버 지식백과]에서 일부 발췌함 : 롱테일 법칙과 파레토 법칙
(소셜 미디어와 SNS 마케팅, 2015.11.1, 커뮤니케이션북스)－

4. 소비 경향의 변화

(1) 저성장, 고물가, 저소득 시대의 소비 경향

- 합리적인 소비, 가치소비, 똑똑한 소비 중심으로 변화되고 있다.
  가격대비 품질 및 성능이 좋은 인기 용어 및 업체 : 균일가 샵, 다이소, 다있어, 핫플레이스, 완전득템 등
- 가성비에 가심비를 더하다 : '플라시보 소비 placebo consumption'
  불신·불안·불황의 3불에 시달리는 소비자가 가성비(가격 대비 성능)를 따질 때, 그 성능의 가장 중요한 측면은 바로 심리적인 안정과 만족에 있다.
  따라서 최근의 소비성향은 단순히 제품의 성능이 아니라, 가격 대비 '마음'의 만족(가심비)를 추구하고 있다.
- '매력'이 핵심 경쟁력으로 등장한 시대가 왔다.
- 같은 가격, 같은 성능의 제품도 소비자가 마음 가는대로 선택하는 것은 '매력' 정도에 따라 갈라질 것이다. 기업에서는 '가심비'를 확보하기 위한 대안으로 '매력'을 증진시켜야 하겠다.

(2) 일과 삶에 대한 새로운 가치관

- 워라밸(Work and Life balance 앞글자를 딴 신조어)
- 일과 개인 삶의 균형을 뜻한다. '저녁이 있는 삶' 등 삶의 질을 중시하는 사회 분위기가 확산되면서 많은 월급이나 명예보다 '워라밸'을 직업 선택의 1순위로 꼽는 젊은이가 늘고 있다.
- 연봉보다 나만의 시간 여유 중시
  - 가끔은 '나를 위한 투자 필요해'
  - 퇴근 후는 내일을 위한 휴식시간이 아닌 '오늘의 행복을 찾는 시간'
  - 나는 직장업무 외에 '나만의 취미를 즐기고 싶어'

(3) 최근 우리사회를 관통하는 트랜드

- 과시에서 가치로
- 소유에서 경험으로
- 지금 이 순간 여기 가까이로
- 능동적으로 변하는 소비자들
- 신뢰를 찾아
- 개념있는 소비
- 공유경제로의 진화
- 경쟁과 휴식 사이에서
- 괜히 있어보인다(있어블리티).

신뢰를 찾아 즉, 마음가는대로… 하고싶은대로… 가치를 찾는다.

- 서울대 소비트랜드 분석센터, 2018년 -

> **tip**
> - '따로 또 같이'를 지향하는 사회 : 자립Self-support 과 공유Sharing의 조화
> - 구매자, 소비자 유형 : 햄릿형-선택 결정 상애 증후군(우유부단) vs 돈키호테형 무모하게 질러댄다 (지름신)
> - 정보 과잉시대를 살고 있는 현대인이라면 통상적으로 햄릿증후군 증상을 보일 것이다. 다양성 시대를 사는 현대인은 모두가 햄릿이자 돈키호테의 소비심리를 갖고 있지 않을까?
> - 선택 결정 장애의 틈새에서 소비자들의 의사결정을 지원하고 도와주는 큐레이션커머스(Curation Commerce) 서비스가 확대될 것이다.

supplement
부록

성격, 생각, 가치관이 행동으로 나타난다.
그 행동이 모이면, 습관이 되고
그 습관은 바로 나의 삶이다.

성명	국문		(내 별명)
	한문		
	영문		(sign)
소속	학교		(내 특기)
	학과		
연락처	주소		
	전화		

목차

1. 나 알기 • 146

나의 신체
나의 역사
나의 인맥
이미지 메이킹
자기관찰
〈자기관찰 노트〉

2. 나 인정하기 • 164

나의 자존감은?
자존감 높이기
나의 강점 찾기
〈감사칭찬 노트〉

3. VJ & DL 전략 • 172

직업 탐색
목표10 프로젝트
나의 미래
입사 후 내 명함
〈미래전략 노트〉

4. ACT 전략 • 184

긍정훈련 · 습관
감성 플러스 훈련
〈긍정훈련 노트〉

나는 누구인가?
Who?
자기 관찰 노트

- **나의 신체 (Body)** : 자화상 그리기 (매력의 포인트는?) • **148**
- **나의 역사 (History1)** : 나의 멘토 (부모님, 선생님) • **150**
  (History2) : 내 이름 스토리텔링 • **152**
  (History3) : 내 인생 5대 News • **154**
- **나의 인맥 (Human-network)** : 인맥 지도 그리기 • **156**
- **이미지 메이킹** : 이미지 진단 • **158**
- **자기 관찰 (Self-observation)** : 성격, 습관, 심리 자가진단 • **160**

나의 신체 (Body)

자화상 그리기

♥ 나의 개성과 매력을 찾아 캐리커처를 그려보자.

♥ 나는 누구인가?
♥ 누구랑 닮았을까?
♥ 매력의 포인트는?

자기 관찰 노트

기록의 힘

♥ 내 인생. 영화처럼! (인생 그래프 그리고 이벤트를 적어본다)
♥ 생각 공장을 쉬지 말고 가동시킨다.
♥ 오늘의 나를 생생하게 기록한다.
♥ 머리 믿지 말고 손을 믿어라.

나의 역사 (History 1)

나의 멘토 (부모님, 선생님)

♥ 나는 성장하면서 누구의 영향을 어떻게 받았는지 스토리텔링해보자.

♥ 우리집 가훈은?

♥ 나의 좌우명은?

자기 관찰 노트

역지사지

서로의 생각이 다른 것이 인생이다.
'나그네는 맑기를, 농부는 비 오기를 기다린다.'

나의 역사 (History2)

내 이름 스토리텔링

내 이름은?

내 이름은 누가 지어 주셨는가?

어떤 소중한 뜻이 있는가?

어떤 스토리가 담겨 있는가? (스토리텔링 하기)

자기 관찰 노트

내 인생을 바꾸는 생각훈련, 기록훈련

우리가 뭔가 기록하는 이유는 어제와 오늘, 그리고 내일 사이에서
방황하지 않고 나의 길을 가기 위함이다.

나의 역사 (History3)

내 인생 5대 NEWS

언제	내 인생 5대 NEWS

[소중한 기억의 나!의 이야기]

♥ 가장 기뻤던 일 :

♥ 가장 후회스러운 일 :

♥ 가장 잘한 일 :

자기 관찰 노트

자기관찰 노트를 통해 나의 습관 패러다임을 바꾸자

자기관찰 노트를 통해 '나를 찾아가는 기록 여행'이 되길 기대하며
자신을 사랑하는 나에게 평생의 소중한 습관으로 자리매김하길 바란다.
내 감정의 변화, 생각의 변화를 느끼고 스스로 얼마나 성장했는지 깨닫게 된다.

- ♥ 메모의 습관화 (항시 지참, Fun메모, 작성요령 체득 – 평생 지속적인 습관의 힘)
- ♥ 기록과 보존의 소중함 (자기 관찰 노트는 생생한 자기보고서 – 메타인지능력 향상)

나의 인맥 (Human-network) 지도를 그리자.

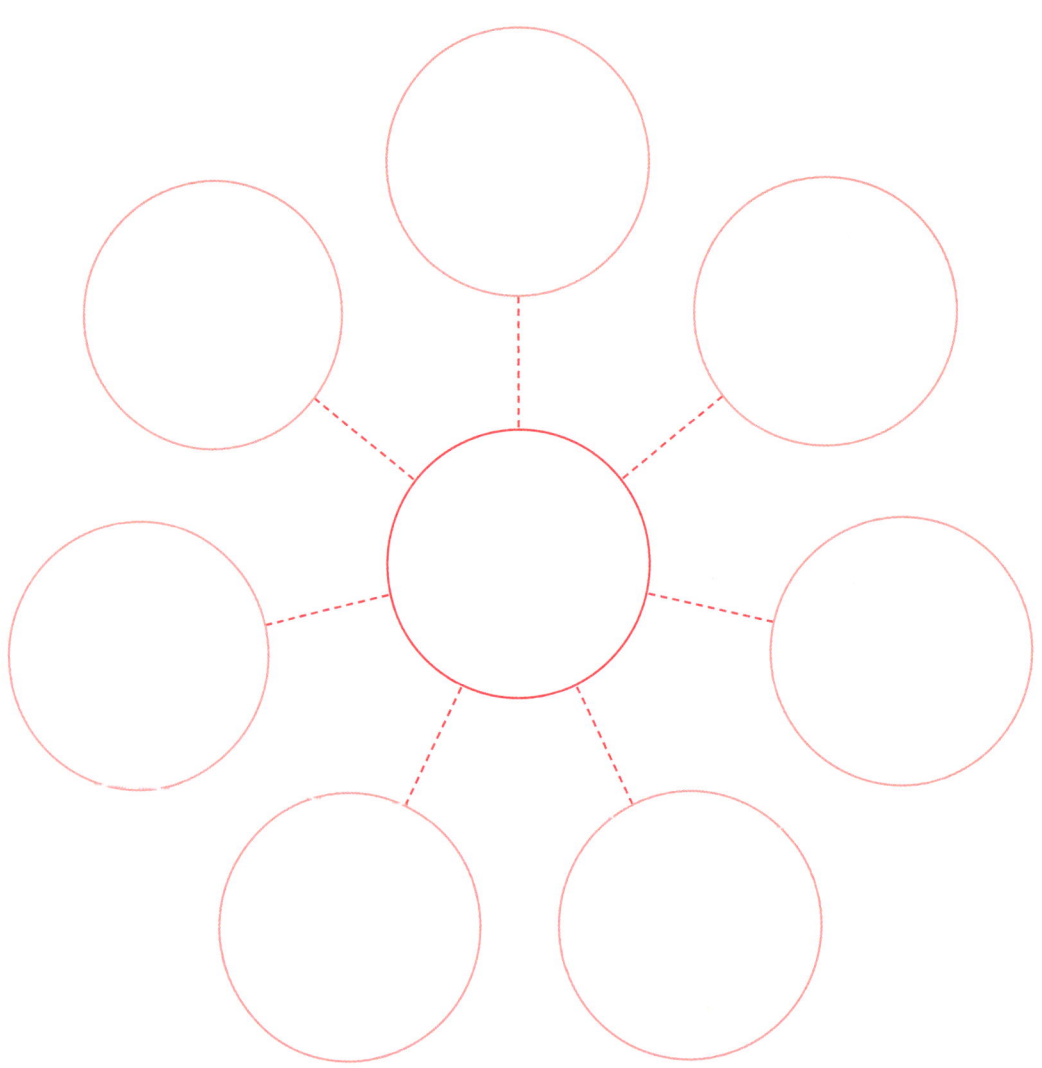

나는 결코 혼자 살아갈 수 없다.
타인에게 도움을 주고, 받으며 살아간다.
사람은 연결을 통해 성장한다.

자기 관찰 노트

자신의 발견은 세상의 발견보다 중요하다

원치 않아도 불가피하게 타인과 연결되고 관계 속에서 살아간다. 여기서 가장 우선되어야 하는 것은, 자기 자신에게 관심 갖고 자신이 진정 누구인지에 대해 탐색해야 한다는 사실에 기초한다.

이미지 진단

〈내적 이미지〉

☐ 나 자신을 사랑한다.

☐ 나에겐 뚜렷한 희망과 목표가 있다.

☐ 매사에 긍정적이고 적극적이다.

☐ 나쁜 습관보다 좋은 습관을 갖고 있다.

☐ 나는 감정적이기보다 이성적이다.

☐ 성공한 미래의 내 모습을 자주 그린다.

〈외적이미지〉

☐ 대체로 나의 용모에 만족한다.

☐ 거울 앞에서 자주 몸 전체를 훑어본다.

☐ 화장을 자연스럽게 잘하는 편이다.

☐ 체중이 불어나면 즉시 식사 조절한다.

☐ 사람들 앞에 나서는 것이 두렵지 않다.

☐ 잘 웃으며 당당하게 걷는다.

| 자기 관찰 노트 |

성공 해법은 '실천'이 '답'이다

모쪼록 매일매일 실천해서 작은 습관이 소중한 삶으로 이어지길 바란다.
글쓰기와 말하기를 통한 자기 표현력은
무엇보다도 자존감과 자긍심을 높이는 데 중요한 역할을 하고
타인을 배려하며 소통하는 밝은 사회생활을 할 수 있을 것이다.

SWOT 분석

♥ SWOT는 강점Strengths, 약점Weaknesses, 기회Opportunities, 위협Threats의 머리글자이다. 나의 발전과 성장을 적절하게 계획하기 위해 이러한 요소를 각각 검증하고 분석하는 것이 필요하다.

♥ 강점, 약점, 기회, 위협의 4가지 SWOT 프레임워크로 현재 상황을 엄격하게 분석하고, 미래의 방향과 비전을 기록해 보자.

S 강점 (특별히 잘하는 것)	W 약점 (부족한 점/개선할 점)
O 기회 (자원/목표,적성에 부합)	**T 위협** (문제를 야기할 가능성)

자기 관찰 노트

성공엔 긍정성이 필수적인데, 불안한 사회에서는
구체적인 삶의 목표를 정해야 그 긍정성을 확보할 수 있다.
실현 가능한 목표를 성취해 보는 것,
오히려 성공이 찾아올 수 있다.

2 '나' 인정하기

감사 칭찬 노트

- 나의 자존감은? • 164
- 자존감 높이기 • 166
- 나의 강점 찾기 • 168

 ## 나의 자존감은?

(자기진단 / 항목별 10점)

♥ 자기 외모에 대한 만족도가 높고 긍정적이다. (   )

♥ 자신의 잘못, 실수를 인정하며 정직하다. (   )

♥ 자기 감정을 조절할 수 있다. (   )

♥ 자신의 재능 등 작은 것이라도 소중하게 생각한다. (   )

♥ 칭찬, 감사하는 마음의 표현을 자연스럽게 잘한다. (   )

♥ 스스로 합리적인 의사 결정을 할 수 있다. (   )

♥ 자신의 장단점을 엄격하게 평가하며 자신의 가치를 인정한다. (   )

♥ 주도적인 자기관리와 통제를 할수 있다. (   )

♥ 일과 관련된 자기특성 및 강점을 파악할 수 있다. (   )

♥ 자신의 목표와 역할을 명확하게 파악할 수 있다. (   )

당신의 자존감 점수는? (   )

[A. 90이상   B. 80이상   C. 70이상   D. 60이상   F. 60미만]

감사 칭찬 노트

감사 파동 : 불면증, 불만해소에 효과

♥ 아침에 깨어났을 때 – 살아있음에 감사
♥ 사람을 만나기 전 – 소통 원활에 감사
♥ 잠들기 전 – 오늘 하루 안전, 다행. 행복에 대한 감사
♥ 자다가 깼을 때 – 나의 존재 확인, 재확인 감사
♥ 감사의 파동이 '나비효과'처럼 행복한 세상으로 전파

자존감 높이기

♥ **자존심**은 타인이 나를 인정해 줘야만 자신감이 생기는 반면에

♥ **자존감**은 타인이 나를 인정하지 않아도 자신감이 생긴다.

나 자신에게 소리내어 대화하자!

나는 아름답습니다!

나는 가치 있는 존재입니다!

남과 나를 비교하지 말고,

어제의 나와 오늘의 나를 비교하자!

오늘 나의 모습은, 내일 나의 예고편이다.

내 인생은, 내가 설계하고 내가 주도한다!

― 자기 대화법 ―

감사 칭찬 노트

감사호흡 = 행복지수 up

♥ 숨 들이마시며 – "감사합니다" 숨 쉴 수 있고, 살아있다는 사실에 감사한다.
♥ 숨 내쉬며 – "하 하 하" 친절 베풀어 주던 사람 생각하고 크게 웃어본다.

나의 강점 찾기

친절　**긍정적**　배려심
경청　　　　　　　　　　친화력
　　　　　잘웃는다　**감사표현**
적극성　**목소리**
　　　　　　　　　　　　탐구심
　　　　　솔선수범　밝은 모습
책임감　성실
　　　　　　호감형　**결단력**　청결유지
해박한 지식　**표현력**
　　　　　　　　리더십　정리정돈　인내심
　타인 칭찬
인사를 잘한다　**자신감**　**협력**　유창성　**설득력**
　집중력
　　　　섬세함　판단력　분석력

나의 장점을 강점으로 살리자. (기록하기)

감사 칭찬 노트

아픔이나 갈등은 과거의 것, 감사호흡 하면 지금을 살게 돼

♥ 한결 행복해져요! 훨씬 마음이 가벼워져요!
♥ 숨 쉬는 것도 은혜라 여기면 내 삶이 더 행복해 집니다.

내 인생은 생방송 Live

미래 전략 노트

- **VJ (Vision & Job) 전략**
  Job 직업 탐색 What-Why-How • 172
  VJ (Vision&Job) 선서 • 174

- **DL (Dream List) 전략**
  목표10 프로젝트 • 176
  나의 미래 (10년 로드 맵) • 178
  입사 후 내 명함 • 180

VJ (Vision & job) 전략 : Job 직업 탐색 (1)

What-Why-How

나는 무슨 일을, 왜? 어떻게 할 것인가.

What	
Why	
How	

미래 전략 노트

♥ '일(Work)'의 개념을 정리하고, 왜 일해야 하는지? 나의 가치관 등을 기록해 보자.
　근로의 권리(헌법 제32조)와 인간다운 생활을 할 권리(헌법 제34조)를 누리며 행복한 내 인생을 디자인하자.

노력의 결실
매일 매일 실천하면 소중한 삶으로 이어진다.

VJ (Vision & Job) 선서

나. (   )의 VJ선서

나에게는 소중한 꿈이 있습니다.
그것은 바로 …

(어떠한   )
(직업인   )이 되어
(어떤   )일을
(어떻게   )할 것을

선서합니다!

(1) 내가 이루고 싶은 비전(Vision)

(2) 그 비전을 이룰 직업(Job)

미래 전략 노트

♥ '돈(Money)'이란 생활의 윤활유로서 물질적으로는 경제적 자립과 생계유지를 위해 필요하며, 정신적으로는 가족과 함께 행복을 추구하기 위해 필요한 수단이다.

♥ 돈을 어떻게 모으고 사용할지 구체적인 방법을 기록해 보자.

현재, 당신에게 있어서

(1) 가장 중요한 때는 언제? (   )
(2) 가장 중요한 사람은 누구? (   )
(3) 가장 중요한 일은 무엇? (   )

DL (Dream-List) 전략 (1)

목표10 프로젝트

평소에 이루고 싶었던 꿈을 우선순위로 구체적으로 기록하고 실천한 후, 평가해 보자.

순위	목표	세부계획 및 실천내용	달성기간	자기평가
1				
2				
3				
4				
5				
6				
7				
8				
9				
10				

♥ 달성하지 못했다면 문제점을 도출하고 대응방안을 기록하고 실천하자!

미래 전략 노트

♥ '시간(Time)'은 돈으로 살 수 없으며, 누구에게나 평등하게 주어진 자산이다.
♥ 효율적인 시간관리를 위해 목표를 설정하고 구체적인 실천방법을 기록해 보자.

명확한 목표설정과 단기적 계획, 그리고 실천!

- 명확한 장기적인 목표설정이 되어 있다면…인생의 방향이 보인다.
- 단기적인 계획을 매일매일 실천하면…소소한 성취감을 얻게 된다.
- 이 작은 성취감들이 모이면…마침내 목표를 달성하게 될 것이다.
  ※ 여기서 꾸준함과 끈기가 핵심!

DL (Dream-List) 전략 (2)

나의 미래 (10년 로드맵)

(현재~10년간 로드맵 작성하기)

나이	연도	현재~10년간

미래 전략 노트

- ♥ '목돈 마련 1억 Project'를 이루는데. 과연 몇 년 걸릴까요?
- ♥ 현실적으로 한 달에 얼마를 저축해야 할까요?
- ♥ '월급이 부자를 만든다'는 확신을 가지고 도전하기를 바랍니다.

만약 유리그릇에 자갈과 모래부터 먼저 넣는다면. 나중에 큰 돌이 들어가지 않는다.
작은 것에 급급하다가 결국에는 큰 것을 채울 수 없다는 이론이다.
소중한 큰 것부터 먼저 넣어야 한다는 것. 즉 중요한 것에 우선순위를 두자.
모든 일은 말과 함께 실천이 동반되어야 한다.

DL (Dream-List) 전략 (3)

입사 후 내 명함

내 명함 미리 만들기

[명함 앞면]

[명함 뒷면]

미래 전략 노트

생생하게 꿈꾸는 능력

말하기로 표현하고
글쓰기와 그림으로 시각화하면 현실이 된다

4 ACT 전략
(수용·전념 테라피)
Acceptance & Commitment Terapy

긍정 & 행복 만들기
Happy

긍정 훈련 노트

> ACT(액트/수용.전념 테라피)는 정신건강과 삶의 질을 향상시키는데 효과가 있다.
> 자신의 경험을 회피보다는 직면하여 심리적 수용을 통해 긍정의 마음을 챙기며 자신이 선택한 행동에 전념하도록 돕는 마음사랑 행동치료를 말한다.

- **'긍정 님'의 감사 훈련 · 184**
- **긍정 연습**
  긍정언어 – Be언어법 훈련 · 188
  가장 고마운 일 (사람) · 190
- **긍정 습관**
  리츄얼 만들기, 루틴행동 · 192
  NLP · 194
- **감정플러스 훈련 · 196**
- **MBTI 검사 · 204**
- **DISC 검사 · 212**

'긍정 님'의 감사훈련

> 저에게 감사함을 깨우쳐 주신 '긍정 님'

오늘도 아침을 맞이하게 해 주심을 감사합니다.

– 오늘도 감사할 수 있는 마음을 주셨기 때문입니다.

때때로 병들게 하심을 감사합니다.

– 저의 나약함을 깨닫게 해주시기 때문입니다.

가끔 고독의 수렁에 내던져 주심도 감사합니다.

– 굳게 닫았던 마음의 문을 열게 되는 기회가 되기 때문입니다.

일이 계획대로 안 되게 틀어주심도 감사합니다.

– 저의 교만을 반성할 수 있기 때문입니다.

부모, 형제자매, 아들, 딸이 걱정거리가 되게 하시고, 짐으로 느껴지게 하심도 감사합니다.

– 그래서 인간된 보람을 깨닫기 때문입니다.

먹고 사는 데 힘겨웁게 하심을 감사합니다.

– 눈물로 빵을 먹는 심정을 이해할 수 있기 때문입니다.

불의가 득세하는 시대에 태어나게 하심을 감사합니다.

– 정의와 의로움은 분명히 드러나기 때문입니다.

땀과 고생의 잔을 맛보게 하심을 감사합니다.

– 내 삶의 모든 것이 소중한 선물이기 때문입니다.

긍정 훈련 노트

♥ 행복을 준비하는 '긍정 님'의 감사 훈련이야말로 풍요로운 삶을 사는 행복의 아이콘 입니다.

♥ 일상의 작은 감사 속에는 더 큰 감사를 만들어 내는 기적이 만들어지기 때문입니다.

♥ 매사 당연하다고 생각되는 소소한 일상 속에서도 감사훈련을 하신 '긍정 님'의 삶은, 더욱 행복하시고 더 큰 감사의 기쁨을 맛보실 수 있습니다.

감사를 발견하고, 감사함을 표현하며, 감사 거리를 만들자

'긍정 님'의 감사훈련

하루 3줄 감사의 기적을 쓰면, 인생이 바뀐다.
- 매일 쓰는 것이 정 부담스러우면 평일만 써도 좋다.
- 특히, 지금까지 감사라는 정신근육을 단 한 번도 써보지 않은 사람이라면 참 어려운 일일 수 있지만, 다소 억지로라도 쓰자.
- 하루가 아무 일도 없이 흘러갔다면, 그 자체가 감사하다고 써보자. 그러다보면 자연스레 범사에 감사하는 마음을 지닐 수 있다.

♥ 모든 것, 모든 현상에 감사한다.
♥ 주어진 하루에 감사한다.
♥ 이 호흡, 이 몸에 감사한다.

(감사거리)

아침, 잠, 밥, 물, 공기, 햇볕, 하늘, 땅, 건강, 심장, 가슴, 손, 발, 눈, 귀, 입, 친구, 부모님, 학교 선생님, 직장동료, 선배, 후배, 경찰, 소방대원, 버스기사님, 나무, 꽃, 의자, 책상, 책, 노트, 연필, 옷, 신발, 안경..

긍정 훈련 노트

나의 일상 속에서 감사 거리를 찾아서 메모하자
감사를 발견하고, 감사함을 표현하며, 감사 거리를 만들기

긍정 연습 (1)

 긍정 언어 훈련

"be언어법 (~되다, ~이 되었으면 좋겠다 화법)"으로 말하기 훈련을 하자

감사한, 즐거운, 행복한, 평온한, 친근한, 반가운, 정겨운, 황홀한, 기쁜, 친밀한, 고마운, 흡족한, 상쾌한, 활기찬, 신나는, 흐뭇한, 벅찬, 당당한, 유쾌한, 푸근한, 훈훈한, 소박한, 화사한, 검손한, 달콤한, 신선한, 밝은, 쾌적한, 단란한, 희망찬, 활발한, 명랑한, 상냥한, 넉넉한, 씩씩한, 진실한, 충실한, 충족한, 희망찬, 시원한, 감동받은, 안심되는, 사랑하는, 흥미로운, 경이로운, 기운나는, 감격스러운, 자랑스러운, 낙천적인, 평화로운, 다행스러운, 생기도는, 홀가분한, 평화로운, 만족스러운, 활력넘치는, 두근거리는, 자신감있는, 기대에 부푼, 다정다감, 이해심, 배려, 사려깊은, 신뢰, 공정한, 열정, 진정성, 지혜로운, 재치있는, 탁월한, 통찰력, 설득력, 효율적, 의욕적, 팀워크

♥ 긍정 언어를 사용하여 "be 언어법(~되다 화법)"으로 말하여 보자.

ex) "감사★칭찬 톡톡 습관노트를 매일 쓰니까 감사한 마음을 갖게 되고 행복하게 되었다."

긍정 훈련 노트

생각을 잘 하는 것은 현명하다.
계획을 잘 하는 것은 더 현명하며
실행을 잘 하는 것은 가장 현명하다.

- 로마속담 -

긍정 연습 (2)

가장 고마운 일 (사람)

1.

2.

3.

4.

5.

6.

7.

8.

9.

10.

긍정 훈련 노트

행복론

요즘 사람들은 바쁘다는 핑계로 참 무디게 살고 있는 듯.
감사를 느낄 줄도, 감사할 줄도, 감동할 줄도 모르고…
옛날보다도 물질적인 풍요는 많이 늘었는데 오히려 덜 행복하단 말인가?
매사 감사. 감탄. 칭찬하는 감각을 새롭게 하면,
그것만으로도 당신은, 또 당신이 살고 있는 이 세상은 훨씬 더 행복해질 거예요.

나만의 긍정습관
리츄얼 만들기, 루틴 행동

♥ 리츄얼 Ritual 이란?, 긍정의 습관이다
- 반복되는 일상 속에 규칙적으로 행하는 의식.. 스스로의 행동에 긍정적인 기억과의 연관을 통해 특별한 의미를 부여함으로써 나타나는 긍정적인 반복 행동이다. 즉, 긍정의 습관이다.
- 나를 지키는 혼자만의 의식으로 나에게는 특별하고 의미 있는 태도이다.
- 몸만 움직였을 뿐인데 심리적으로 안정을 찾을 수 있으며 삶의 긍정 에너지를 불어넣는 반복적인 행위이다.
- 습관처럼 반복되는 리츄얼은 행복한 사람일수록 사소한 리츄얼이 많다.

♥ 마음을 지배하는 긍정의 습관!
- 단순한 몸의 변화가 나의 생각까지 지배한다.
- 스스로 매일 할 수 있는 일을 포기하지 않을 때 내 삶은 가장 빛난다.
- 우리는 지금까지 마음이 움직여야 몸도 움직일 수 있다고 생각해 왔다. 하지만, 다양한 심리실험을 통해 뇌와 마음은 진짜가짜를 구분 못해 속기도 하고, 상황에 흔들리기 쉽다는 결과가 나왔다. 또 몸에게 쉽게 이끌려가는 갈대와도 같다. 따라서 흔들리는 마음을 사로잡을 방책으로서 리츄얼Ritual을 제안한다.

♥ 흔들리지 않고 계속하게 하는 루틴의 힘!
- 루틴은 자신만의 승리 공식으로서 습관이나 패턴으로 마음을 다스리기 위한 행동이다. 루틴은, 나만의 건강과 행복을 보장해 줄 것이다.

긍정 훈련 노트

♥ **나만의 행복리츄얼과 루틴 행동을 만들자.**

- 셀프 리츄얼 (스스로에게 '수고했다' 쓰담쓰담^^ '괜찮아' 토닥토닥^^)
- 명상, 심호흡, 스트레칭, 자기대화, 손동작 (하트, 박수) 등
- 일단 움직여라. 마음은 따라온다.

목표세우기

90% 실패-바로 실현되기 힘든 것 (몸매 가꾸기, 냉장고 대청소)
90% 성공-바로 실현가능한 구체적인 계획 (계단, 버스 두 정류장 미리 내리기,
반찬통 설거지하다가 냉장고 대청소를 하게 될 확률이 높음)

NLP (Neuro Linguistic Programming)

심리상담은 보통 사람을 검사지로 평가하여 변화되어야 할 행동을 말(Linguistic)로써 동기를 넣어 변화시켜 주도록 유도한다. 그런데, NLP는 사람의 오감을 작용하여 무의식을 만족하게 만들어 백 마디의 말보다 한 마디의 말로써 사람의 행동 변화를 쉽게 하도록 도와주는 기법이다. NLP 기법은 여러 가지가 있는데 주로 N(Neuro) 신경 즉 5감을 주로 이용하고, 언어 L(Linguistic)로 상대에게 행동수정을 하게 하고 이것을 모아서 P(Programming) 프로그램화 한다. 처음 배우게 된 NLP는 쉽게 말해서 상담기법에 오감과 무의식을 터치하여 행동을 변화하게끔 해주는 것이다. 아플 때 그 강도에 따라서 큰 병원을 갈지, 약국에 갈지를 정하는 것처럼 우리 상담도 무조건 몇 회기 나눠서 해야 하는 것보다 약국에서 간단한 약으로 처방받을 수 있는 것처럼 NLP도 그런 상담이라고도 말할 수 있다. 물론 더 깊게 들어갈 수도 있지만^^ 천천히, 천천히…… 느리지만 결코 멈추지 않는 발걸음으로 NLP와 함께 자신 내면의 무한 자원을 찾아내고 다듬어가는 동안 당신의 삶이 아름다운 것임을 깨달아 가게 되길 바란다.

♥ [긍정나라] 힘이 되는 말

1.

2.

3.

♥ [부정나라] 힘을 빼는 말

1.

2.

3.

긍정 훈련 노트

♥ 오감일기에 '감사, 칭찬 한마디' 제목을 달자.

오감일기를 통해 감사. 희망. 도전. 자기성찰이라는 정신 근육을 강화하고 심상 능력을 발달시킬 수 있다. 이것은 강력한 긍정성 훈련의 도구로써 부정적인 마음을 교정하는 데 많은 도움을 준다. 그리고 당신이 하고 싶은 것이 무엇인지를 알 수 있는 열쇠가 되어줄 것이다. 몸의 근육이 몸의 면역력을 높여주듯이 정신 근육은 마음의 잔병치레를 막아준다. '자신에게 하는 칭찬 한마디' 라는 코너를 정해도 좋고. 오감을 동원하여 쓰는 일기에 자기 멋대로 제목을 달아보자. 마음의 근육이 성장할 것이다.

하루 5분 긍정훈련을 하자!

감성 플러스 훈련

`광화문 글판에서`

시 (詩)

봄 인사   — 이해인 —

새소리 들으며
새처럼 가벼운 마음으로
봄 인사 드립니다

계절의 겨울
마음의 겨울
겨울을 견디느라
수고 많으셨습니다

까치가 나무 꼭대기에
집 짓는 걸 보며
생각했습니다

다시 시작하자
높이 올라가자

절망으로 내려가고 싶을 때
우울하게 가라앉고 싶을 때

모든 이를 골고루 비추어주는
봄 햇살에 언 마음을 녹이며
당신께 인사를 전합니다
햇살이야 말로
사랑의 인사입니다

감성 플러스 노트

축복
내가 감사함을 느끼는 크고 작은 일들

감성 플러스 훈련

광화문 글판에서

대추 한 알 　　　　― 장석주 ―

저게 저절로 붉어질 리는 없다.

저 안에 태풍 몇 개.

저 안에 천둥 몇 개.

저 안에 벼락 몇 개.

저게 저 혼자 둥굴어질 리는 없다.

저 안에 무서리 내리는 몇 밤.

저 안에 땡 볕 두어 달.

저안에 초승달 몇 날.

풀 꽃 　　　　― 나태주 ―

자세히 보아야 예쁘다.

오래 보아야 사랑스럽다.

너도 그렇다.

감성 플러스 노트

성취
오늘 또는 과거에 달성한 크고 작은 일들

감성 플러스 훈련

스티브 잡스의 열망 톡톡 talk talk

♥ 배부른 돼지가 배고픈 소크라테스가 되고픈 열망이 생긴다.

♥ 애플을 팔아서라도 소크라테스와 점심 한 끼 먹고 싶다.

빨간머리 앤의 긍정 톡톡 talk talk

♥ 세상은 생각대로 되지 않는다. 하지만 생각대로 되지 않는다는 건 정말 멋진 것 같아요. 생각지도 못했던 일이 일어난다는 거니까요.

♥ 정말로 행복한 나날이란 멋지고 놀라운 일이 일어나는 날이 아니라 진주알들이 하나하나 한 줄로 꿰어지듯이, 소박하고 자잘한 기쁨들이 조용히 이어지는 날들인 것 같아요.

감성 플러스 노트

나의 재능, 강점, 특성
내가 잘하고 사람들이 내게서 좋아하는 크고 작은 일들

감성 플러스 훈련

축복할 일 뿐 아니라 성취한 일도 곰곰이 생각하고.

찾아보면 작은 것이라도 많다.

이렇게 찾은 나의 강점을 생각하면 내 자존감도 높아져간다.

사소하고 당연할 일이라도

'오늘은 이런 일을 이루었어.

내게 이런 장점도 있구나'라고 자주 생각하다보면

스스로 기운도 나고 순간순간 행복해져 간다.

점점…

감성 플러스 노트

올바른 이기주의 개념

이기적으로 살자니 궁핍한 영혼, 불편한 심경 속에서 삶.
이타적으로 살자니, 손해 보는 것 같고…

나의 솔루션… 손해 보는 것이 편하기는 하다

타인에게 격려와 칭찬보다는 비난하며 깎아 내리고,
어려운 이를 배려하고 돕기보다는 무관심으로 외면해온 나.
이제 새로운 사람은 결심하니.
내 영혼에 바른 정신 넣어주고 실천하는 삶을 심어주길 다짐해본다.

MBTI 검사 (4가지 선호 성향)

1. E외향형 - I내향형

☐ 나는 말하기를 좋아하는데, 종종 말 때문에 실수하기도 한다.
☐ 말이 없는 나를 친구들이 답답해한다.

☐ 새로운 친구와 만날 때 어색하지 않다.
☐ 모르는 친구랑 어울리면 피곤하다.

☐ 나는 말하면서 생각하고 대화하면서 종종 결심한다.
☐ 친구들에게 내 의견을 말하기 전에 신중히 생각한다.

☐ 팀을 짜서 일하는 것이 편하다.
☐ 혼자 혹은 몇몇 친구와 일하는 것이 편하다.

☐ 친구들에게 내 의견을 잘 표현한다.
☐ 내 생각이나 견해를 주로 마음속에 간직하는 편이다.

☐ 말을 할 때 큰 몸짓을 섞으면서 표현한다.
☐ 말을 할 때 몸짓을 사용하면 어색하다.

☐ 혼자 공부하면 잘 안되고 지루하다.
☐ 혼자서도 오랫동안 공부를 잘 한다.

☐ 공부할 때는 어느 정도의 소음도 도움이 된다.
☐ 소음이 있는 곳에서는 집중이 잘 안 된다.

☐ 말이 빠른 편이다.
☐ 목소리가 작고 조용하게 천천히 말하는 편이다.

☐ 밖에 나가서 활동하는 것이 편하다.
☐ 집에 있는 것이 편하다.

※ 두 문항 중 위쪽 문항의 답이 많으면 외향형[E], 아래쪽 문항의 답이 많으면 내향형[I]입니다. 두 개가 똑같을 경우에는 내향형[I]로 표시하세요.

2. S감각형 – N직관형

☐ 나는 현실적이다.
☐ 나는 미래지향적이다.

☐ 판단을 내릴 때는 나의 경험이 바탕이 된다.
☐ 이야기를 듣고 떠오르는 직관으로 판단한다.

☐ 이야기를 할 때 사실적 묘사를 잘한다.
☐ 이야기를 할 때 추상적 표현을 잘 쓴다.

☐ 나는 구체적이다.
☐ 나는 은유적이다.

☐ 어떤 일을 상식적으로 해결하려고 한다.
☐ 어떤 일을 늘 창의적으로 해결하려고 한다.

☐ 나는 늘 다니던 길이 편하다.
☐ 나는 새로운 길을 탐색하는 것이 재미있다.

☐ 나는 해 오던 일이 편하다.
☐ 나는 늘 새로운 일에 흥미를 갖는다.

☐ 친구에게 설명할 때 약도를 구체적으로 그린다.
☐ 약도를 구체적으로 그리기 어렵다.

☐ 나는 세세하다.
☐ 나는 비약한다.

☐ 나는 실제 경험을 좋아한다.
☐ 나는 공상을 좋아한다.

※ 두 문항 중 위쪽 문항의 답변이 많으면 감각형[S], 아래쪽 문항의 답변이 많으면 직관형[N]입니다. 두 개가 똑같을 경우에는 직관형[N]으로 표시하세요.

MBTI 검사 (4가지 선호 성향)

3. T사고형 - F감정형

☐ 나는 분석적인 성격이다.
☐ 나는 감수성이 풍부한 성격이다.

☐ 나는 사물이나 사람을 객관적으로 바라본다.
☐ 나는 사물이나 사람을 공감하면서 본다.

☐ 나는 어떤 결정을 내릴 때 감정에 치우치지 않는다.
☐ 나는 주변 상황을 고려해 의사결정을 한다.

☐ 친구들에게 이성적이고 논리적이라는 말을 듣는다.
☐ 친구들에게 가치관과 사람 중심으로 행동한다.

☐ '너는 능력 있다'는 소리가 듣기 좋다.
☐ '너는 따뜻하다'는 소리가 듣기 좋다.

☐ 친구들과 경쟁을 두려워하지 않는다.
☐ 친구들에게 주로 양보하는 편이다.

☐ 나는 직선적으로 말하는 편이다.
☐ 나는 상대방을 배려하여 우회적으로 말하는 편이다.

☐ 나는 사건의 원인과 결과를 쉽게 파악한다.
☐ 나는 사람의 기분을 쉽게 파악한다.

☐ 친구들이 나를 차갑다고 하는 편이다.
☐ 친구들이 나를 따뜻하다고 하는 편이다.

☐ 할 말을 해야 속이 풀린다.
☐ 좋은 게 좋다고 생각하는 편이다.

※ 두 문항 중 위쪽 문항의 답변이 많으면 사고형[T], 아래쪽 문항의 답변이 많으면 감정형[F]입니다. 두 개가 똑같을 경우 남자의 경우 감정형[F], 여자의 경우 사고형[T]로 표시하세요.

4. J판단형 – P인식형

☐ 한번 결정을 내리면 잘 변경하지 않는다.
☐ 결정을 내려도 상황에 따라 융통성이 있다.

☐ 나는 계획을 꼼꼼히 세우고 공부를 한다.
☐ 나는 마지막에 벼락치기 공부를 한다.

☐ 여행을 갈 때는 꼼꼼하게 일정 계획을 세운다.
☐ 여행은 가방 하나 들고 훌쩍 떠나는 게 좋다.

☐ 내 책상은 늘 정리가 잘 되어 있다.
☐ 책상은 날 잡아서 한 번에 정리한다.

☐ 나는 일을 할 때 조직적인 분위기가 좋다.
☐ 나는 즐거운 분위기에서 일하는 것이 좋다.

☐ 내 생활도 계획적이고 조직적이다.
☐ 나는 어떤 일에 순발력이 뛰어나다.

☐ 나는 규범을 좋아한다.
☐ 나는 자유롭기를 원한다.

☐ 친구들과 함께 일하면서 친해진다.
☐ 친구들과 함께 놀면서 친해진다.

☐ 내 책상의 주변은 깔끔하다.
☐ 내 책상의 주변은 너저분하다.

☐ 쇼핑을 갈 때 미리 실 물건을 석어 간다.
☐ 쇼핑을 갈 때 그냥 가서 필요한 것을 산다.

※ 두 문항 중 위쪽 문항의 답변이 많으면 판단형[J], 아래쪽 문항의 답변이 많으면 인식형[P]입니다. 두 개가 똑같을 경우 인식형[P]로 표시하세요.

채점표에 나타난 약자(대문자)의 의미

E: 외향적(extroversion)   I: 내향적(introversion)
S: 감각적(sensing)   N: 직관적(intuition)
T: 이성적(thinking)   F: 감성적(feeling)
J: 판단 지향적(judging)   P: 인식 지향적(perceiving)

- **외향적(E)인 사람**은 인간과 사물의 외면적인 세계를 지향하는 반면,
  내향적(I)인 사람은 생각과 감정의 내면적 세계를 지향한다.

- **감각적(S)인 사람**은 세부사항을 면밀히 조사해 보는 반면,
  직관적(N)인 사람은 큰 문제에 집중하기를 좋아하는 경향이 있다.

- **사고적(T)인 사람**은 어떤 일을 논리적이고 객관적으로 판단하기를 원하는 반면,
  감정적(F)인 사람은 보다 주관적인 바탕 위에서 어떤 결정을 내리기를 선호한다.

- **판단 지향적(J)인 사람**은 단호하고 확실한 목표를 정한 일을 추진하기를 좋아하며,
  인식 지향적(P)인 사람은 융통성이 있고, 보다 많은 정보를 얻고자 하는 경향이 있다.

성격유형에 적합한 직업

유형	선호직업
ISTJ	경찰관리자, 기계공학자, 기술자, 수학교사, 전기 기사, 치과 의사, 회계 감사관, 회계사, 공무원, 교사 등
ISFJ	간호사, 사무관리자, 교사, 학교버스기사, 사서, 성직자, 물리치료사, 사회사업가, 경호원, 영양사 등
INFJ	상담자, 사회사업가, 심리학자, 성직자, 미술교사, 교직, 순수 예술가, 병리학 의사, 건축가 등
INTJ	건축가, 변호사, 컴퓨터전문가, 행정부 관리자, 경영컨설턴트, 과학자, 기술자, 연구보조원, 디자이너, 의사, 사회봉사사업가, 건축사, 사업분석가, 컴퓨터 프로그래머 등
ISTP	군인, 전기전자 엔지니어, 기계공, 수리공, 기술자, 농부, 운송기사, 비행기조종사, 치과위생사, 법률비서, 경찰, 첩보원, 목수, 스포츠선수, 자동차 경주자(카레이서), 스포츠 전문가, 교정직 사무원, 상업(광고) 디자이너 등
ISFP	조사연구원, 사무관리자, 치과보조사, 기계조작원, 형사, 간호사, 정원사, 조경사, 보석상, 헤어디자이너, 요리사 등
INFP	순수예술가, 정신과의사, 상담가, 건축가, 편집자, 연구보조원, 언론인, 심리학자, 작가, 소설사, 연예인, 사회사업가, 성직자, 교수
INTP	화학자, 컴퓨터전문가, 건축가, 연구보조원, 순수예술가, 법률가, 요식업자, 분석가, 논리학자, 수학자, 철학자, 과학자, 작가, 신문방송인, 행정관리자, 전략계획, 이론가 등
ESTP	마케팅선문가, 세일즈, 형사, 경찰, 교정(교도직) 공무원, 중소기업관리자, 무역업, 공예, 식당업, 오락, 자영업 등
ESFP	동보육사, 운송업종사자, 도서관직원, 회계원, 디자이너, 사회사업, 간호업무, 사진사, 영화 프로듀서, 수의사, 여행 대행업자, 건축업자, 연예인, 노동관계 중재자 등
ENFP	언론인, 상담자, 교사, 연구보조원, 심리학자, 종교지도자, 홍보활동가, 정치인, 극작가, 배우, 성직자, 연구, 사회사업, 저술, 예술, 영화연극작가, 세일즈맨, 레스토랑 웨이터 등

ENTP	사진사, 마케팅전문가, 언론인, 배우, 컴퓨터 시스템분석가, 정신과의사, 건축가, 발명가, 과학자, 신문방송인, 기업가, 세일즈맨, 음식서비스업자, 관리인(레스토랑), 세무조사원, 배우 등
ESTJ	관리자, 구매담당원, 교사, 경찰관, 학교장, 교정직, 판사, 공중보건 종사자, 경영 컨설턴트
ESFJ	교사, 의료직, 헤어디자이너, 레스토랑운영자, 행정가, 가정 감독자, 치과보조원, 아동보모, 전문적 자원봉사자, 간호업무, 상담, 사회사업, 언어치료사 등
ENFJ	종교교육지도자, 사제직, 목사, 가정관리 감독자, 교사, 배우, 물리치료자, PD, 보건의료계통 종사자, 행정관리자, 여행업자, 외판원, 인사관리자, 상담자, 예술가, 작가, 매스컴, 무대, 영화, 의사, 경영인, 판매자 등
ENTJ	경영컨설턴트, 변호사, 인력자원관리자, 컴퓨터시스템 분석가, 판매관리자, 공무원, 건축, 토목, 컴퓨터 전문가, 행정부 지도자, 법률관계종사자, 기업가, 군대 장교, 지휘관 등

MBTI 성격유형별 설명

ISTJ (세상의 소금형) 한번 시작한 일을 끝까지 해내는 사람	ISFJ (임금 뒤의 권력형) 성실하고 온화하며 협조를 잘하는 사람	INFJ (예언자형) 사람과 관련된 뛰어난 통찰력을 가지고 있는 사람	INTJ (과학자형) 전체적인 부분을 조합하여 비전을 제시하는 사람
ISTP (백과사전형) 논리적이고 뛰어난 상황 적응력을 가진 사람	ISFP (성인군자형) 따뜻한 감성을 가진 겸손한 사람	INFP (잔다르크형) 이상적인 세상을 만들어 가는 사람	INTP (아이디어뱅크형) 비평적인 관점을 가지고 있는 뛰어난 전략가

ESTP (수완 좋은 활동가형) 친구, 운동, 음식 등 다양한 활동을 선호하는 사람	ESFP (사교적인 유형) 분위기를 고조시키는 우호적인 사람	ENFP (스파크형) 열정적으로 새로운 관계를 만드는 사람	ENTP (발명가형) 풍부한 상상력을 가지고 새로운 것에 도전하는 사람
ESTJ (사업가형) 사무적, 실용적, 현실적인 일을 많이 하는 사람	ESFJ (친선도모형) 친절과 현실감을 바탕으로 타인에게 봉사하는 사람	ENFJ (언변능숙형) 타인의 성장을 도모하고 협동하는 사람	ENTJ (지도자형) 비전을 가지고 사람들을 활력으로 이끌어 가는 사람

DISC 검사

D (주도형 | 액션)

- ☐ 솔직하다
- ☐ 자기중심적이다
- ☐ 힘차고 공격적이다
- ☐ 직접적이다
- ☐ 거칠다
- ☐ 용감하다
- ☐ 경쟁적이다
- ☐ 위험을 감수한다
- ☐ 논쟁을 즐긴다
- ☐ 대담하다
- ☐ 주도적이다
- ☐ 독립적이다
- ☐ 즉시한다
- ☐ 굳건하다
- ☐ 주장이 강하다

D [   ] 점

I (사교형 | 코믹)

- ☐ 쾌활하다
- ☐ 생동감 있다
- ☐ 감정적이다
- ☐ 활기가 넘친다
- ☐ 사람 중심이다
- ☐ 충동적이다
- ☐ 표현한다
- ☐ 수다 말이 많다
- ☐ 재미를 좋아한다
- ☐ 즉흥적이다
- ☐ 낙관적이다
- ☐ 열정적이다
- ☐ 사교적이다
- ☐ 호감을 준다
- ☐ 자신있다

I [   ] 짐

S (안정형 | 멜로)

- ☐ 충직하다
- ☐ 겸손하다
- ☐ 고분고분하고 너그럽다
- ☐ 유쾌하다
- ☐ 친절하다
- ☐ 상냥하다
- ☐ 협조적이다
- ☐ 신사적이다
- ☐ 인내하다
- ☐ 견고하고 변함없다
- ☐ 평화주의자다
- ☐ 좋은 경청자다
- ☐ 동의하고 양보한다
- ☐ 우유부단하다
- ☐ 배려한다

C (신중형 | 미스테리)

- ☐ 심각하다
- ☐ 재치있다
- ☐ 일관성이 있다
- ☐ 정확하다
- ☐ 완벽주의자다
- ☐ 조심성 있다
- ☐ 엄밀하다
- ☐ 사실에 입각하다
- ☐ 논리적이다
- ☐ 조직적이다
- ☐ 의식적이다
- ☐ 기준이 높다
- ☐ 예의바르다
- ☐ 분식직이나
- ☐ 요령이 없다

S [   ] 점   C [   ] 점

DISC해석

- 성격 기본

Dominance(주도형) WHAT!	Influence(사교형) WHO!
- 빠르게 결과를 얻는다. - 다른 사람의 행동을 유발시킨다. - 도전을 받아들인다. - 의사결정을 빠르게 내린다. - 기존의 상태에 문제를 제기한다. - 지도력을 발휘한다. - 어려운 문제를 처리한다. - 문제를 해결한다.	- 사람들과 접촉한다. - 호의적인 인상을 준다. - 말솜씨가 있다. - 다른 사람을 동기유발 시킨다. - 열정적이다. - 사람들을 즐겁게 한다. - 사람과 상황에 대해 낙관적이다. - 그룹 활동을 좋아한다.
Conscientiousness(신중형) WHY!	Steadiness(안정형) HOW!
- 중요한 지시나 기준에 관심을 둔다. - 세부사항에 신경을 쓴다. - 분석적으로 사고하고 찬반, 장단점 등을 고려한다. - 외교적 수완이 있다. - 갈등에 대해 간접적으로나 우회적으로 접근한다. - 정확성을 점검한다. - 업무수행에 대해 비평적으로 분석한다.	- 예측가능하고 일관성있게 일을 수행한다. - 참을성을 보인다. - 전문적인 기술을 개발한다. - 다른 사람을 돕고 지원한다. - 충성심을 보인다. - 남의 말을 잘 듣는다. - 흥분한 사람을 진정시킨다. - 안정되고, 조화로운 업무 환경을 만든다.

- 행동 전략 (DISC 유형별 행동 성향)

Dominance (주도형)	- 공부, 숙제 등 과제나 일을 자발적으로 시작함 - 자신의 속도대로 빠르게 추진하고 집중력 강함. - 서론이나 주변사항보다는 핵심사항, 중요점에 바로 들어감. - 즉각적으로 결과를 얻기 원함. - 당장 써먹을 수 있는 것에 관심이 높음 - 도전적 과제를 원하고 가만히 앉아서 듣기보다는 실험하고 움직이고 체험을 원함. - 수업에 불만사항이 있으면 교사에게 불만을 직접 표현함.
Influence (사교형)	- 자신의 재능을 친구와 선생님에게 보여주고 싶은 욕구가 강함. - 교사의 질문에 본인이 답을 몰라도 아주 빠르게 손을 들고 나서 생각함. - 외모, 복장, 말하는 태도에 신경을 씀. - 자신의 인기관리에 관심이 높음. - 표현은 적극적으로 잘하나 체계적, 논리적, 분석적이지 못함. - 특권의식, 공주병, 왕자병 등 남에게 인정받고자 하는 의식이 강함.
Steadiness (안정형)	- 수업시간에 늦지 않게 잘 참석하고 수업 태도가 성실한 편임. - 단원목표, 내용 등 모든 것을 이해하기 원함. - 교사나 친구들에게 은근히 신임받기 기대함. - 수업행동이 예측가능하고 진지한 편임. - 자발적인 발표는 하지 않지만 지적하면 그때서야 자신의 생각을 수줍게 말함. - 교사의 강의 내용을 자세하게 필기함. - 학습내용, 자료, 사실을 비판적으로 따져보기보다 그대로 수용하려함.
Conscientiousness (신중형)	- 수업, 숙제, 시험, 수 등에 관심 많고 민감함. - 세부적 사실, 자료에 관해 깊이 알기를 원함. - 수업시간, 쉬는 시간에 남들과 어울리기보다는 조용히 자신의 자리를 지킴. - 혼자서 공부하고나 독립된 공간에서 작업하기를 바람. - 호기심이 있어 구체적이고 "왜?(why)" 라는 질문이 많음. - 수업에서 남들에게 인정받고자 하는 욕구가 적으나 자신의 기준은 높음

SMAT 문제

01 다음 중 인사의 기본자세로 옳지 않은 것은?

① 어깨 : 힘을 빼고 자연스럽게 내린다.
② 표정 : 밝고 부드러운 미소를 짓는다.
❸ 시선 : 상대의 아래 턱 부분을 부드럽게 바라본다.
④ 무릎 : 곧게 펴고 무릎을 붙인다.
⑤ 머리, 가슴, 허리, 다리 : 자연스럽게 곧게 펴서 일직선이 되도록 한다.

02 다음 중 매너의 개념에 대한 설명으로 옳지 않은 것은?

① 매너는 사람이 수행해야 하는 일을 위해 행동하는 구체적인 방식이다.
② 매너는 에티켓을 외적으로 표현하는 것이다.
③ 매너는 타인을 향한 배려의 언행을 형식화한 것이다.
❹ 에티켓을 지키지 않는 사람에게도 매너를 기대할 수 있다.
⑤ 매너의 기본은 상대방을 존중하는데 있다.

03 다음 중 공수 자세에 대한 설명으로 옳지 않은 것은?

① 엄지손가락을 잇갈려 깍지 끼고, 나머지 네 손가락은 포개어 앞으로 모은다.
② 평상시 남자는 왼손이 위이고, 여자는 오른손이 위이다.
③ 공수법은 남자와 여자가 다르고 평상시와 흉상시가 다르다.
❹ 두 손의 손가락을 가지런히 붙여서 편 다음, 아랫배에 모아 포갠다.
⑤ 어깨가 한 쪽으로 기울어지지 않도록 주의하며, 배에 힘을 주고 허리를 일직선으로 편다.

04 다음 중 일본의 비즈니스 매너에 대한 설명으로 옳지 않은 것은?

① 개인의 신상에 대한 질문은 결례이다.
② 누구에게나 경어를 사용하는 것이 일반화되어있다.
❸ 허리를 굽혀 인사할 때 상대방보다 낮은 높이로 한다.
④ 시간을 잘 지키는 것을 최대의 미덕으로 여기므로 약속 시간을 엄수한다.
⑤ 명함을 소중하게 여기고, 명함을 주고받는 문화가 정착되어있다

05 다음 중 정중한 인사를 해야 할 상황으로 가장 적절한 것은?

① 엘리베이터 안에서 CEO를 만났을 경우
② 처음 만나 인사하는 경우
③ 상사나 손님을 여러 차례 만나는 경우
④ 상사에게 보고하거나 지시를 받을 경우
❺ VIP 고객이나 직장의 CEO를 맞이하는 경우

06 다음 중 올바른 명함 수수법으로 가장 적절한 것은?

❶ 명함은 고객의 입장에서 바로 볼 수 있도록 건네도록 한다.
② 명함은 상황에 따라 한 손으로 건네도 예의에 어긋나지 않는다.
③ 명함을 동시에 주고받을 때에는 왼손으로 주고 오른손으로 받는다.
④ 앉아서 대화를 나누다가 명함을 교환할 때는 그대로 건네는 것이 원칙이다.
⑤ 앉아서 대화를 나누는 동안 받은 명함을 테이블 위에 놓고 대화하는 것은 실례이다.

07 다음 중 전화 응대의 특성으로 옳지 않은 것은?

① 보이지 않는 커뮤니케이션이다.
② 일방적인 오해가 발생할 수 있다.
③ 아무런 예고도 없이 불시에 찾아온다.
❹ 한정된 직종, 직급의 사람들과 통화를 하게 된다.
⑤ 직원의 전화 응대는 기업의 첫 이미지를 형성한다.

08 다음 중 전화 응대의 기본자세로 옳지 않은 것은?

① 책상 위에 항상 메모할 준비를 해 놓는다.
② 상대방을 확인하고 첫인사를 밝고 정중하게 한다.
❸ 업무 시간 중에는 상대방에게 통화 가능 여부를 확인할 필요는 없다.
④ 용건은 간단히 통화하며, 전달 내용을 미리 정리하고 전화 응대를 시작한다.
⑤ 얼굴을 보지 않고 나누는 대화이지만 자세를 바르게 하고 마주 대화하는 것처럼 응대한다.

09 다음 중 올바른 조문 매너로 가장 적절한 것은?

❶ 향에 불을 붙이고, 왼손으로 가볍게 흔들어 끈다.
② 향을 꽂은 후 영정 앞에 일어서서 잠깐 묵념 후 한 번 절한다.
③ 조의금은 문상을 마친 후 직접 상주에게 전하는 것이 예의다.
④ 정신적으로 힘든 유족에게는 말을 많이 시키고 위로하는 것이 좋다.
⑤ 영정 앞에 절할 때 남자는 왼손이 위로, 여자는 오른손이 위로 가게 한다.

10 다음 중 인사의 방법으로 적절하지 않은 것은?

① 숙인 상태에서 잠시 멈춘다.
② 인사 전, 후에는 상대방을 바라본다.
③ 상체를 올리는데 굽힐 때보다 천천히 들어올린다.
④ 먼저 허리부터 숙이고, 이때 등과, 목은 일직선이 되도록 한다.
❺ 시선은 자신의 발끝에 두거나 자신의 발끝에서 2.5m 정도 거리에 둔다.

11 다음 중 악수의 방법으로 적절한 것은?

① 손이 더러울 경우에는 잘 닦은 후 악수를 한다.
② 오른손이 더러울 경우 왼손으로 해도 무방하다.
③ 허리는 항상 당당한 자세로 곧게 펴고 악수를 한다.
❹ 상대방의 눈을 보며, 가벼운 미소와 함께 손을 잡는다.
⑤ 악수를 할 때 여성의 드레스와 함께 연출하는 장갑은 벗고 한다.

12 다음 중 인사법에 대한 설명으로 옳지 않은 것은?

❶ 정중한 인사는 90도 인사로 깊이 사죄할 때만 하는 인사이다.
② 90도 인사는 의례에 필요한 인사로 종교적 행사 때 행하는 인사이다.
③ 정중한 인사는 45도 인사로 정중함을 표현하며 VIP 고객을 배웅할 때 하는 인사이다.
④ 30도 인사는 보통 인사법으로 평상시 어느 장소, 어느 상황에서나 가장 일반적으로 행하는 인사이다.
⑤ 15도 약례인 경우는 가까운 동료나 친구, 선후배, 상대방을 두 번 이상 만났을 때 하는 인사로 적당하다.

13 다음 중 글로벌 매너로 옳지 않은 것은?

① 서양인은 흔히 둘째손가락으로 사람을 가리킨다.
❷ 빨간색으로 이름을 쓰는 것은 한국, 미국 모두 금기시되어 있다.
③ 일본인에게 선물을 할 때에는 흰 종이로 포장하지 않는 것이 예의이다.
④ 서양의 팁(tip) 문화는 경우에 따라 다르지만, 제공받은 서비스에 대한 조그만 감사의 표시이다.
⑤ 미국인들 사이에 있어서 양복 차림의 흰 양말은 매우 촌스럽게 생각하므로 양말은 바지 색깔에 맞춰서 신어야 한다.

14 다음 중 승강기 이용 시 기본 에티켓으로 적절하지 않은 것은?

① 승강기에서 이어폰을 크게 듣거나 통화를 크게 해서는 안 된다.
② 상사나 여성과 함께 승강기를 타면 상사나 여성이 먼저 타고 내린다.
③ 고객 안내 시 엘리베이터 안에 승무원이 있을 경우 승강기를 탈 때에 손님이 먼저 타고, 내릴 때에는 손님보다 먼저 내린다.
❹ 승무원이 있을 경우 버튼 앞에 서면 고객을 위해 버튼을 눌러주고, 내릴 때에는 먼저 내린다.
⑤ 승강기에 사람이 많을 때에는 버튼을 누르려고 무리하기 보다는, 버튼 앞 사람에게 정중히 부탁한다.

15 다음 중 레스토랑에서의 식사 매너로 옳지 않은 것은?

① 다리를 꼬고 앉지 않는다.
② 식사 후 이쑤시개를 가리지 않고 사용하는 것은 실례이다.
③ 상대에게 음식을 강권하지 않으며, 의사를 물어서 선택한다.
❹ 식사 중 기침을 하는 경우에는 냅킨으로 가리고 기침을 한다.
⑤ 상대의 식사 속도에 맞춰 먹는 것이 좋으며 이를 위해 편안하게 대화를 이끌어 속도를 맞춘다.

16 다음 중 매너와 에티켓의 어원에 대한 설명으로 옳은 것은?

① 에티켓(etiqutte)은 티켓을 의미하는 명사에서 파생되었다.
② 에티켓(etiqutte)와 매너(Manner)의 어원은 구체적으로 전해지지 않고 있다.
③ 에티켓(etiqutte)은 영국에 기원을 두고 있으며 '붙이다'라는 동사에서 파생되었다.
④ 매너(Manner)의 어원은 영어로 'Man'을 의미하며 남성의 세련된 행동이라 정의할 수 있다.
❺ 매너(Manner)의 어원은 라틴어 '마누아리우스(manuarius)'이며 인간의 행동방식 혹은 표출된 습관이라 정의할 수 있다.

17 다음 중 중국의 비즈니스 매너로 옳지 않은 것은?

① 선물은 빨간색을 좋아한다.
② 개인적인 감정과 신뢰 관계를 매우 중요시한다.
③ 되도록 사치품보다는 실용적인 것을 선물한다.
❹ 상호 존중을 중요시하며 서면에 의한 표현을 매우 엄격하게 여긴다.
⑤ 중국인들은 자신의 속마음을 쉽게 드러내지 않으므로 이들과 협상 시에는 여유를 가지고 임해야 한다.

18 다음 중 비즈니스 만남 시 소개의 순서에 대해 옳지 않은 것은?

① 연소자를 연장자에게
② 집안사람을 손님에게
❸ 이성 간에는 여성을 남성에게
④ 미혼인 사람을 기혼인 사람에게
⑤ 지위가 낮은 사람을 높은 사람에게

19 다음 중 전화 응대 시 전화를 받을 때의 행동으로 적절하지 않은 것은?

① 메모를 위해 펜과 종이를 준비한다.
② 전화 받는 사람의 음성이 그 회사에 대한 첫인상이라고 해도 과언이 아니다.
③ 용건은 간단하고 정확하게 메모한다.
❹ 전화가 들리지 않더라도 다시 한 번 말해 달라는 것은 예의가 아니다.
⑤ 상대방이 전화를 끊은 뒤 수화기를 내려놓는 것이 예의다.

20 다음 중 인사 매너에 대한 설명으로 적절하지 않은 것은?

① 밝은 목소리로 분명하게 인사말과 함께한다.
② 상대방의 얼굴을 보며 한다.
③ 밝은 표정으로 한다.
❹ 인사는 아랫사람이 먼저 한다.
⑤ 시간과 장소, 상황을 고려해서 한다.

21 다음 중 식사 시 알아야 할 에티켓으로 가장 적절한 것은?

① 예약을 미리 했으므로 예약자 확인을 한 후 편한 자리에 앉는다.
② 음식을 주문할 때는 초청자의 체면을 생각해서 비싼 음식을 주문한다.
❸ 주문은 여성과 초대 손님이 먼저 하고, 남성을 동반한 여성은 남성에게 주문한 요리를 알려주고 남성이 직원에게 주문하는 것이 예의이다.
④ 식사 중에는 화기애애한 분위기를 위해 큰소리로 웃어도 괜찮다.
⑤ 여성이 테이블에서 화장을 가볍게 고치는 것은 매너에 어긋나지 않는다.

22 다음 중 약례를 해야 할 상황으로 알맞은 것은?
① 감사의 뜻을 전할 경우
② 일상생활에서 직원과 인사할 때
❸ 계단이나 엘리베이터와 같은 좁은 장소
④ VIP 고객이나 직장의 CEO를 맞이할 때
⑤ 상사에게 보고하거나 지시를 받을 경우

23 다음 중 상석의 기준으로 적절하지 않은 것은?
① 소음이 적은 곳 등 심리적으로 안정을 줄 수 있는 곳
② 출입구에서 먼 곳
③ 경치가 좋은 자리나 그림이 보이는 곳
❹ 상사와 가까운 자리나 왼쪽
⑤ 레스토랑에서 웨이터가 먼저 의자를 빼주는 자리

24 다음 중 전화 응대 3:3:3 기법에 대한 설명으로 바른 것은?
① 전화벨이 3번 울린 후에 용무는 3분 이내, 맞장구는 3번 이상 하는 것이 좋다는 응대 기법이다.
② 전화 응대는 벨이 3번 울리기 전에 받고, 용건을 3단계로 파악 후, 3분 안에 끝내는 응대 기법이다.
③ 전화벨이 충분히 3번 울린 후에, 용무는 충분히 3분 이상, 용건은 시작, 중간, 끝의 3단계로 응대하는 기법이다.
④ 전화벨이 3번 울린 후에, 응대는 3분 이상, 수화기는 고객이 먼저 끊고 3초 후에 내려놓는 응대 기법이다.
❺ 전화벨은 3번 울리기 전에, 용무는 간단히 3분 안에, 수화기는 고객이 먼저 끊고 3초 후에 내려놓는 응대 기법이다.

25~29 O/×형

25 공수자세는 평상시에는 남자가 왼손이 위로, 여자는 오른손이 위로 가도록 두 손을 포개어 잡는 것을 말한다. 집안의 제사는 흉사이므로 반대로 손을 잡는 것이 예법에 맞다. (① ○ **❷** ×)

26 네티켓이란 네트워크와 에티켓의 합성어로 네트워크상 지켜야 할 예의범절을 의미한다. (**❶** ○ ② ×)

27 매너는 대인관계에 있어 서로 간에 지켜야 할 합리적인 행동 기준이고, 에티켓은 이것을 행동방식으로 표출한 것이라 할 수 있다. (① ○ **❷** ×)

28 여성 직원이 남성 고객을 안내할 때 한두 계단 뒤에서 올라가고 내려올 때는 한두 계단 앞서 내려온다. (**❶** ○ ② ×)

29 식사를 할 때에는 상대방과 여유를 가지고 대화를 하며, 종교나 정치 등 다소 어렵거나 민감한 주제를 가지고 깊은 대화를 하는 것이 좋다. (① ○ **❷** ×)

30~34 연결형

다음 중에서 인사를 하는 상황에 알맞은 인사 유형을 각각 골라 넣으시오.

① 목례   ② 약례   ③ 보통례   ④ 정중례

30 실내나 통로, 엘리베이터 안과 같이 협소한 공간 (2)
31 잘못된 일에 대해 사과하는 경우 (4)
32 손님이나 상사를 만나거나 헤어지는 경우 (3)
33 양손에 무거운 짐을 들고 있는 경우 (1)

34 상사나 손님을 여러차례 만나는 경우 (2)

35~39 실무형

35 다음은 상황에 따른 고객과의 전화 통화 내용이다. 응답 내용으로 적절하지 못한 것은?

〈① 전화를 바꾸어줄 때〉
"잠시만 기다려 주시겠습니까? … 고객님, 죄송하지만 통화가 길어지는 것 같은데요, 제가 메모해서 전화가 끝나는 대로 연락드리도록 하겠습니다."

〈② 전화가 들리지 않을 때〉
"고객님, 죄송하지만 목소리가 작아서 잘 들리지 않는데 좀 크게 말씀해 주시겠습니까?"

〈③ 전화가 잘못 걸려왔을 때〉
"실례하지만 몇번으로 전화하셨습니까? … 어쩌지요? 이곳은 구매부서가 아니라 자재부입니다. 제가 구매부로 돌려드리겠습니다."

〈④ 항의 전화의 경우〉
"고객님! 정말 죄송합니다. 착오가 있었던 것 같습니다. 불편을 드려 죄송합니다. 당장 조사하고 신속히 답변을 드리겠습니다. 감사합니다."

〈⑤ 잠시 통화를 중단할 때〉
"네! 확인해 드리겠습니다. 죄송하지만 잠시만 기다려 주시겠습니까? 기다리게 해서 죄송합니다. … 네! 오랫동안 기다리셨습니다."

① 전화를 바꾸어줄 때
❷ 전화가 들리지 않을 때
③ 전화가 잘못 걸려왔을 때
④ 항의 전화의 경우
⑤ 잠시 통화를 중단할 때

36 다음 고객과의 명함 교환 사례에서 적절하지 못한 행위를 고르면?

> 세일즈맨 : 안녕하세요, 반갑습니다. 저는 ○○○상사의 홍길동이라고 합니다.
> (미리 준비한 명함을 상대방이 볼 수 있도록 두 손으로 공손히 건넨다.)
> 잠재 고객 : (잠시 후) 저는 ○○○물산의 박영호 대리라고 합니다.
> 제 명함입니다.
> 세일즈맨 : 아! 박영호 대리님! 시간을 내어 주셔서 감사합니다.
> (일어서서 두 손으로 공손히 받고 상대방 직함과 이름을 불러준다.)
> 잠재 고객 : 그럼 편하게 앉으셔서 용건을 말씀해 보세요!
> 세일즈맨 : (편하게 앉은 후에 바로 받은 명함에 면담 일시를 기록하고 테이블 앞에 가지런히 놓은 후에) 박영호 대리님! 이름을 보니 저의 아버님 이름과 같아 매우 반갑네요! 오래 기억할 것 같습니다.

① 명함을 받을 때는 반드시 일어서서 두 손으로 받는다.
② 명함을 받자마자 바로 자신의 명함 집에 넣는 것은 실례이다.
③ 명함을 건넬 때에는 자신의 이름과 회사를 소개하며 건네야 한다.
④ 명함을 받으면 반드시 상대방 이름과 직책을 반가운 모습으로 불러준다.
❺ 명함을 받으면 받은 즉시 상대방 명함 오른쪽 위에 면담 일시를 기록해 놓는 것이 예의이다.

37 다음 중 세일즈맨이 고객과의 상담 약속을 잡는 것에서부터 상담하기까지의 과정에서 예의와 매너에 어긋나는 것은?

> 나는 오늘 아침 새로운 고객 발굴을 위해 선정한 잠재 고객을 만나기 위해 자신감을 가지고 잠재고객사에 전화를 걸었다.
> 먼저 오늘 언제 시간이 나는지 잠재 고객에게 먼저 물어보지 않고 나의 하루 방문 일정내로 고객의 업무시간이 비교적 한가한 오후 2시 40분에 만나면 어떻겠냐고 정중히 물었다.
> 잠재 고객은 흔쾌히 약속을 잡아주었고 나는 약속 시간 20분 전에 가방에 상담에 필요한 자료들을 준비하고 잠재 고객사의 상담실에 미리 도착하여 상담실 입구에서 가장 먼 테이블보다 가까운 테이블을 확보했다. 그리고 상담실 입구기 보이는 쪽을 나의 좌석으로 정하고 고객은 전망이 보이는 나의 앞좌석으로 정했다. 상담에 앞서 필요한 명함과 제안서, 샘플 등을 준비하고 고객 응대를 준비하였다.

① 고객이 앉을 좌석은 전망이 보이고 비교적 조용한 곳이 좋다.
❷ 상담 테이블은 입구에서 가장 가까운 쪽으로 정하는 것이 예의이다.
③ 상담 시간 20분 전에 도착하여 상담 준비를 철저히 하는 것이 예의이다.
④ 고객 방문 시에는 반드시 가방에 제안서, 샘플, 카달로그, 명함 등을 지참하고 방문하여야 한다.
⑤ 상담 시간은 고객에게 맡기기 보다는 내가 분 단위로 약속 시간을 정하고 정중히 물어보는 것이 효과적이다.

38 다음 중 서비스맨이 고객과 인사를 하는 상황에서 예의에 어긋나는 행동을 고르면?

> 계단을 내려가는데 앞서 가는 고객을 보게 되어 빨리 내려가 고객 앞에서 정중하게 인사를 하게 되었다. 고객과 6보 이내의 적절한 간격을 두고, 밝고 부드러운 미소를 지으며 상대의 눈을 부드럽게 바라보았다. 어깨는 힘을 빼고 자연스럽게 내린 상태에서 머리, 가슴, 허리, 다리, 무릎은 자연스럽게 곧게 펴서 일직선이 되도록 하였다.
> 허리부터 숙이고, 등과 목은 일직선이 되도록 한 상태에서 시선은 나의 발끝에서 1.5m 정도 거리를 두었다. 숙인 상태에서 바로 상체를 올리고 다시 고객을 바라보면서 밝은 목소리로 분명하게 인사말을 하였다.

① 계단 아래에 윗사람이 있을 때는 빨리 아래로 내려가 정중하게 인사한다.
② 표정은 밝고 부드러운 미소를 짓는다.
③ 상대의 눈이나 미간을 부드럽게 바라본다.
④ 허리를 숙이고, 시선은 상대 발 끝에 두거나 자신의 발 끝에서 1.5m 정도 거리를 둔다.
❺ 허리를 숙인 상태에서 바로 올리는데 굽힐 때보다 약간 빨리 올린다.

39 다음 고객과의 식사 사례에서 옳지 못한 식사 매너를 고르면?

> 세일즈맨 : 고객님. 이쪽으로 앉으시겠습니까?
> (고객을 경치를 잘 감상할 수 있는 좌석으로 안내한다.)
> 고 객 : 네, 감사합니다.
> 세일즈맨 : 식사는 어떤 것으로 하시겠습니까?
> (자리에 앉아 냅킨을 먼저 펴고, 메뉴를 보고 선택한다.)
> 고 객 : 네, 저는 ○○○으로 하겠습니다.
> 세일즈맨 : 그럼 저도 같은 것으로 주문하겠습니다.
> 세일즈맨 : 여기 ○○○ 2인분 주세요.

① 상석의 기준은 입구에서 먼 곳이나 경치가 좋은 자리, 그림이 보이는 곳이다.
② 주문은 여성과 초대 손님이 먼저 한다.
③ 주문은 중간이나 중상 정도의 가격의 음식을 주문하는 것이 무난하다.
❹ 냅킨은 자리에 앉으면 바로 펴는 것이 식사의 시작을 알리는 것이다.
⑤ 남성이나 초대를 한 사람이 직원에게 주문하는 것이 예의이다.

40 다음 중 의전의 5R 중 '내가 배려한 만큼 상대방으로부터 배려를 기대하는 것'을 의미하는 항목은?

① 상대에 대한 존중(Respect)
② 문화의 반영(Reflecting Culture)
❸ 상호주의 원칙(Reciprocity)
④ 서열(Rank)
⑤ 오른쪽 상석(Right)

41 다음 중 구매 후 부조화 발생 상황이 아닌 것은?

① 관여도가 높을 때
❷ 구매 결정을 취소할 수 있을 때
③ 마음에 드는 대안이 여러 개일 때
④ 전적으로 고객 자신의 의사결정일 때
⑤ 선택한 대안에 없는 장점을 선택하지 않은 대안이 가지고 있을 때

42 다음 중 이미지에 대한 설명으로 적절한 것은?

① 일반적으로 이미지라고 하면 시각적인 측면만 의미한다.
② 이미지는 어떠한 대상에 대한 지각적 요소와 감정적 요소가 결합되어 나타나므로 객관적이다.
③ 최근 인터넷 기반 기업이 증가하면서 기존 기업의 이미지, 제품의 이미지 등의 중요성이 감소되고 있다.
❹ 이미지는 학습이나 경험을 통해 얻어지는 정보나 커뮤니케이션 등에 의해 형성되거나 수정, 변화될 수 있다.
⑤ 경험만으로 형성될 수 있다.

43 다음은 의전 준비 과정 중 '호텔 선정'에 관한 설명으로 가장 바람직하지 않은 것은?

① 출장비 한도 기준으로 제일 좋은 호텔에 싼 방을 예약한다.
❷ 정치적으로 불안정한 지역인 경우 반드시 초일류 호텔을 택한다.
③ 호텔 선택은 의전 대상자의 이미지 형성에 결정적인 영향을 준다.
④ 호텔의 부대 서비스나 위치 등이 투숙자의 취향과 맞는지 확인한다.
⑤ 예약은 충분한 시간적 여유를 두고 시행하고, 중간에 예약 상황을 확인한다.

44 다음 중 바트나(BATNA)에 대한 내용으로 적절하지 않은 것은?

① 상대방에 대한 압박전술로 활용할 때도 있다.
② 합의에 도달하지 못했을 때 택할 수 있는 최선의 대안, 차선책이다.
③ 바트나가 없다면 만들고, 좋지 않을 때는 끊임없이 개선해 나가야 한다.
❹ 바트나에 미치지 못하는 제안이라도 협상을 결렬시키는 행위는 지양해야한다.
⑤ 협상이 결렬되었을 때 취할 수 있는 행동 계획으로, 협상타결을 위한 필요조건이다.

45 다음 중 의전에 대한 설명으로 가장 적절하지 않은 것은?

① 혼란방지를 목적으로 한다.
② 관습, 의례, 절차 등이 적용된다.
③ 행사의 효율성을 극대화하는 노력이 중요하다.
❹ 형식의 절차보다는 편안함과 자연스러움이 중요하다.
⑤ 의전은 예절과 격식을 갖추어 행사를 원만하게 처리하는 기준을 말한다.

46 다음 중 인센티브 여행에 대한 설명으로 옳지 않은 것은?

① 인센티브는 모두가 그것을 원하기 때문에 효과가 있다.
② 개인이 아닌 기업 등 단체에서 일체 또는 일부 경비를 부담한다.
③ 조직원들의 성과에 대한 보상 및 동기를 부여하기 위한 포상여행이다.
❹ 일반적으로 상여지급 등의 직접적인 포상방법보다는 효과가 많이 떨어진다.
⑤ 업무를 효과적으로 수행한 직원에게 보상을 주어 회사의 경영목표를 확인하고자 한다.

47 다음 중 효과적인 주장을 위한 'AREA' 법칙을 순서대로 올바르게 나타낸 것은?

> (가) 귀사의 화이트 셔츠는 품질도 우수하고 시장의 평가도 좋습니다. 그래서 저희가 100개를 구매하고자 하는데, 100개에 백만 원은 너무 비싸서 80만원으로 해주셨으면 합니다.
> (나) 예를 들어 이월상품인 경우는 빛이 바래질 수도 있기 때문에 최근 신제품과 차이가 있을 수 있습니다.
> (다) 그러므로 이번 구매에 있어서 20% 할인 금액인 80만원으로 공급해 주셨으면 합니다. 어떠십니까?
> (라) 왜냐하면 현재 물량이 부족하여 100개를 내일까지 맞춰 주시려면 창고의 작년 상품도 꺼내 주게 되어 이월상품을 받게 되는 것이니 정중히 할인을 해주시길 요청합니다.

① (가) → (나) → (다) → (라)
② (나) → (라) → (다) → (가)
③ (라) → (다) → (가) → (나)
④ (가) → (라) → (다) → (나)
❺ (가) → (라) → (나) → (다)

48 다음 중 남성의 조문 매너에 대한 설명으로 적절한 것은?

① 요즘에는 복장이 단정하면 격식에 구애받지 않는다
② 조의금은 형편이 힘들더라도 최대한 많이 내도록 한다.
③ 유족에게 가능한 말을 자주 걸어 슬픔을 잊도록 도와준다.
④ 복장은 검정 양복을 기본으로 하며, 감색·회색 양복은 입지 않는다.
⑤ 영정 앞에 선 채로 묵념 후 한 번 절하여 총 두 번의 조의를 표한다.

49 다음 중 첫인상의 특징에 대한 설명으로 적절하지 않은 것은?

① 신속성　　　　　　　　　② 통합성
③ 연관성　　　　　　　　　④ 일회성
⑤ 일방성

50 효과적인 커뮤니케이션 스킬 방법 중 아래 예시와 같은 표현을 무엇이라고 하는가?

> 죄송합니다만, 요청하신 물품은 품절되어서 주문하실 수 없습니다.

① 완곡한 표현　　　　　　② I 메시지의 사용
③ 청유형의 표현　　　　　④ 긍정적인 표현
⑤ 쿠션언어의 사용

51 감성지능의 구성요소가 아닌 것은?

① 자기인식　　　　　　　　② 자기조절
③ 감정이입　　　　　　　　④ 결과중시
⑤ 대인관계 기술

52 협상에서 효과적으로 반론하는 방법으로 적절하지 않은 것은?

① 긍정적으로 시작한다.
② 반대이유를 설명한다.
③ 반론내용을 명확히 한다.
④ 반론을 요약해서 말한다.
❺ 상대방이 수락할 때까지 반복적으로 주장한다.

53 다음 중 회의 개최지 선정 시 고려사항과 가장 거리가 먼 것은?

① 교통의 편의성
② 개최시기의 날씨
③ 숙박시설의 적절성
④ 개최 장소의 적합성
❺ 참가 대상자들의 시차 적응 용이성

54 공식 운전자가 있는 의전차량에 탑승자 중 VIP 인사의 좌석은?

① 뒤 중앙좌석
② 운전자 옆 좌석
③ 운전자 직 후방 뒷좌석
❹ 운전자 대각선 방향 뒷자석
⑤ 탑승 좌석 구분은 불필요함

55 MICE 산업의 특징으로 적절하지 않은 것은?

① 지방정부가 MICE 산업을 해당 지역의 홍보마케팅 방안으로 활용할 수 있다.
② MICE 산업을 활성화시키기 위해서는 교통이나 통신, 법적 절차 등의 지원이 필요하다.
❸ MICE 산업은 계절에 따라 성수기, 비수기가 구분되므로 관광 성수기 확대 전략으로 활용 가능하다.
④ 회의기간 동안 혹은 전, 후로 실시되는 관광행사를 통해 기존 관광 상품 및 신규 상품을 홍보할 수 있다.
⑤ MICE 산업은 그 지역의 고유한 특성을 바탕으로 독특한 문화적 이미지와 브랜드를 창출하여 국내 산업에 기여한다.

56 컨벤션의 종류 중 각 전문분야의 주제에 대한 아이디어, 지식, 기술 등을 서로 교환하여 새로운 지식을 창출하고 개발하기 위한 목적의 회의 형태는?

① 포럼
❷ 워크숍
③ 세미나
④ 클리닉
⑤ 컨퍼런스

57 어느 통신기기 매장에서 판매사원과 상담을 하는 고객의 행동에서 매우 특징적인 점을 발견하게 되어 간략하게 정리해 보았다. 정리한 내용 중에서 비언어적 커뮤니케이션의 '의사언어'에 해당하는 내용으로만 구성된 보기는?

> 가. 자신의 의사가 명확하게 전달될 수 있도록 발음에 상당히 신경을 써서 대화를 이어나간다.
> 나. 자신의 감정에 따라 말의 속도가 확연히 다르다.
> 다. 주변을 둘러보면서 판매사원의 말을 경청하고 있다는 듯이 가끔씩 고개를 끄덕인다.
> 라. 부드럽고 친근감 있는 말투였으나 자신의 질문을 판매사원이 잘 이해하지 못하면 약간 짜증스러운 말투로 이야기한다.
> 마. 판매사원의 설명 내용에 따라 얼굴표정이 달라지는데, 그 표정만 봐도 구매결정 여부를 대략 알 것 같다.

❶ 가, 나, 라
② 나, 라 마
③ 가, 다, 마
④ 나, 다, 마
⑤ 가, 라, 마

58 서비스 전문가로서 자신을 연출할 때 피해야하는 상황을 고르시오.

① 서비스 전문가는 가능하면 앞머리로 이마나 눈을 가리지 않는 헤어스타일이 좋다.
② 머리는 빗질을 하거나 헤어 제품을 사용하여 흘러내리는 머리가 없도록 고정하고 단정한 모양을 유지하는 것이 좋다.
③ 옷과 구두의 색상과 조화를 이루는 것이 좋으며 스타킹도 무난한 것으로 고르되 무늬나 화려한 색상의 것은 피하는 것이 좋다.
④ 유니폼이나 개인 슈트를 입더라도 흰색 양말보다 양복 색과 같은 양말을 착용하여 구두끝까지 전체 흐름을 같이하는 것이 좋다.
❺ 트렌드에 민감해야 하는 것이 서비스전문가이므로 제복이나 유니폼을 입더라도 트렌드에 맞게 액세서리 등으로 개인의 개성 연출을 하는 것이 좋다.

59 다음 중 물건 수수 자세에 대한 설명으로 옳지 않은 것은?

① 물건은 양손으로 건네는 것이 예의이다.
② 물건을 전달할 때에는 받는 사람이 보기 편하도록 건넨다.
③ 물건을 건넬 때에는 밝게 웃으며 상대방의 시선을 바라본다.
④ 물건을 건넬 때에는 가슴과 허리 사이 위치에 주고받도록 한다.
❺ 물건이 작아 두 손으로 건네기 힘든 경우에는 양해를 구하고 한 손으로 건넨다.

60 우량고객 중에서도 최상위의 고객을 로열고객(Loyal Customer) 혹은 충성고객이라고 하는 바 이들의 특징으로서 적절하지 않은 것은?

① 관대함
② 교차구매
③ 구전활동
④ 반복구매
❺ 하강구매

61 그레고리 스톤(Gregory Stone)이 분류한 바에 의하면 쇼핑상품 구매고객은 절약형 고객, 윤리적 고객, 개별화추구 고객, 편의성 추구 고객 등 네 가지로 나뉜다. 이 중에서 개별화추구 고객의 특징으로 적절한 것은?

① 가정으로 실시간 배달해주는 마트의 시스템을 추구한다.
② 사회적으로 신뢰할 수 있는 기업의 단골이 되는 것을 선호한다.
❸ 고객에게 친밀하게 인사하는 태도를 보이는 종업원의 서비스에 만족한다.
④ 입원한 어린이 환자 가정을 위한 기업의 사회공헌 프로그램에 대해 만족해한다.
⑤ 자신이 사용한 시간, 노력, 금전으로부터 획득할 수 있는 가치를 극대화하려 한다.

62 대안평가 및 상품선택에 관여하는 요인들 중 고객이 기존 대안을 우월하게 평가하도록 기존 대안보다 열등한 대안을 내놓음으로써 기존 대안을 상대적으로 돋보이게 하는 방법은?

① 후광효과
② 빈발효과
❸ 유인효과
④ 프레밍효과
⑤ 유사성효과

63 회의의 종류와 그 정의에 대한 설명으로 옳지 않은 것을 고르시오

① 컨벤션(Convention) : 가장 일반적으로 사용되는 회의 용어로써, 대회의장에서 개최되는 일반 단체 회의를 뜻한다.
② 컨퍼런스(Conference) : 과학기술, 학술 분야 등 새로운 지식 공유 및 특정 문제점이나 전문적인 내용을 다루는 회의이다.
❸ 패널 토의(Panel Discussion) : 패널 토의는 훈련 목적의 소규모 회의로, 특정 문제나 과제에 대한 생각과 지식, 아이디어를 서로 교환한다.
④ 포럼(Forum) : 상반된 견해를 가진 동일 분야의 전문가들이 한 가지 주제를 가지고 사회자의 주도하에 청중 앞에서 벌이는 공개 토론회를 말한다.
⑤ 세미나(Seminar) : 주로 교육 목적을 띤 회의로서 30명 이하의 참가자가 강사나 교수 등의 지도하에 특정 분야에 대한 각자의 경험과 지식을 발표하고 토론한다.

64~68 O/×형

64 공수자세는 평상시에는 남자가 왼손이 위로, 여자는 오른손이 위로 가도록 두 손을 포개어 잡는 것을 말한다. 집안의 제사는 흉사이므로 반대로 손을 잡는 것이 예법에 맞다.　　　(① O ❷ ×)

65 표정이미지 메이킹에 있어 시선의 처리는 눈을 빤히 오래 집중해서 상대방을 보게 되면 불편함을 느끼므로 눈과 미간, 코 사이를 번갈아 보며 대화를 자연스럽게 이어나가는 것이 좋다.
　　　(❶ O ② ×)

66 효과석인 커뮤니케이션을 위해 경청 스킬이 필요한데, 경청 1, 2, 3 기법은 자신이 한번 말하고, 상대방의 말을 2번 들어주며, 대화중에 3번 맞장구를 치면 효과직인 커뮤니케이션이 이루어진다.
　　　(❶ O ② ×)

67 서비스종사자에게 있어 커뮤니케이션은 무엇보다도 중요한 경영 수단인데 이 어원을 살펴보면, 라틴어 '나누다'를 의미하고 신이 자신의 덕을 인간에게 나누어 준다는 의미로 공동체에서는 의미 있는 전달을 커뮤니케이션이라 한다.　　　(❶ O ② ×)

68 MICE 산업은 Meeting(회의), Incentive(포상휴가), Country tour(국토순례), Exhibition(전시회)가 포함된 포괄적인 관광산업이다.　　　(① O ❷ ×)

SMAT 모듈A 요약본

매너 (Manners)	• 'Manuarius'라는 라틴어에서 유래 • 행동이나 습관을 의미하는 'Manus(영어 hand)'와 방법, 방식을 의미하는 'Arius'의 합성어로 행동 방식이나 습관의 표출을 의미 → <u>에티켓을 외적 행동으로 표현</u>하는 것
에티켓 (Etiquette)	• 고대 프랑스어의 동사 'estiquer(붙이다)'에서 유래. **사회적 불문율**. • **공공을 위한 안내판**이라는 의미, 사회생활의 모든 경우와 장소에서 취해야 할 **바람직한 행동양식** • 상대방에 대한 존중을 바탕으로 여럿이 함께하는 문화를 바람직하게 유지하기 위한 **사회적 약속. 질서**
예의범절	• 유교 도덕 사상의 기본인 삼강오륜에 근간을 두고 발전한 동양적인 개념으로 개인과 집안에서 지켜야 할 기본적인 규범. **관습과 습관을 준수**하여 편의도모. **합리적인 생활영위. 자발적. 자신 본성**을 다스림. (에티켓 + 매너)
네티켓 (Netiquette)	• (네트워크 + 에티켓의 합성어) 네티즌들이 네트워크를 사용하면서 지키고 갖추어야 할 예의범절. SNS. e-mail. 윤리강령/<u>인터넷 공간의 주체는 인간. 공동체가 사용하는 열린공간</u>. 실명, 악플 × 선플 ○, 사이버 범죄
서비스 매너 **직장매너**	• 상대방을 존중 배려하는 인성의 기본 요소. 서비스 경제 사회에서 **직업인으로서 성공하기 위한 경쟁력의 원천** • 출근 시. 근무 중. 회의 시. 외출 및 조퇴 시. 퇴근 시. 상급자(하급자)에 대한 매너. 호칭(**압존법**)
공수법	• 두 손(엄지손가락은 엇갈려 깍지, 네 손가락을 모아 포갠다)을 배꼽 부분에 자연스럽게 마주 잡는 자세 • **평상시**에는 남자는 왼손이, 여자는 오른손이 위로 가도록 두 손을 포개어 잡는 것(**남左 여右**) • **흉사시**에는 그 반대로 함. (**제사는** 흉사가 아니므로 **평상시의 공수자세**를 취함)
인사	• 사람이 마땅히 섬기면서 할 일을 뜻하는 것(人事) • 인사는 <u>인간관계의 첫걸음</u>이자 서로에 대한 가장 기본적인 예의

목례	• 목례는 **눈(目)으로 예의**를 표하는 인사로 정식으로 마주보고 인사하기 어려운 상황에서 하는 인사 • 양손에 무거운 짐을 들고있는 경우, <u>통화 중</u>, 모르는 사람과 마주칠 경우, 실내나 복도에서 자주 마주칠 경우
약례	• 짧은 시간에 약식으로 이루어지는 인사로 허리를 약 <u>15도</u> 정도 기울이며 하는 인사 • 상사나 손님을 여러 차례 마주치거나, 개인적이고 **협소한 공간**에서 이루어짐.
보통례	• 인사 중 <u>가장 많이 하는 정식 인사</u> 유형으로, 보편적으로 처음 만났을 때 하는 인사 • 허리를 <u>30도</u> 정도 살짝 숙여서 하는 인사 • 손님이나 상사를 만나거나 헤어지는 경우, 상사에게 보고하거나 지시를 받는 경우
정중례	• **가장 정중한 표현**의 인사. <u>감사의 뜻</u>을 전할 경우, 잘못된 일에 **사과**하는 경우, • 허리를 <u>45도</u> 정도 살짝 숙여서 하는 인사 • **면접이나 공식 석상**에서 처음 인사하는 경우, <u>VIP 고객</u>이나 <u>직장의 CEO</u>를 맞이할 경우
악수	• 비즈니스를 하는 사람들 사이에 <u>친근한 정을 표현</u>하는 것, **관계 형성의 첫 도구** • 손윗사람이 손아랫사람에게, 여성이 남성에게. • 방한용 장갑× 여성 드레스 연출○ 손이 더러울 경우(양해, 인사로 대신)
명함 및 소개	• 상대방에게 <u>자신의 소속과 성명</u>을 알리고 증명하는 역할을 함. 사교상의 목적으로 루이 14세 때부터 사용. • 보관상태. 상대방 방향으로 건넴. 낙서 훼손×. 동시교환(오른손으로 건네고 왼손으로 받은 후 바로 받쳐든다) • 명함 → 손아랫사람이 손윗사람에게 먼저, 선 자세로, 상반신을 약간 기울이며, 공손히 드린다. • 소개 순서 → 아랫사람을 윗사람에게. 남성을 여성에게. 집안 사람을 손님에게
상석의 기준	• 상석의 방향은 동서남북을 기준으로 북쪽이 상석 • 의전 기준의 기본은 오른쪽이 상석 • 상석은 입구에서 먼 곳 • 경치가 좋은 자리나 그림이 보이는 곳 • 소음이 적은 곳 등 심리적으로 안정을 줄 수 있는 곳 • 상사의 자리가 정해져 있는 경우, 상사와 가까운 자리나 오른쪽이 상석 • 레스토랑에서 웨이터가 먼저 의자를 빼주는 자리

자동차 탑승매너	• 운전자가 따로 있을 경우 = 운전사의 대각선 뒷좌석이 최상석이고, 운전사 뒷좌석이 후순위, 운전기사 옆이 말석 • 차주가 운전을 하는 경우 = 운전석 옆 좌석에 나란히 앉는 것이 매너이고, 운전석의 뒷좌석이 말석
기차 탑승매너	• 상석의 순서는 열차의 진행방향으로의 **창가** → 맞은편 **창가** → 진행 방향으로 **통로좌석** → 맞은편 **통로좌석 순**
조문 매너 (남성)	• 검정 양복이 기본, 감색이나 회색 양복도 무난 • 셔츠는 반드시 흰색으로 입고, 넥타이 구두는 검정 • 근래에는 복장이 단정하면 격식에 구애받지 않음.
조문 매너 (여성)	• 검정 상의와 하의. • 검정 스타킹과 구두를 신고, 가방도 검정으로 통일. • 지나친 색조 화장과 향수는 피해야 함.
전화응대 매너 T.P.O 고려	• 제1선 접점 (MOT/ Moment Of Truth, 진실의 순간) • 고객과 처음 만나는 순간(**기업의 첫 이미지, 브랜드 이미지**), 예고없이 찾아오는 **고객**(친절). **비용 발생**(신속) • **보이지 않는 커뮤니케이션**(마주 대화하는 것처럼 응대). **일방적인 오해 발생**(용건 확인, 정확, 복창) • 부재 중일 때. 잘 들리지 않을 경우. 회사 위치를 묻는 경우. **전언 메모** 내용(5W1H)
전화응대 3·3·3 기법	• **3번** 울리기 전에 받고 **3분 안**의 통화하고 고객이 전화 끊고 **3초 후** 수화기를 내려 놓는다.
글로벌 매너 (일본)	• <u>시간을 잘 지키는 것</u>을 최대의 미덕으로 생각. • 경어(존칭어)를 사용하는 것이 일반화 • 명함을 매우 소중하게 여김. • 인사는 <u>우리나라보다 더 많이</u> 굽히고, 허리를 굽힐 때 상대방의 얼굴을 보아서는 안됨. • 집으로 초대하는 경우는 상당한 호의의 표현, 선물 준비, 선물은 짝(행운)으로 준비 • 젓가락만 사용해서 식사(젓가락으로 상대방에게 음식 전달해서는 안됨.) • 화합을 중요시하므로 'No'라는 대답은 피하는 것이 좋음. • 선물은 흰 종이로 포장하지 않고 흰 꽃도 선물해서는 안됨. • 개인의 신상에 대한 질문은 하지 않는다.

글로벌 매너 (중국)	• 한 번 관계가 어긋나면 좀처럼 관계 개선이 되지 않음. (의리 중요시) • 상담 시 히든카드를 잘 내놓지 않음. 시간적인 여유를 가져야함. • 서면에 의한 표현은 그렇게 중요한 것이 아니고 융통성이 있어야 한다고 생각 함. • 선물은 빨간색(축복, 기쁨)이 좋고, 선뜻 받지 않으므로 여러 번 권해야 함. • 실용적인 것을 선물. • 주문 시 생선은 반드시 포함(식사 중 생선 뒤집으면 안됨.) • 가급적 벽시계나 탁상시계, 거북이는 삼가는 것이 좋음
글로벌 매너 (영국)	• 공식 만찬에서는 여왕을 위해 건배, 그 전에 담배를 피워서는 안됨. • 실내에서 우산을 펴는 것, 사다리 밑을 지나가는 것은 불길한 징조로 생각함.
글로벌 매너 (프랑스)	• 영국과 독일에 대해 우월의식과 열등의식이 복합화 됨. • 여성의 사회 참여가 활발함. • 남의 물건에 허락 없이 만지는 것은 실례.
글로벌 매너 (이탈리아)	• 90% 이상이 로마 가톨릭, 국민들 대부분이 강한 보수성을 띰. • 낮잠을 자는 습관이 있음, 4시 이후의 방문은 삼가는 것이 좋음.
레스토랑 주문 테이블매너	• 주문은 여성과 초대 손님이 먼저, 남성을 동반한 여성은 남성에게 주문한 요리를 알려주고 남성이 직원에게 주문하는 것이 매너. 중간이나 중상 정도 가격의 음식을 주문하는 것이 무난. • 전채요리(에피타이저). 수프. **左빵 右물**. 생선요리(뒤집지 않기). 고기(레어-미듐-웰던). 샐러드. 디저트. 음료
예약 매너	• 호텔이나 레스토랑, 항공사 등의 서비스 기업을 이용할 때 양질의 서비스를 받기 위해 사전에 행해야 하는 일
이미지	• 라틴어 'Imago'에서 유래된 것, '모방하다'라는 뜻을 지닌 라틴어 'Imitari'와 관련 • 어떤 대상에서 연상되는 느낌을 의미, 그 대상에 갖게 되는 일련의 신념 및 인상의 총체 • **마음속에 그려지는 사물의 감각적 영상, 또는 심상** • 인간이 어떠한 대상에 대해 갖고 있는 개념 • 주관적인 것, 직접적인 경험 없이도 형성. • 수많은 감각에 의한 이미지도 포함. • 비과학적인 개념 규정이라는 한계성을 가지고 있음. • 인식 체계와 행동의 동기 유인 측면에 있어 매우 중요한 역할. • '여과 기능' 발휘(내 생각과 선입견, 고정관념을 통해 걸러지는 경우), 학습(경험)이나 정보에 의해 변용.

외적 이미지	• 용모, 복장, 표정 등 표면적으로 드러나는 이미지로, 직접 경험을 통해 형상화되는 것
내적 이미지	• 인간의 심리적, 정신적, 정서적인 특성들이 고유하고 독특하게 형성되어 있는 상태로서 심성, 생각, 습관, 감정, 지식 등의 유기적인 결합체를 의미
첫인상	• 신속성, 일회성, 일방성, 연관성. • 처음 만난 지 2~10초 내에 결정.
메라비안 (Mehrabian) 법칙	• 얼굴 표정으로 전달되는 정보량은 언어적 요소가 7%, 청각적 요소가 38%, 시각적 요소가 55%를 차지한다는 내용의 법칙 ⇒ 첫인상 형성
초두 효과	• 처음 제시된 정보가 나중에 제시된 정보보다 기억에 훨씬 더 영향을 주는 현상을 의미. • 첫인상이 나쁘면 나중에 아무리 잘해도 긍정적인 이미지로 바꾸기 어렵다는 것을 설명하는 효과.
후광 효과 (=광배 효과)	• 어떤 대상이나 사람에 대한 일반적인 견해가 그 대상이나 사람의 구체적인 특성을 평가하는데 영향을 미치는 현상. • 한 가지 장점이나 매력 때문에 다른 특성들도 좋게 평가되는 것.
최근 효과	• 초두효과와 반대의 의미. • 시간적인 흐름에서 가장 마지막에 제시된 정보, 즉 최근에 받은 이미지가 인상 판단에 중요한 역할을 한다는 것을 설명하는 효과
부정성 효과	• 부정적인 특징이 긍정적인 특징보다 인상 형성에 더 강력하게 작용하는 것.
맥락 효과	• 온화한 사람이 머리가 좋으면 지혜로운 사람, 이기적인 사람이 머리가 좋으면 교활한 것으로 해석. • 수반적. • 처음에 인지된 이미지가 이후 형성되는 이미지의 판단 기준이 되고, 전반적인 맥락을 제공하여 인상 형성에 영향을 주게 되는 것을 설명하는 효과
호감 득실 이론	• 자신을 처음부터 계속 좋아해주던 사람보다 자신을 싫어하다가 좋아하는 사람을 더 좋아하게 됨. • 자신을 처음부터 계속 싫어하던 사람보다 자신을 좋아하다가 싫어하는 사람을 더 싫어하게 된다는 이론.

빈발 효과	• 반복해서 제시되는 행동이나 태도가 첫인상과는 달리 진지하고 솔직하게 되면 점차 좋은 인상으로 바뀌는 현상
이미지 메이킹	• 이미지 메이킹의 의의 　-**참 자아를 발견, 객관적 자아상 확보, 이상적 자아상 추구** • 이미지 메이킹의 효과 　-자아존중감이 향상, 열등감과 극복으로 자신감이 제고, 궁극적으로 대인관계 능력 향상의 효과 • **이미지 메이킹의 6단계** 　① 자신을 알라. (Know yourself). 　② 자신의 모델을 선정하라. (Model yourself). 　③ 자신을 계발하라. (Develop yourself). 　④ 자신을 포장하라. (Package yourself). 　⑤ 자신을 팔아라. (Market yourself). 　⑥ 자신에게 진실하라. (Be yourself).
안면환류가설	• 얼굴의 표정이 바뀌면 그 사람의 감정도 실제로 바뀐다고 함.
밝은 표정의 효과	• 건강 증진 효과, 감정 이입 효과, 마인드 컨트롤 효과, 신바람 효과, 실적 향상 효과, 호감 형성 효과
표정	• 내면의 어떠한 의미가 **얼굴로 표출**되는 것, 우리의 감정이 가장 극명하게 반영되는 부분.
삼점법	• 방향 안내 동작을 할 때 시선은 <u>상대방의 눈</u>을 먼저 보고, 가리키는 <u>방향을 손과</u> 함께 본 후 다시 <u>상대방의 눈</u>을 보는 방법
복식호흡	• 숨을 깊게 충분히 들이쉬고 내쉬는 호흡법, 흉식 호흡에 비해 횡경막이 더욱 아래로 내려가 가슴속 공간이 더 넓어지고 폐는 산소를 더 많이 채우게 되는 호흡법
목소리 결점 극복 방법	• 콧소리가 나는 목소리 　- 목에 힘을 뺀다. 　- 탁구공을 입에 물고 탁구공이 진동할 때까지 먼저 힘을 빼고 입술 주변을 진동시킨다는 생각으로 호흡을 자연스럽게 내쉰다.

고객	• 상품과 서비스를 제공받는 사람들로, 기업의 상품을 습관적으로 구매하는 소비자로부터 기업과 직·간접적으로 거래하고 관계를 맺는 모든 사람들 • **고객의 기본 심리** 　- 환영 기대 심리 = 언제난 환영받기를 원하는 심리. 　- 독점 심리 = 모든 서비스에 대하여 독점하고 싶은 심리. 　- 우월 심리 = 서비스 직원보다 우월하다는 심리. 　- 모방 심리 = 다른 고객을 닮고 싶은 심리. 　- 보상 심리 = 비용을 들인 만큼 서비스를 기대, 손해를 보고 싶지 않은 심리. 　- 자기 본위적 심리 = 각자 자신의 가치 기준을 가지고, 항상 자기 위주로 모든 상황을 판단하는 심리. 　- 존중 기대 심리 = 중요한 사람으로 인식, 기억해 주기를 바라는 심리. • **고객 요구의 변화**(서비스 패러독스) 　- 의식의 고급화 = 인적 서비스의 질을 중요하게 생각, 자신의 가치에 합당한 서비스를 요구. 　- 의식의 복잡화 = 고객의 유형이 복잡화되어 요구도 많아지게 됨. 불만 발생도 많아지고 불만 형태도 다양. 　- 의식의 존중화 = 존중과 인정에 대한 욕구가 많아지면서 누구나 자신을 최고로 우대해 주기를 원함. 　- 의식의 대등화 = 서로에 대한 존경, 신뢰가 떨어지면서 서로 대등한 관계를 형성하려는 상황에서 많은 갈등이 발생. 　- 의식의 개인화 = 본인만이 특별한 고객으로 인정받고 대우받길 원함.
고객의 분류	• 관계 진화 과정에 따른 분류 　- 잠재 고객 = 향후 고객이 될 수 있는 잠재력을 가진 집단이나 아직 기업에 관심이 없는 고객. 　- 가망 고객 = 기업에 관심을 보이는 신규 고객이 될 가능성이 있는 고객. 　- 신규 고객 = 처음 거래를 시작한 고객. 　- 기존 고객 = 2회 이상 반복 구매를 한 고객, 안정화 단계에 들어간 고객. 　- 충성 고객 (옹호 고객, 로열티 고객, VIP 고객) = 반복적으로 구매, 기업과 강한 유대관계를 형성한 고객. • 현대 마케팅 측면에서의 고객 　- 소비자 = 물건, 서비스를 최종적으로 사용하는 사람. 　- 구매자 = 물건을 사는 사람. 　- 구매 승인자 = 구매를 허락하고 승인하는 사람. 　- 구매 영향자 = 구매 의사결정에 직·간접으로 영향을 미치는 사람. • 참여관점에서의 고객 　- 직접 고객 (1차 고객) = 제품이나 서비스를 구입하는 사람. 　- 간접 고객 = 최종 소비자 또는 2차 소비자. 　- 내부 고객 = 회사 내부의 직원 및 주주.

고객의 분류	- 의사 결정 고객 = 직접 고객의 선택에 커다란 영향을 미치는 개인 또는 집단. - 의견 선도 고객 = 제품의 평판, 심사, 모니터링 등에 참여, 의사 결정에 영향을 미치는 사람. - 경쟁자 = 전략이나 고객 관리 등에 중요한 인식을 심어주는 고객. - 단골 고객 = 기업의 제품이나 서비스를 반복적, 지속적으로 애용하는 고객, 추천할 정도의 충성도가 있지는 않은 고객. - **옹호 고객** = 단골 고객이면서 고객을 **추천할 정도의 충성도가 있는 고객.** - **한계 고객(블랙 컨슈머)** : 기업의 **이익 실현에 방해**가 되는 고객, 고객명단에서 제외, 해약 유도를 통해 고객의 활동이나 가치를 중지. - **체리피커(Cherry Picker)** = 신포도 대신 체리만 골라 먹는다고 해서 붙여진 명칭, 기업의 상품이나 서비스를 구매하지 않으면서 자신의 실속을 차리기에만 관심을 두고 있는 고객. • **그레고리 스톤** (Gregory Stone, 1945)의 고객 분류 - **경제적** 고객 = 자신이 투자한 시간, 돈, 노력에 대해 최대의 효용을 얻으려는 고객. - **윤리적** 고객 = 구매 의사 결정에 있어 기업의 윤리성이 큰 비중을 차지하는 고객. - **개인적** 고객 = 개안 대 개인 간의 교류를 선호하는 고객(**개별화 추구 고객**) **고객 관계 관리 (CRM) 등을 통한 관리**. - **편의적** 고객 = 서비스를 받는 데 있어서 **편의성을 중시**하는 고객.(추가비용 지불/delivery 배달)
소비자 집단의 특성 (VALS)	• **VALS**(**V**alues **A**nd **L**ifestyle **S**urvey) = Stanford Research Institute(SRI)가 만듬. **실현자**(Actualizers) = 소득 수준 ↑, 자아 존중 성향 ↑, 자신을 표현해주는 고급 상품(명품) 사용 변화에 능동적, 신기술·신상품을 적극 수용(스타 헐리우드배우) **충족자**(Fulfilleds) = 교육 수준 ↑, 전문직 종사자들 多, 책임감이 강하고 성숙된 사고, 가정, 교육, 여행, 건강 중시. **신뢰자**(Believers) = 원칙 지향적, 충족자보다 상대적으로 자원 적게 보유. 변화에 유연 ×. 가정, 교회, 지역사회, 국가의 기본 규범을 존중하는 집단. 보수적, 전통 지향적, 소시민적, 애국심이 강함. 가사문제, 노후 문제에 관심. **성취자**(Achievers) = 일 중심적, 직업과 가족으로부터 만족 추구, 과시성 소비, 초기 수용자 역할. **노력자**(Strivers) = 성취자 계층에 진입 노력, 젊은 층으로 구성. 이미지, 스타일 중요시 함. **경험자**(Experiencers) = 운동과 다양한 사회 활동 참여, 쾌락과 즐거움 추구 성향, 소비 성향 ↑, 신상품을 구매하려는 성향 ↑, 유행에 민감. 충동구매의 성향 ↑, 광고에 관심 多 **자급자**(Makers) = **실용성, 편리성, 내구성 중시**. 가족, 일, 여가 중요시(신혼). 외부 세계에 대한 관심 ×. **분투가**(Strugglers) = 생활의 주 관심사는 안전과 생존. 광고를 깊이 신뢰. 상표 성취도 ↑. 가장 나이가 많은 계층. 관심 분야는 제한적.(독거노인)

MBTI
(Myers-Briggs Type Indicator)
약 75년에 걸쳐 캐서린 부룩스 (Katherine C. Briggs)와 그녀의 딸 이사벨 마이어스 (Isabel Briggs Myers) 그리고 손자 피터 마이어스 (Peter Myers)가 3대에 걸쳐 연구 개발을 한 성격 검사 도구의 한 유형

- **칼융(Carl Jung)의 성격 유형인 심리유형론**을 근거, 고객의 성격유형이 소비 행동에 직접적인 영향을 미칠 것. **성격유형별 구매 행동의 특성을 밝히는 것이 목적.**

  개인이 쉽게 응답할 수 있는 자기보고 문항을 통해 각자가 인식하고 판단할 때 선호하는 경향을 찾아낸 후, 그 경향들이 행동에 어떤 영향을 끼치는지 파악하는 검사법.

E		I
외향(Extraversion) 외부 세계의 사람이나 사물에 대하여 에너지를 사용	에너지 방향 (Energy)	내향(Introversion) 내부 세계의 개념이나 아이디어에 에너지를 사용
S		**N**
감각(Sensing) **오감**을 통한 **사실**이나 사건을 더 잘 인식. **경험. 현실주의**	인식 기능 (Information)	직관(Intuition) 육감, 영감으로 인식(사실, 사건 이면의 의미나 관계, 가능성을 더 잘 인식) **이상주의. 미래지향**
T		**F**
사고(Thinking) 사고를 통한 논리적 근거를 바탕으로 판단	판단 기능 (Decision Making)	감정(Feeling) 개인적, 사회적 가치를 바탕으로 한 감정을 근거로 판단
J		**P**
판단(Judging) 외부 세계에 대하여 빨리 판단 내리고 결정하려 함.	생활 양식 (Life Style)	인식(Perception) 정보 자체에 관심이 많고 새로운 변화에 적응적임

DISC

- 행동 패턴(Behavior Pattern)또는 **행동 스타일**(Behavior Style).

  사람들은 **태어나면서부터 성장하여 현재에 이르기까지** 자기 나름대로의 독특한 동기 요인에 의해 선택적으로 **일정한 방식으로 행동을 취하게 되고, 일정한 경향성을 가짐.**

  이러한 경향성을 보이는 것에 대해 독자적인 **행동유형**을 모델로 만들어 설명한 것.

표현이 강한 사람

	D	I	
	주도형 (Dominance)	사교형 (Influence)	
사고형	결과를 얻기 위해 장애를 극복하여 자신이 원하는 환경을 성취하는 경향의 행동 유형	결과를 완수하기 위해 다른 사람들을 연합, 환경을 조성하는 행동 유형. 사람들과의 관계 형성에 초점.	감정형
	C	S	
	신중형 (Conscientiousness)	안정형 (Steadiness)	
	업무의 품질, 정확성을 높이기 위해 기존 환경에서 신중하게 일하는 행동, 계산기 유형	과업을 수행하기 위해서 다른 사람과 협력하는 행동 유형.	

표현이 약한 사람

TA 교류분석	• 에릭 번. 자신 또는 타인 관계의 교류를 분석. 자아상태 분석-마음구조P(cp.np).A. C(fc.ac). • 긍정성(소중한 존재, 동등, 가치, 존엄)/ 운명을 스스로 결정, 변화/ 자타긍정 4태도(OK).
폐쇄적 계층구조 개방적 계층구조	• 수직이동 제한(피라미드형-카이스트 신분제도. 근대봉건사회. 후진국형. **모래시계형**-비관형, 세계화 반대) • 상, 중, 하의 기회가 열려있는 구조.(**다이아몬드형**-중층 두터움. 현대복지국가. **타원형**-낙관형, 세계화, 정보화)

고객 의사 결정 과정	• <u>문제인식 → 정보탐색 → 대안의 평가 → 구매 → 구매 후 행동</u> (순서)
	• 문제인식 단계 = 자신의 충족되지 않은 욕구를 인식, 새로운 욕구가 생길 때의 단계
	• 정보탐색 단계
	  – 정보 탐색의 유형
	  – 내부 탐색 = 정보를 기억으로부터 회상하는 것.
	  – 외부 탐색 = 다양한 정보원을 통하여 적극적으로 외적 정보를 탐색하는 것.
	  – 정보의 원천
	  – 기업 정보 원천
	  – 개인적 원천
	  – <u>경험적 원천 = 고객이 직접 서비스를 경험함으로써 얻는 정보
	    가장 확실하고 신뢰할 수 있는 정보.</u>
	  – 중립적 원천
	• 대안평가 과정 = 가격, 품질, 상표 명성, 이미지 등의 속성을 이용.
	  – 대안 평가 방법
	  – 보완적 평가 방법 = 고관여 상품일 때 이용. 몇 개의 기준을 사용, 각 대안을 비교 평가, 최종적으로 가장 높은 평가를 받은 제품을 선택하는 것.
	  – 비보완적 평가 방법 = 저관여 상품, 상표수가 많은 경우 이용.
	    ※ **컨조인트(Conjoint) 분석**
	      – 구체적인 소비자 행동의 요인을 측정하기 위한 방법 중의 하나.
	      – <u>수많은 상품 대안을 만들어 각 대안의 매력도를 평가, **신상품의 콘셉트를 결정하는 방법.**</u>
	      – 대안 평가 및 상품 선택에 관여하는 요인들
	      – 후광효과 = 상품 평가 시 일부 속성에 의해 형성된 전반적 평가가 그 속성과는 직접적인 관련이 없는 다른 속성의 평가에 영향.(기업브랜드 이미지)
	    ※ **유사성 효과** = 새로운 상품 대안이 나타난 경우, 그와 유사한 성격의 <u>기존 상품을 잠식할 확률이 높은 현상.(신제품 나오면 유사 기존상품 매출 떨어짐)</u>
	    ※ **유인 효과** = 고객이 기존 대안을 우월하게 평가하도록 유도하기 위해 기존 대안보다 **열등한 대안**을 내놓음으로써 **기존 대안을 상대적으로 돋보이게 하는 방법.**

고객 의사 결정 과정	※ **프레밍 효과** = <u>메세징 효과(말을 어떻게 하느냐</u>에 따라/겨우, 고작 ~ 밖에, 아직도 ~ 이나) 대안들의 준거점에 따라 평가가 달라지게 되는 효과. 구매 후 행동 ※ **기대 불일치 이론** 　고객이 느끼는 서비스에 대한 만족과 불만족은 고객이 제품이나 서비스를 경험하기 전의 기대와 실제 경험한 후의 성과와의 차이에 의해 형성된다는 이론. 　- 서비스 품질 차원 = 신뢰성, 대응성, 확신성, 공감성, 유형성 　- **긍정적 불일치** = 성과가 기대보다 나았을 경우. 기대초과.　　☺ 기대〈 인지〈 (고객감동) 　- **단순한 일치** = 기대했던 정보일 경우. 기대일치.　　　　☺ 기대 = 인지 　- **부정적 불일치** = 기대에 못 미친 것으로 판단.　　　　　　☹ 기대 〉인지 ※ **구매 후 부조화** = 구매 후 만족/불만족을 느끼기에 앞서 자신의 선택에 대한 **심리적인 불안감.** ※ **부조화 감소 전략** = 광고 강화. 확신 부여(안내책자 전화). A/S(친절서비스). 품질 향상.
동기부여 이론	• 매슬로의 욕구 5단계 이론(생리적 욕구, 안전의 욕구, 사회적 욕구, 존경의 욕구, 자아실현의 욕구) • ERG이론(앨더퍼/존재Existence-생리적.안전,　관계Relatedness-사회적.존경.성장Groth-자아실현) • 허츠버그의 2요인이론(①동기요인-만족도↑동기부여↑/②위생요인-불만족↓작업환경, 조건↓, 직무동기 저하↓)
커뮤니케이션	라틴어 'Communis'로서 공통, 공유라는 뜻. 커뮤니케이션의 기능 - <u>구성원의 행동을 통제.</u> - 무엇을 해야 하는가를 명확하게 해줌으로써 동기 부여를 강화. - 감정 표현, 사회적 욕구 충족을 위한 표출구를 제공. - 의사 결정에 필요한 정보를 제공. 커뮤니케이션 과정의 기본 요소 - 전달자(Source), 메시지(Message), 채널(Channel), 수신자(Receiver) 　효과(Effect), <u>피드백(Feedback)</u> 　※ 메시지(Message) = 발신자가 전달하고자 하는 내용을 언어, 문자, 몸짓 등 기호로 바꾼 것. 　※ 채널(Channel) = 발신자의 메시지를 전달하는 통로나 매체. TV나 라디오, 인터넷, 목소리 등. 　※ **피드백(Feedback) = 수신자의 반응으로 커뮤니케이션의 과정을 계속 반복, 순환하게 하는 요소.**

비언어적 커뮤니케이션	**비언어적 커뮤니케이션의 중요성** - 커뮤니케이션의 **93%가 비언어적 채널**로 구성. - 의미 **전달에 많은 영향**. - 무의식적으로 드러나는 경우가 많으므로 **신뢰성이 높은 의사 전달 수단**. 　※ **몸짓이나 시각 또는 공간을 상징**으로 하여 의사를 표현하는 커뮤니케이션 방법. 비언어적 커뮤니케이션의 유형 ※ 신체 언어 = 몸짓, 손짓, 표정 등에 의한 비언어적 표현으로 얼굴 표정, 눈의 접촉, 고개 끄덕이기, 자세 등이 포함. ※ 의사 언어 = 공식적 언어가 아닌 인간이 발생시키는 갖가지 소리를 의미 　- 말투, 음량, 말의 속도, 발음 　- 음조의 변화 = 다양한 메시지를 판단하는 데 영향, 소리를 높낮이 및 강약. 　- 음고 (Pitch) = 듣는 사람이 상대방의 능력, 사회성을 인지하는 데 도움, 소리의 높낮이. 　- 신체적 외양 = 신체적 매력, 복장, 두발. 　- **공간적 행위 (Body-Zone)** ※ 호저의 거리 = 적정거리/고슴도치의 딜레마 　- 친밀한 거리 (Intimate Distance) = 0~45cm, 연인·가족·친구. 　- 개인적 거리 (Personal Distance) = 45~80cm, 직장동료. 　- 사회적 거리 (Social Distance) = 80~1.2m, 비즈니스. 　- 대중적 거리 (Public Distance) = 1.2~3.7m, 강사·청중·연설.
커뮤니케이션 오류의 원인	전달자(말하는 사람)의 문제 - 미숙한 대인관계 = 상대방의 질문에 대답하지 않고 자신의 말만 반복하는 등 일방적인 대화의 문제가 발생. - 미숙한 메시지 전달 능력 = 의사소통의 과정을 왜곡시키는 문제가 발생. - 혼합 메시지의 사용 '이중 메시지', '혼합 메시지'의 문제, 의사가 명확하지 않은 문제가 발생. - 오해와 편견 = 전달자의 심리 상태, 주관적인 견해가 오해와 편견으로 인한 영향. 메시지의 정확한 전달을 방해하는 문제가 발생. 수신자(듣는 사람)의 문제 - 경청의 문제 = 건성으로 듣거나 무성의한 태도를 보이는 것으로 인한 문제가 발생. - 부정확한 피드백 = 의도를 정확하게 파악하지 못하고 임의로 해석하여 반응, 자신에게 유리한 내용만 경청한 것에 대해 반응하는 문제. (선택 주의). - 왜곡된 인지와 감정적 반응 = 과거 경험에 따른 오해와 왜곡된 인지 또는 그릇된 지각 때문에 전달자의 메시지를 잘못 이해하고 수용하는 문제. (흑백 논리, 과잉일반화). ※ '이중 메시지 = 혼합 메시지'라고도 함. **언어적, 비언어적으로 불일치**하여 커뮤니케이션 오류를 야기.

커뮤니케이션과 관련한 이론	※ **피그말리온 효과**(Pygmalion Effect) (긍정 효과) 　- 누군가에 대한 사람들의 믿음이나 기대, 예측이 그 대상에게 <u>그대로 실현되는 경향</u>. 　- 낙인 효과와는 반대 개념. ※ **낙인 효과**(Stigma Effect) (부정 효과) 　- 다른 사람으로부터 부정적인 낙인을 찍힘으로써 실제 그렇게 되는 현상. 　- 좋지 않은 과거 경력이 현재의 인물 평가에 미치고 나쁜 사람으로 낙인 받으면 의식적 또는 무의식적으로 그렇게 행동한다는 것. ※ **플라시보 효과**(Placebo Effect) (긍정 효과) 　- 긍정적인 심리적 믿음이 신체를 자연 <u>치유하는</u> 데 큰 역할을 한다는 것. ※ **노시보 효과**(Nocebo Effect) (부정 효과) 　- 플라시보 효과의 반대. 　- 좋은 효능이 있는 약을 복용하고 있지만 환자가 부정적인 생각으로 약의 효능을 믿지 못한다면 상태가 개선되지 않는 현상. ※ **호손 효과**(Hawthorne Effect) 　- 다른 사람들이 지켜보고 있다는 사실을 의식, 그들의 전형적인 본성과 다르게 행동하는 현상. 　- 어떤 새로운 관심을 기울이거나 <u>관심을 더 쏟는 것</u>으로 대상의 사람들이 <u>행동과 능률에 변화</u>가 일어나는 현상.
감성지능 EQ	※ 감정을 효과적으로 조절하는 능력. ※ 동기를 부여, 계획을 수립, 목표를 성취하기 위하여 감정들을 이용해 자신의 행동을 이끄는 능력. 등장 배경 　- 과거 = 창조성 혹은 주관적인 제안 행동과 같은 개인의 감성이 반영된 행동은 경원시. 오로지 <u>조직이 요구하는 대로</u> 기계적으로 업무를 하는 것이 바람직한 행동으로 여김. 　- 지식정보화사회 = 구성원들이 능동적으로 조직 업무에 임할 수 있고, 높은 조직성과를 기대할 수 있는 상호 존중, 신뢰하는 조직을 선호. → <u>감성지능의 중요성이 대두.</u> 　- <u>21세기의 사회 = 삶의 질을 중요한 가치</u>로 두고 있기 때문에 주관적, 비전이 있는 자세, 창조적, 직관적인 행동을 유발. → <u>감성지능이 절실히 필요.</u> 　　긍정적인 감성은 구성원의 자발적인 이타 행동을 증가, 구성원들에 대한 리더십을 발휘.
감성지능의 구성요소	**자기 인식**(Self-Awareness) (현실적 자기평가, 자신감) 　- 자신의 감성을 빨리 인식하고 알아차리는 능력. 　- 자신의 감정을 이해, 감정을 있는 그대로 표현할 수 있는 개인의 능력. **자기 조절**(Self-Management) (변화의 개방성, 신뢰성, 불확실성에 대한 편안함) 　- 자신의 감성을 적절하게 관리하고 조절할 줄 아는 능력. **자기 동기화**(Self-Motivating) (성취욕구, 낙관주의) 　- 어려움을 이겨내고 자신의 성취(목표)를 위해 노력, 자신의 감정을 다스리고 자기 스스로 동기 부여.

감성지능의 구성요소	감정 이입(Empathy) (타인 이해 능력, 감수성, 고객서비스 정신) 대인관계 기술(Social Skill) (라포 형성, 네트워크 구축능력, 관계관리 능통)

경청 스킬	※ **경청1·2·3 기법** = 1번 말하고, 2번 들어주고, 3번 **공감**. 맞장구 치는 기법(small talk)
	경청에 대한 일반적인 경향
	  -자신과 비교하거나 판단을 내리느라 전적으로 집중하지 못함.
	    경청의 장애 요인
	  -상대방의 이야기를 들으면서 머릿속으로 상대방의 이야기에서 잘못된 점을 지적하고 판단하는 것에 열중.
	    효과적인 경청을 위한 방법
	  -말하지 마라.
	  -말하는 사람에게 동화되도록 노력
	  -전달자의 메시지에 관심을 집중
	※ **BMW기법**/Body자세. Mood분위기. Word말의 내용) 진정으로 듣기 원하는 것을 보여주어라.
	  -질문하라. -인내심. -산만해질 수 있는 요소를 제거. -온몸으로 맞장구.
	  -메시지 내용 중 동의할 수 있는 부분을 찾아라. -전달하는 메시지의 요점에 관심.

말하기 스킬	**긍정적**인 표현
	-긍정적인 부분을 중심으로 표현하는 것.
	-부정적 표현은 상대방의 자존심을 상하게 하여 불쾌감을 느끼게 함.
	-ex) "이곳에서 담배를 피워서는 안 됩니다."(×) → "건물 바깥에 흡연실이 마련되어 있습니다."(○)
	청유형의 표현 (부탁)
	-ex) "조금만 기다려 주세요."(×) → "조금만 기다려 주시겠습니까?"(○)
	개방적인 표현
	-ex) "오늘 하루 즐거우셨습니까?"(×) → "오늘 하루 어떠셨나요?"(○)
	완곡한 표현
	-ex) "그렇게 하는 것보다 이렇게 하면 어떨까?"
	    "모릅니다" → "제가 알아봐 드리겠습니다."
	※ **쿠션(Cushion) 언어**의 사용
	  -상대방이 원하는 것을 들어 주지 못하거나 상대방에게 부탁을 해야 할 경우 상대의 기분이 나빠지는 것을 최소화할 수 있는 언어 표현. ex) 미안합니다만, ~~ 죄송합니다만, ~~ 실례합니다만, ~~ 바쁘시겠지만, ~~
	I-메시지 사용
	-ex) "넌 왜 그렇게 하니?"(×) → "네가 그렇게 하니까 내 마음이 상해!"(○)
	    "당신은 왜 매일 지각인가?"(×) → "자네가 지각할 때마다 나는 신경이 곤두선다네."(○)

	※ 질문기법 – **과거질문 → 미래질문** ex)"왜 문제가 발생했나요?"(×) → "어떻게 하면 해결할 수 있을까요?"(○) – **부정질문 → 긍정질문** ex)"뭐가 확실하지 않은거죠?"(×) → "확실한 점은 무엇입니까?"(○) – **폐쇄형질문 → 개방형질문** ex)"오늘 잘 보내셨나요?"(×) → "오늘 어떻게 보내셨나요?"(○)
심상법	※ **가상체험**을 하여 미리 발생할 수 있는 상황에 대한 정보를 인지한 후 <u>자신의 감성이 부정적으로 가는 것을 방어</u>하는 **자기감정 조절방법**.
커뮤니케이션 네트워크 형태별 분류	• 쇠사슬(Chain)형 – 수직적(명령계통) – <u>단방향(신속하나 왜곡문제 발생)</u> • 수레바퀴(Wheel)형 – 리더에게 집중(한사람의 중심인물/문제해결 신속하나 복잡한 문제해결에 문제점) • Y형 – 관료적. 위계적인 조직에서 전형적으로 발견 • 원(Circil)형 – 테스크포스(TaskForce/ T.F팀 전문조직 구성원) – 서열없음. – 단점(업무진행 결정 느림) ※ **완전연결(All Channel)형** – **가장 이상적인 형태**(리더 없음. 구성원들 정보 교환 용이) – 문제발생시 상황판단, <u>문제 해결에 가장 효과적</u>. – **구성원간 만족도, 참여도 높다.**
프레젠테이션	※ 한정된 시간 내에 청중에게 정보를 정확하게 제공, 전달함으로써 자신이 의도한 대로 판단과 의사결정이 되도록 하는 커뮤니케이션의 한 형태. 정의 = 사전적인 의미로 발표, 소개, 표현 등을 의미 구성요소 – 메시지 구성 시 고려사항 = 메시지의 이해성, 메시지의 흥미성, 메시지의 단순성. – 시청각자료 제작 시 고려사항 = 자료의 적합성, 자료의 간결성, 자료의 일관성, 효과적인 색채와 디자인. – 시청각 자료의 종류 = 파워포인트, 디렉터, 동영상, 플래시, 3D, 캐릭터, 실물. – 발표 = 청중을 설득하여 원하는 바를 얻어내는 것. – 음성 전달 능력 = 목소리의 6요소 = 빠르기(Rate), 크기(Volume), 높이(Pitch), 길이(Duration), 쉬기(Putch), 힘주기(Emphasis).

프레젠테이션의 3P 분석	※ **사람(People)** 　- 누구에게 프레젠테이션 할지를 분석하는 것. 　- 청중의 연령, 교육수준, 참가 이유, 규모 등 청중에 대한 전반적인 이해와 배경 지식을 확보해야 함. ※ **목적(Purpose)** 　- 왜 프레젠테이션을 하는지 이유를 정리하는 것. 　- 정보 전달 PT 　- 상대방을 이해시키는 것. 　- 공신력을 만들어라, 관련성을 찾아라, 핵심을 강조. 　- 설득 PT 　- 신념을 바꾸고 태도 변화 촉구 　- 논리적으로 접근, 호감의 법칙을 이용, 청중의 심리를 이용. ※ **장소(Place)** 　- 진행 장소와 환경을 분석하는 것.
설득	**설득**의 6가지 기술 　- 이심전심(말보다 따뜻한 눈빛)　- 역지사지　- 감성 자극　- 촌철살인 　- 은근과 끈기　- 차분한 논리 ※ **산울림법** 　- 고객 기본 응대 화법. 　- 고객이 한 말을 반복하여 이해와 공감을 얻으며, **고객이 거절하는 말을 그대로 솔직하게 받아 주는 데 포인트**가 있는 화법. ※ **아론슨(Aronson) 화법.** 　- **부정적 내용을 먼저** 말하고 **끝날 때 긍정적 의미로 마감**하는 것. ※ **I-메시지 전달법** 　- 대화의 주체가 '너'가 아닌 '내'가 되어 전달하고자 하는 표현법. 　- 상대방에게 <u>나의 의사를 충분히 전달하면서도 상대방이 기분 나쁘지 않게 말하는 방법</u>. ※ **그레이프바인 = 포도넝쿨.** 비공식적 커뮤니케이션(풍문, 소문-부정적 의미) ※ **SCAF = 설득의 4가지 유형** 　- **S**peaker(표출형) = 의견과 희망을 말할 기회를 주고, 스스로 사실을 발견하도록 도와주는 질문을 한다. 　- **C**arer(우호형) = 논리, 논쟁보다는 친절하고 여유있는 태도, 열린마음, 개인적 견해와 감정을 논의한다. 　- **A**chiever(성취형) = 주장. 도전성향. 공격적. 지배적. 승부욕. 라이벌의식. 이익에 민감 → **솔루션 제시. 직접 협상.** 　- **F**inder(분석형) = 수치화된 데이터, 객관성 있는 자료를 근거로 증거 제시한다 → **서면 증거 제시. 설명.**

협상	※ 협상이란, 이견을 가진 사람들과 함께 명확하고 공정한 의사소통을 통해, 거래와 타협을 하고 상호 수용할 수 있는 결정에 도달하도록 조정하는 과정. ※ 구전(Word of Mouth) 활동 - 고객의 입에서 입으로 전달되어 퍼지는 활동. - 자신과 관계가 있는 사람들에게 자발적으로 퍼뜨리는 활동, 별도의 비용이 소모 ×. ※ 바트나(BATNA) - 협상자가 합의에 도달하지 못할(결렬되었을)경우, 택할 수 있는 다른 좋은 대안. 협상의 3가지 유형. - 분배형 협상 - 이익 교환형 협상 - 가치 창조형 협상 **효과적인 주장**을 위한 **'AREA의 법칙'** - 주장(Assertion) = 우선 주장의 **핵심을 먼저** 말함. - 이유(Reasoning) = 주장의 **근거를 설명**. - 증거(Evidence) = 주장의 근거에 관한 **증거나 실례**를 제시. - 주장(Assertion) = **다시한번 주장**을 되풀이. **효과적으로 반론하는 방법.** - 긍정으로 시작 → 반론 내용을 명확히 함 → 반대 이유를 설명 → 반론을 요약해서 말함.

컨벤션	• 컨벤션 정의
	- con은 라틴어 cum(=together), vene는 라틴어의 venire(=to come)의 합성어.
	 '함께 와서 모이고 참석하다' 는 의미.
	- 사회단체 및 정당 회원 간의 회의, 사업 및 각종 무역에 관련된 모든 회의, 정부 간에 이루어지는 모든 회의.
	 ※ **3개국 이상에서 공인단체 대표가 참가하는 정기적 혹은 비정기적 회의.**
	 ※ **컨벤션의 중요성(굴뚝없는 산업. 무공해 산업)**
	  - 신종 관광산업으로 부상.
	  - 컨벤션산업의 수요가 증가.
	  - 국민소득의 증대, 지역 경제의 활성화, 내수경기의 확대, 개최지역의 이미지 고양에 기여.
	 효과
	 - 경제적 효과
	 - 직·간접적 경제승수 효과, 개최 도시와 국가의 세수 증대, 선진국의 기술이나 노하우의 수용으로 국제경쟁력 강화, 산업 전반에 발전.
	 - 사회, 문화적 효과
	 - 도시화, 근대화 등의 지역 문화 발달, 국가 이미지 향상의 기회, 세계화와 질적 수준의 향상.
	 - 정치적 효과
	 - 개최국의 국제 지위 향상, 문화 및 외교 교류의 확대, 국가 홍보의 극대화.
	 - 관광산업 진흥의 효과
	 - 관광 비수기 타개, 대량 관광객 유치 및 양질의 관광객 유치 효과, 관광 홍보.

※ 회의 형태별 분류
- 포럼 = 상반된 견해를 가진 동일 분야의 전문가들, 사회자의 주도, 청중 앞에서 벌이는 공개토론회.
- 컨퍼런스 = 두명 이상의 사람들, 구체적인 특정 주제를 다루는 회의, 새로운 지식 습득, 새로운 분야의 연구
- 심포지엄 = 포럼과 유사, 제시된 안건에 관해 전문가들이 다수의 청중들 앞에서 벌이는 공개토론회.
- 포럼에 비해 다소의 형식을 갖춤, 참여한 청중들의 질의나 참여 기회 제한.
- 세미나 = 교육 및 연구목적을 가진 소규모적 회의, 한 사람의 주도하에 정해진 주제에 대해 발표·토론.
- 워크숍 = 30명 내외의 소규모 인원이 특정 이슈에 대한 지식을 공유
- 콩그레스 = 유럽에서 사용되는 국제회의, 사교행사와 관광행사 등의 다양한 프로그램 동반하는 회의.
- 렉처 = 한 명의 전문가가 청중들에게 특정 주제를 강연(강의).
- 클리닉 = 소집단을 대상으로 교육하거나 훈련시키는 것.
- 패널 = 2명 이상의 강연자를 초청, 전문지식과 관점을 청취하는 것.
- 전시회 = 컨벤션과 전시회는 일반적으로 협업(collaboration), 병행하여 개최, 시너지효과를 기대.

컨벤션

컨벤션의 회의 성격별 분류
- 기업 회의 = 상품 판매 촉진 회의, 신상품 개발 및 발표회, 세미나와 워크숍, 경영자 회의, 주주 총회, 인센티브 회의 등.
- 협회 회의 = 무역 관련 협회, 전문가 협회, 교육 관련 협회, 과학 기술 협회 등에서 주최하는 회의.
- 시민 회의 = 환경 모임, 소비자 연합회 모임.

구성요소
- 컨벤션 개최 주최자
- 정부 컨벤션 = 중앙정부와 지방자치단체의 주체
  각종 회의나 연수회, 두 국가 이상이 참여, 각종 회의를 주제로 개최.
- 협회, 학회 컨벤션 = 공통된 관심사를 가진 회원들의 의견 교환, 새로운 정보의 제공.
- 기업 컨벤션, **비영리 조직.**

※ PCO(Professional Convention Organizer)
- 컨벤션 기획사, **영리 업체.**
- 국제회의 개최 사전 준비
- 회의의 성격과 특성 및 취지 파악, 　　회의 개최일자 결정,
  행사 지원 기관 검토. 　　　　　　　　이전 회의의 경험 반영.
  재정 확보. 　　　　　　　　　　　　　인적 요원의 확보.
  회의 참가 홍보 활동의 전개.

	－국제회의 개최 기획과 분과위원회 구성 및 진행. －공식적인 담당 요원 선정.　　　　　회의 명칭 및 주제 결정. 　개최지 선정.　　　　　　　　　　회의 공식 일정 결정. 　참가 예상 인원.　　　　　　　　　회의장 선정. 　숙박 장소 선정.　　　　　　　　　수송 계획 확립. **지역 컨벤션 대행 업체(DMC**/Destination Management Company) －도시마케팅을 위한 지역내 전문 기구, 영리 목적. －영리를 목적으로 하는 PCO와 같은 업무를 하면서 행사 시설, 임대, 정보, 숙박, 관광, 서비스 업무를 연결.
컨벤션	※ **컨벤션뷰로(CVB)**(Convention and Visitors Bureau) **비영리 목적, 공공조직**. 　⇔ PCO(Professional Convention Organizer **대행/영리업체**). 　　－컨벤션 도시를 판매하는 것이 주요 업무. 　　－국제회의 유치에 필요한 모든 업무를 지원하는 전담팀. 　　－국제회의 유치 추진 절차에서부터 행사장 선정, 소요 예산 분석, 유치 제안서 작성, 현지 설명회 개최, 마케팅, 국제기구 임원을 대상으로 한 홍보활동까지 모든 업무를 지원. 컨벤션 행사 유치 및 기획 단계 －행사 유치를 위한 방침의 결정. －행사 유치 운영 위원회 결성. －행사 유치 신청서 제작. －본격적인 행사 유치 활동. －행사 유치 최종 결정.
회의 운영 수행	컨벤션 개최지 선정 시 고려 사항 －숙박시설과 회의장, 교통의 편의성, 기후의 적정성, 전시장의 이용가능성, 이벤트 프로그램, 인적 자원의 우수성, 도시 브랜드 및 이미지, 제반시설 접근성. 회의실의 배치 설계 －극장식 배치, 강당식 배치, 암체어 배치. 회의실의 준비 자료 －전체 회의 프로그램 －각 프로그램은 많은 참가자를 유도할 수 있도록 다양하고 효율적으로 구성. －컨벤션 기간 중 참가자의 행동요령의 지침. －회의 일정을 한눈에 보기 쉽도록 작성.

회의 운영 수행	- 파손되지 않고 휴대가 간편하도록 제작. - 회의 취지 요약과 참가자 명부 작성 - 회의 취지를 알릴 수 있는 안내문 고지. - <u>누가 참가하느냐에 따라 참가자 수가 달라질 수 있어 예상 참가자 명단을 작성.</u> 등록 및 숙박 관리 - 등록 관리 - 참가자의 국적, 소속, 지위, 성명 등 인적사항, 연락처, 참가 목적 등의 정보. - 본부 보관용, 조직위원회의 사무국 보관용, 참가자의 등록보관용으로 구분. - 등록자 명단, 참가자 숙박정보 등을 데이터베이스로 구축. - 사전등록 = 참석자 참여도 ↑, 당일 혼잡성 피할 수 있고 비용 예측 시간 절약, 규모인원 예측 가능, 예산 편성 용이. - 숙박 장소 선정 시 고려 사항 - 컨벤션 회의장과의 편리한 접근성. 참가자들의 수준에 적합한 숙박장소 선정. 충분한 부대시설의 확보. 행사 진행을 위한 인적자원의 적정 수준과 확보. 행사 진행을 위한 인적자원의 적정 수준과 확보. 교통의 편리성 확보. 안전 관리 체계 확립. 컨벤션 개최에 대한 업무 노하우의 충분한 확보.
의전 실무 기획	※ 의전 - 예를 갖추어 베푸는 각종 행사 등에서 행해지는 예법으로 대내외적 업무지원 활동 중 임원 및 사회이사 등에게 행해지는 예절 활동. 의전의 의미 - 예를 갖추어 베푸는 각종 행사 등에서 행해지는 예법. - 조직이나 국가 간에 이루어지는 예절. - 국가가 관여하는 공식행사에서 지켜야 할 규범. - 고위급 인사의 방문, 영접 시 행해지는 국제적 예의. - 기업에서는 대내외적 업무지원 활동 중 임원 및 사외이사 등에게 행해지는 예절활동. - 의전업무의 대상은 내부 규정으로 정하기도 하지만, 통상 최고 의사결정권을 가진 전, 현직 임원 및 사회이사와 동등한 위치에 있는 자에게 적용. 행사의 의미 - 행사의 목적을 달성하기 위해 사전 철저한 준비가 필요.

의전의 5R 요소	※ **의전의 5R 요소**
	  - **상대방에 대한 존중(Respect)**
	  - 의전은 상대 문화와 상대방에 대한 존중과 배려가 기본.
	  - **상호주의 원칙(Reciprocity)**

의전의 5R 요소	- 의전에서는 국력에 관계없이 모든 국가가 1대 1의 동등한 대우를 해야 하며, 의전 상 소홀한 점이 발생했을 경우, 외교 경로를 통해 상응하는 조치를 검토. - 상호주의(호혜주의)는 상호 배려의 다른 측면으로 내가 배려한 만큼 상대방으로부터 배려를 기대하는 것. - **문화의 반영(Reflecting Culture)** - 의전의 격식과 관행은 특정 시대, 특정 지역의 문화를 반영. (인도/소고기, 스테이크×) - 시대적, 공간적 제약. - **서열(Rank)** - 가장 기본이 되는 것, 참석자들 간에 서열을 지키는 것. - 의전 행사에 가장 기본이 되는 것은 참석자들 간에 서열을 지키는 것. - **오른쪽 우선(Right)** - 'Lady On The Right', 차석(No.2)은 VIP(No.1)의 오른쪽에 위치 - 오른쪽 우선의 원칙으로 단상 배치 기준.
의전의 기획	행사 계획 - 행사 시작부터 끝까지 진행시간과 참가인의 행동요령을 구체적으로 제시. 세부 계획 - 내빈 안내 - 입장 및 퇴장 계획 - 모든 행사 참가자의 입장과 퇴장 시간, 출입통로 및 출입문, 주차장, 출발지 및 출발 시간을 입, 퇴장 시간 순으로 상세히 작성. - 귀빈 도착(기수단) **30분 전 모든 참가자의 입장이 완료.** - 참가자 및 차량 동원 계획 - 업무 분장 및 준비 일정 - 우천 시 대비 계획 행사장 준비사항 - 식장 - 행사요원은 가급적 복장을 통일. - 행사장식물 설치 - 옥외행시의 경우 홍보 탑과 현수막 등 최소한의 홍보물 설치 - 테이프 절단 - 건물의 주 출입구 앞이 일반적. - 적색, 청색, 황색, 흑색, 백색 등 5가지 색, 천 테이프 사용. - 가위와 흰 장갑을 쟁반에 담아 참가인사에게 전달. - **장갑과 가위는 여유 있게 준비. 방향**

의전 실무 수행

식음료 서비스 및 어텐션(Attention)
- 늦게 참석한 손님은 성명을 확인, 조용히 좌석으로 안내.
- 일찍 퇴장하는 손님은 사전에 부탁받은 시간에 서비스 담당자는 손님에게 시간을 안내.
- 스피치 손님의 객석과 순서를 미리 파악.

연회 서비스의 종류
- 칵테일 파티, 뷔페 파티, 스탠딩 뷔페 파티, 테이블 뷔페 파티.

관례상 서열
- 부부 동반의 경우 부인의 서열은 남편과 동급.
- 연령 중시.
- 여성이 남성보다 상위. 단, 대표로 참석한 남성의 경우 예외.
- 여성 간의 서열은 기혼 여성, 미망인, 이혼한 부인, 미혼 여성 순
- 외국인 상위.
- 높은 직위 쪽의 서열 상위.
- 주빈 존중.

계급에 따른 호칭
- 상급자에게는 성과 직위 다음에 '님'이라는 존칭 사용.

MICE의 이해

정의
※ 기업회의(Meeting), 포상 관광(Incentive Tour), 국제회의(Convention), 전시(Exhibition)을 유치해 서비스를 제공하는 과정과 관련시설을 통칭하는 용어.
- MICE 산업은 넓은 의미에서 비즈니스 관광으로 간주.
- MICE 산업 자체의 산업뿐만 아니라 숙박과 식·음료, 교통·통신과 관광 등 다양한 산업이 연관되어 발생.

MICE 산업의 특징
- 공공성
  - 정부와 지역사회의 적극적인 참여가 필요함을 의미.
  - 막대한 비용이 필요하며 건립 이후에도 꾸준한 지원이 필요.
- 지역성
  - 지역의 고유한 관광, 문화, 자연 자원 등의 특성을 바탕.
  - 지역의 다른 산업들과의 연계를 통하여 이루어짐을 의미.
  - 지역 홍보수단으로 사용.
- 경제성
  - 경제적으로 높은 파급효과를 가져옴.

- 1차적 경제적 파급효과 = 관련 시설의 건설과 투자, 생산 및 고용 유발.
- **2차적 경제적 파급효과 = 숙박, 유흥음식, 관광레저 등을 이용, 고용 및 소득 증대, 지역의 세수 증대 등 지역 경제 활성화를 도모.**
- 관광 연계성
  - MICE 산업 참가자들이 행사 중간이나 이후 관심 있는 관광 프로그램에 참여.

MICE 산업의 분류	기업회의(**Meeting**)
	※ '기업회의'를 의미하며 10인 이상의 참가자가 참여하여 4시간 이상 진행되는 회의.
	  - 국제적 기업회의, 외국인이 10명 이상 참가해야 한다고 정의.
	
	포상 관광(**Incentive Tour**)
	※ 구성원의 성과에 대한 보상 및 동기 부여를 위해 비용의 전체 혹은 일부를 조직이 부담하는 포상 관광.
	  - 포상 관광으로 상업용 숙박시설에서 1박 이상의 체류.
	  - 포상 관광의 내용은 휴양 및 교육을 포함, 오락적 부분이 강조, 목적지·개최지 선택에 있어 중요한 결정요인이 되기도 함.
	• 국제회의(**Convention**)
	  ※ Meetings보다 규모가 큰 3개국 10명 이상이 참가하여 정보 교환, 네트워킹, 사업 등의 목적이 있는 회의.
	
	전시회(**Exhibition**)
	※ 제품의 홍보 혹은 판매하기 위하여 정해진 장소에서 관람객과 잠재적 바이어에게 제품을 전시, 홍보, 거래 등의 활동을 하는 것.
	  - 국내 전시 산업.

안원실 프로필

「직업기초CS」를 기획한 안원실은
일본 릿쇼대학에서 문학박사학위를 받고
서비스경영(컨설턴트), CS Leaders(관리사),
심리상담사, 인성지도사,
진로적성상담사, 자기주도학습지도사,
스피치지도사 등의 자격을 취득하고
현재 신성대학교에서 재직 중이며
의사소통, 대인관계, 인성계발, 직장매너와 CS과목,
말하기와 글쓰기 등을 담당하고 있다.

직업기초CS Customer Satisfaction

초판 1쇄 발행 / 2020년 09월 28일
초판 2쇄 발행 / 2022년 02월 14일

저자　　안원실
발행처　형설출판사
　　　　경기도 파주시 회동길 37-23 전화 (031) 955-2361~4 · 팩시밀리 (031) 955-2341
발행인　장진혁
등록　　라-제9호 · 1962년 5월 1일
홈페이지 http://www.hyungseul.co.kr
e-mail　hs@hyungseul.co.kr

정가 20,000원

ⓒ 2022 안원실 All Rights Reserved.

ISBN 978-89-472-8521-6 03190

※ 본 도서는 저자와의 협의에 따라 인지는 붙이지 않습니다.
※ 본 도서는 저작권법에 의해 보호를 받는 저작물이므로 동영상 제작 및 무단전재와 복제를 금합니다.
※ 본 도서의 출판권은 형설출판사에 있으며, 사전 승인 없이 문서의 전체 또는 일부만을 발췌/인용하여 사용하거나 배포할 수 없습니다.

이 도서의 국립중앙도서관 출판예정도서목록(CIP)은 서지정보유통지원시스템홈페이지(http://seoji.nl.go.kr)와 국가자료공동목록시스템(http://www.nl.go.kr/kolisnet)에서 이용하실 수 있습니다.(CIP제어번호:2020037641)

직업기초
CS
Customer Satisfaction